経営組織論

鈴木竜太

東洋経済新報社

はしがき

　本書は、経営組織論に関する教科書兼取扱説明書です。つまり、教科書として学ぶだけでなく、使えることもめざして書かれていることが本書の大きな特徴です。

　使える経営組織論、使える教科書とはどういうことでしょうか。どの教科書も何かしらの知識がそこに書かれている限り、使える教科書であることは間違いありませんし、もしかしたら、分厚い教科書は文鎮として使えるかもしれません。あるいは人によっては、教科書を勉強している自分を演じる小道具として使う人もいるかもしれません。この本をそのように使っていただいても構いませんが、ここでいう使える組織論の教科書とは、経営組織論を道具のように実際の組織活動において使うことを目的とした教科書ということです。

　経営組織はさまざまな人々の活動によって成り立っています。経営組織論を使うことで、組織の力が１＋１が２よりも大きくなるように、あるいは２よりも小さくならないようにすることができます。

　では、どのようにして組織の力を大きくするのでしょうか。それにはいくつかの考え方があります。本書では、道具として使うことを念頭に、３つのパートで経営組織論を理解していきます。

　１つ目のパート（第１～３章）では、まず組織そのものについて考えていきます。人間でいえば、組織の骨組みと動く仕組み、自動車でいえば構造と動力、というところでしょうか。組織の外観を理解する要素と組織を動かす基本的なメカニズムについて、主に古典的な組織論を中心に考えていきます。家電などの取扱説明書の最初には、その製品の構造や全体像が描かれるように、組織の基本的な構造や動くメカニズムを理解しなくては、その後の章での話もうまく理解することはできないでしょう。

　２つ目のパート（第４～７章）では、組織のメンバーを有効に使うことで、組織の力を大きくするというアプローチの理論について考えていきます。一流のアスリートは、当然普通の人より力を持っていることも

そうですが、うまく力を使うことあるいは効率的に力を使うことができます。組織も同じように、自分の持っている力をうまく使うことがまずは大事になります。

3つ目のパート（第8～12章）は、周りの力をうまく活かしたり、自分の力そのものを大きくしたりするような、持っている力そのものを大きくするアプローチの理論について考えていきます。組織はさまざまな社会や環境の中にある存在です。また、そこで働く人は、今だけでなく、未来や将来もある人間です。より広く長い視点で組織や組織の中の人々を考えることで、組織そのものの力を大きくしようと考えることができるのです。本書は、このような3つのパートから経営組織の力を大きくすることを考えていきます。

本書は、目の前の組織の課題を考えるために必要な「理論」という道具の取扱説明書として書かれていますが、改めてさまざまな方法を知り、組織全体を俯瞰することを通して、新たな視点に気づくこともできると思います。それは、目の前にある課題の解決だけではなく、これからの課題の解決、あるいはより良い組織の構築を考える上で役立つでしょう。さまざまな理論という道具を理解することで、組織を俯瞰的に眺め、経営組織をうまく使えるようになる経営組織の使い手になる第一歩としての本ともいえます。

本書の2つ目の特徴は、経営組織論の初学者が自分で学べるように書かれた本をめざしているという点です。そのため本書は、一人で学べるように読み進めやすさを重視し、できる限り授業での解説などが不要となるように、簡単な例を多く入れながら書くことに留意しています。その上で、大学生でこれから経営組織論を学ぼうとする人、あるいは実務家で経営組織論に関心がある人を読者層として考えています。どちらにせよ取扱説明書ですから、組織をもっと良くしたいと考える人にぜひ読んでもらいたいと思っています。

ただし、本書はあくまで入門書です。経営組織論は多様に広がっていますので、関心のある部分に関しては、さらに経営組織の個別の領域を学んで、経営組織論の理解を深めてほしいと思います。

さらに本書では、これまで紹介されることが少なかった取引コスト理論、ネットワーク論、組織エコロジー論、フォロワー視点のリーダーシップ、実践共同体による学習など、いくつかの新しい経営組織論の分野についても紹介しています。その点では間口の広い入口の本でもあります。

繰り返しになりますが、経営組織論は1＋1を2よりも大きくすること、2よりも小さくしないことが目的である実践的な学問領域です。本書では、さまざまな組織にまつわる理論を紹介しますが、それを鑑賞するように読まず、ぜひどこかで活かしてやろう、なるほどだからそうだったのだ、というように実社会のさまざまな現象の中で捉えてほしいと思います。

一流のアスリートは、人体について詳しく理解しています。しかし、人体について詳しく理解している医者は必ずしも一流のアスリートではありません。一流のアスリートは人体について理解しているだけでなく、自分の体についてよく知っています。そして、その体をいかに使えば効果的かということがわかっています。あたかもアスリートが人体について勉強し、それを自分の競技に活かそうと考えるように、経営組織について学び、そして学ぶだけでなく、活用してもらうことができれば、著者として嬉しく思います。

本書の出版に際しては、東洋経済新報社出版局の佐藤敬さんにさまざまなご苦労をおかけしました。また執筆途中には、神戸大学大学院とMBAの鈴木ゼミの学生や同僚の皆さんから多くの意見をいただき、研究助成室の大西雅子さんにもお手伝いいただきました。この場を借りて、改めて感謝申し上げます。

また、私事で恐縮ではありますが、土日も仕事でなかなか遊びに出かけられない父親に文句を言いながらも、この本が出来上がるのを楽しみにしている正吾と糸子、その休日に父親代わりもしてくれる晴子に心より感謝します。

2018年1月

鈴木竜太

経営組織論　目次

はしがき……………… iii

CHAPTER 1　組織論とはどのような学問か　　1

1　組織論の目的……………1
- 1-1　使われる学問としての組織論………………1
- 1-2　さまざまな理論の集合としての組織論………………3
- 1-3　組織論を学び、使う意義………………4

2　組織とは何か……………5
- 2-1　組織の定義と組織の持つ要素………………5
- 2-2　組織の持つ特徴………………7
  - Column　センスメイキングという考え方………………9

3　組織の分類……………12
- 3-1　組織のメンバーとの関係性による分類………………12
- 3-2　受益者による分類………………15

4　組織の境界……………17
- 4-1　ドメインとしての境界………………17
- 4-2　調整の及ぶ範囲としての境界………………19

CHAPTER 2 組織を動かす基本設計　23

1 組織は何のために作られるのか　23
- 1-1 組織を作る目的　24
- 1-2 市場か組織か　24
- 1-3 組織の目標　26

2 組織における分業の基本構造　27
- 2-1 水平分業と垂直分業　27
- 2-2 分業のタイプ　29
- 2-3 水平分業のメリット　31
- 2-4 垂直分業のメリット　33
- 2-5 分業のデメリット　34

3 組織における調整　37
- 3-1 事前の調整としての標準化　37
- 3-2 事後の調整としての階層の設計　41
  - Column ファヨールと管理の考え方　45
- 3-3 事前と事後の調整の考え方　46

CHAPTER 3 組織を動かすメカニズム　49

1 官僚制組織──永続性を持つ精密な機械　49
- 1-1 官僚制組織の基本設計──専門化とヒエラルキー　51
- 1-2 個性や人格の分離──規則による行動、非個人性、文書主義　51
- 1-3 専門能力と年功に基づくキャリア形成　53

- 2 官僚制の逆機能 ⋯⋯⋯⋯ 55
- 3 科学的管理法——良い方法を分析し共有する ⋯⋯⋯⋯ 58
  - 3-1 科学的管理法の4つの原理 ⋯⋯⋯⋯ 59
    - Column MUJIGRAM ⋯⋯⋯⋯ 61
  - 3-2 科学的管理法における組織 ⋯⋯⋯⋯ 62
- 4 人間関係論の誕生 ⋯⋯⋯⋯ 63
  - 4-1 科学的管理法の反証 ⋯⋯⋯⋯ 63
  - 4-2 集団の中の人間 ⋯⋯⋯⋯ 64
  - 4-3 インフォーマル集団の重要性 ⋯⋯⋯⋯ 65
- 5 組織活動をきちんと動かすメカニズム ⋯⋯⋯⋯ 66
  - 5-1 組織による誘因と参加者による貢献 ⋯⋯⋯⋯ 66
  - 5-2 マズローによる欲求5段階説 ⋯⋯⋯⋯ 67
  - 5-3 権限が受容されるという考え方とその条件 ⋯⋯⋯⋯ 69
- 6 経営組織の背後にある3つの論理 ⋯⋯⋯⋯ 71

CHAPTER 4 効率的に目標を達成する——組織の構造　73

- 1 部門化のあり方 ⋯⋯⋯⋯ 73
  - 1-1 部門化のタイプ ⋯⋯⋯⋯ 74
  - 1-2 部門横断的組織 ⋯⋯⋯⋯ 76
- 2 権限と責任 ⋯⋯⋯⋯ 76
  - 2-1 ライン権限とスタッフ権限 ⋯⋯⋯⋯ 77
  - 2-2 権限と権力 ⋯⋯⋯⋯ 79
    - Column アストン研究 ⋯⋯⋯⋯ 81
  - 2-3 分権と集権 ⋯⋯⋯⋯ 83

3 基本の組織設計——機能別組織と事業部制組織 ………… 84

- 3-1 職能別組織と事業部制組織 ………… 85
- 3-2 マトリクス組織と一部事業部制組織 ………… 88

4 新しい組織 ………… 93

- 4-1 チーム組織とプロジェクト組織 ………… 93
- 4-2 ネットワーク型組織 ………… 96

CHAPTER 5　個人に能力を発揮してもらう
——モティベーションとリーダーシップ　99

1 人を動かす ………… 99

- 1-1 組織の中で個人に求める3つの行動 ………… 99
- 1-2 報酬と罰、監視 ………… 101

2 人は何に動機づけられるのか ………… 102

- 2-1 古典的モティベーション理論 ………… 103
- 2-2 達成欲求、親和欲求、権力欲求 ………… 104
- 2-3 内発的動機づけ ………… 106
- 2-4 自己効力感と学習性無力感 ………… 108

3 人はどのようにして動機づけられるのか ………… 109

- 3-1 期待理論 ………… 110
  - Column 期待理論のモデル ………… 112
- 3-2 公平理論 ………… 114

4 リーダーシップの行動論 ………… 115

- 4-1 2つのリーダーシップ行動と業績 ………… 116
- 4-2 2つの行動と能力の発揮 ………… 118
- 4-3 リーダーシップのコンティンジェンシー理論 ………… 120

CHAPTER 6 ベクトルを揃える　125

1 組織文化とは何か　125
- 1-1 組織文化の特性　127
- 1-2 組織文化の3つのレベル　129
- 1-3 組織文化の利点　131

2 組織文化をマネジメントする　133
- 2-1 変革型リーダー　134
- 2-2 カリスマ型リーダー　135
- 2-3 リーダーによる定着のマネジメント　137
  - Column エクセレント・カンパニー　140

3 組織文化の落とし穴　141
- 3-1 下位文化と対抗文化　141
- 3-2 変わることの難しさ　144
- 3-3 組織文化の個人への影響　145

CHAPTER 7 より良い意思決定を行う　147

1 最適化による意思決定とバイアス　147
- 1-1 組織における意思決定　148
- 1-2 ヒューリスティックスと意思決定におけるバイアス　149

2 満足化による意思決定とプログラム　152
- 2-1 制約された合理性モデル　152
  - Column 選択バイアス　154

2-2　適応行動としての制約された合理性モデル ……… 155

3　曖昧さの中での意思決定 ……… 157
   3-1　組織における曖昧さ ……… 158
   3-2　意思決定のゴミ箱モデル ……… 159
   3-3　ゴミ箱モデルによる決定 ……… 161

4　グループダイナミクス ……… 162
   4-1　個人の意思決定と集団の意思決定 ……… 162
   4-2　グループシンク ……… 164
   4-3　グループシフトと集団圧力 ……… 166

CHAPTER 8　環境と折り合う　171

1　オープンシステムとしての組織 ……… 171
   1-1　組織における環境 ……… 172
   1-2　組織か市場か──取引費用の考え方 ……… 174
   1-3　取引費用を決めるもの ……… 177
       Column　中間組織 ……… 178

2　組織のコンティンジェンシー理論 ……… 179
   2-1　環境の不確実性 ……… 180
   2-2　機械的組織と有機的組織 ……… 182

3　組織の同型化 ……… 185
   3-1　制度的環境の影響 ……… 185
   3-2　3つの制度的同型化 ……… 187

4　組織エコロジー論──組織団体群における環境 ……… 190

CHAPTER 9 個々人の成長を促す　197

1 キャリアとは何か　197
- 1-1 キャリア論の射程　197
- 1-2 組織内キャリア　200

2 キャリアの適合　203
- 2-1 キャリアにおける3つの問い　203
- 2-2 キャリアアンカー　205
- 2-3 キャリアアンカーを自ら知ること　208

3 キャリアの発達論　209

4 偶然を活かすキャリア　213

5 新しいキャリア　215

Column プロティアン・キャリア　218

CHAPTER 10 新たなことを学ぶ　221

1 個人の学習　221
- 1-1 経験による学習　222
- 1-2 社会的学習理論　224

2 社会化プロセス　226
- 2-1 新人が学ぶこと　226
- 2-2 組織における適応　229

3 実践共同体 …… 231
- 3-1 実践共同体とは何か …… 232
- 3-2 実践共同体における学び …… 233

4 知識創造理論 …… 234

5 組織学習 …… 237
- 5-1 組織ルーティン …… 237
- 5-2 組織における2つの学習 …… 237
- 5-3 組織の学習サイクル …… 239
- 5-4 学びほぐし …… 241
  - Column 副業と越境学習 …… 242

CHAPTER 11 外の力を活かす …… 245

1 資源依存パースペクティブ …… 245
- 1-1 資源の依存度の要因 …… 246
- 1-2 適応戦略——資源の相互依存度を下げる …… 250

2 ネットワーク論 …… 252
- 2-1 埋め込まれた紐帯 …… 254
- 2-2 弱い紐帯と強い紐帯 …… 254
  - Column 信頼によるつながり …… 257
- 2-3 構造的空隙を作る …… 258

3 ネットワーク型組織 …… 261
- 3-1 ハイアラーキー型組織とネットワーク型組織 …… 261
- 3-2 ネットワーク型組織の3つのタイプ …… 262

CHAPTER 12 組織を変える

1 組織の変化に関する3つの考え方 …… 268

2 組織のライフサイクル …… 269

3 組織変革のマネジメント …… 274
- 3-1 組織における3つの変革 …… 274
- 3-2 古典的組織変革のプロセス …… 275
- 3-3 変化に対応する …… 281
- 3-4 4つの変化の操縦モデル …… 284

4 組織変革を妨げるもの …… 285
- Column パワー構造の変革の難しさ …… 287

参考文献 …… 290
さらに学びたい人へのブックガイド …… 292
索引 …… 293

CHAPTER 1

組織論とはどのような学問か

「幽霊の正体見たり枯れ尾花」ということわざがあります。恐怖や疑いの気持ちがあると、何でもないものでも恐ろしく感じてしまうという意味のことわざです。しかし反対に考えれば、一歩踏み出して幽霊と思えるものを見つめると、違った姿が見えてくるということでもあります。

組織というものも、「組織の力に負けた」「組織を利用する」というように何か大きな存在のように見えますが、一歩踏み込んで組織を知ることで、うまく組織を使うことができるはずです。

1 組織論の目的

「組織」という言葉とともに「組織論」という言葉も、最近では日常的にちらほら耳にすることがあると思います。たとえば、スポーツの場面で、「勝つための組織論を考えなければならない」とか、歴史を違った角度から見るような「織田信長の組織論」といったようなものです。

組織論あるいは組織というのは、言葉から何となくわかっていることもあると思いますが、実際に「それで、組織論ってどんな論?」と聞かれると、「組織についてのいろいろな論」というくらいの認識の人が多いのではないでしょうか。本書では「組織についてのいろいろな論」を確かに紹介していきますが、その前に、組織論とはどんな学問かということを2つの特徴から先に学ぶことにしましょう。

1-1 使われる学問としての組織論

組織論の1つの特徴は、使う学問・知識の体系であるということで

す。1930年代のアメリカで組織論を体系化したチェスター・バーナードが、本質的には「組織とは活動のための道具」と説いているように、組織は何かの目的を果たすために使われる道具だと考えられます。組織論が組織についてのいろいろな論であるならば、別の言い方をすれば、組織論の知識は道具として使える知識、もう少しいえば使うための知識であるといえるでしょう。

この使うための知識というのは、知っているだけでよい知識とは少し異なります。たとえば、1876年にグラハム・ベルによって電話が発明されたという知識は、もしかしたら会話のネタとして使えるかもしれませんが、使うことが難しい「事実」としての知識です。一方で、マヨネーズは卵と油と酢からできているという知識は、同様に、確かに事実ではありますが、マヨネーズを作るということで使うことができる知識、使うための知識です。

しかし、まだ本当の使える知識まではいきません。実際に、卵と油と酢を単純に混ぜてもマヨネーズになるとは限らないのです。実際には酢を少しずつ入れて撹拌していかないと、完全には混ざらず、時間が経つと油と酢は分離して、よく見るマヨネーズのようにはならないのです。

このことを理解するためには、乳化という現象を知る必要があります。油と酢のように混ざり合わないものをずっと混ざった状態にするためには、乳化を安定させる作用が必要になるのです。マヨネーズの場合は卵の成分がそれにあたるわけです。

このことからわかるように、知識には、

事実としての知識（マヨネーズは卵と油と酢からできている）
　↔経験された知識（ただ単に混ぜても分離することがある）
　↔事実や経験を説明する論理としての知識（乳化現象）

があります。組織論はこのうち、事実や経験を説明する論理としての知識にあたります。しかしながら組織論は、化学の時間に習う化学式を用いた乳化現象というより、料理学校で実際に料理を作りながら習う乳化

現象に近いといえるかもしれません。そこでは、より経験や実際の活動に結びついた形で知識が提供されています。つまり、経験された知識と事実や経験を説明する論理としての知識の両方を含んだ知識ということができるでしょう。

このように組織論の知識は、知っていることで十分な知識ではなく、使えることでより大きな価値が生まれる知識であるといえます。料理のレシピには、その背後にさまざまな化学的な作用が隠されているように、組織論も組織論の論理や知識を用いて、実際の組織運営を行うことでより大きな価値が生まれる知識です。知って使うことに価値があるのが組織論の1つの理論としての特徴なのです。

1-2 さまざまな理論の集合としての組織論

最初に組織論とは「組織についてのいろいろな論」だと述べましたが、それは1つの正しい特徴です。言い換えれば、組織論のもう1つの特徴は、組織論がさまざまな理論から成り立っていることです。ゆえに、わかりやすい体系というもの、あるいは基礎から応用へといったような知識の系統というものが示しにくい学問になっています。より詳しくいえば、「いろいろな論」には2つの側面があります。

1つは、組織論がさまざまな基礎理論を基盤とした応用学問であることです。まず、組織論は主に心理学や社会学、経済学などのさまざまな基礎学問の知見をもとにしながら発展してきた学際的な応用学問です。また、応用学問であるために、より使えることが意識されてきたともいえます。

もう1つは、それらの論が現実では交錯しながら登場するということです。現実の世界ではこれらさまざまな理論が同時に登場します。たとえば、飴と鞭といわれるように、人を動かすためには飴の論理も必要ですが、鞭の論理も理解しなくてはいけません。

組織論をより使える理論として理解するためには、さまざまな基礎学問分野に紐づいたさまざまな理論があり、そのさまざまな理論を同時並行的に考慮に入れていくことが求められるのです。これが、組織論がさ

まざまな理論の集合であることの背景です。

しかし、これは組織にまつわる現象が感情や損得勘定、あるいは価値観などのさまざまなものから成り立っている現実を考えれば、そこで使える理論もさまざまな論から成り立っていることも自然なのです。

1-3 組織論を学び、使う意義

では、なぜ私たちは組織論を学ぶのでしょうか。

まず、1つには私たちの周りに、組織が多く存在するからです。学校、病院、会社、自治体、PTA、消防署や警察署など、私たちの周りには多くの組織が存在します。

では、なぜ私たちの日常社会には、多くの組織が存在するのか、それは個人ではできない活動が、組織では可能になるからです。たとえば、自治体を運営するという活動は、どれほど優秀な人であっても1人では時間的にも能力的にも不可能です。しかし、組織を作ることによって、自治体を運営するということが可能になります。

このような例は、大なり小なり私たちの日常社会には多く存在し、むしろ組織による成果でないもの、個人によってのみなされた成果を探すことのほうが難しいかもしれません。したがって、現代に生きる多くの人は、何かしらの組織に所属して活動をしている、あるいは活動することになると考えられます。現代社会をより良く生きていくためにも、組織について知るということは意義のあることだと考えられるのです。

また、組織が日常社会に多く存在することと同時に、私たちの日常社会の活動は、ますます複雑化しています。たとえば、40年ほど前にソニーから売り出された、携帯音楽プレイヤーの先駆けのウォークマンという商品と今販売されている携帯音楽プレイヤー（たとえば、アップルのiPod）を比較してみれば、機能だけでなくその技術的な構造も、とても複雑に高度になっていることがわかるはずです。

そしてそのことは、この音楽プレイヤーを製造するためのプロセスが複雑になり、さまざまな技術が使われることで、1つの製品にかかわる人間が多くなっていることも意味しています。つまり、組織はどんどん

と大規模化していっているということなのです。5人をまとめていくことより、100人の人をまとめていくことのほうが難しいことはわかると思いますが、社会において組織がどんどんと大規模化し、複雑になるにつれ、それをまとめていくことは難しくなり、これまでの経験だけでは対応できなくなっていくことになるのです。そこに組織論を学ぶ2つ目の意義があると考えられるのです。

組織論をうまく使うことによって、私たちは組織運営において、組織のもたらすメリットをより多く得ることが期待できます。経営という文脈で考えれば、それは企業の生み出す付加価値をより大きくすることができるのです。

組織論は、現代社会で生活をするうえで、知らないわけにはいかない、あるいは使えるようになっておくという必要性の意義だけでなく、知ることで大きなメリットを享受できるという利便性もあるのです。特に組織論を使っていく、使える組織論という観点からいえば、必要性の意義だけでなく、道具としての組織をより有効に使うための、積極的な意義として組織論を学ぶということができます。

2 組織とは何か

では、組織論のスタートとして、組織とは何かを考えてみましょう。私たちの世界にはさまざまな組織と呼ばれるものがあります。それらはどのような共通する特徴を持っているでしょうか。また、そもそも組織とは何のために作られるのでしょうか。

以下では、2つの点から組織とは何かを考えることにします。組織を動かすための組織論に入る前に、少し組織というものについて考えてみましょう。

2-1 組織の定義と組織の持つ要素

まず、組織論を始めるにあたって、組織を定義する必要があります。学校、病院、会社をはじめとして、私たちの周りにはたくさんの組織が

あります。私たちが日常的に組織と呼んでいるものの共通点を探ることはとても難しいことですが、ここでは最もシンプルな定義として、バーナードの次の定義をとりあげます。その定義は、組織とは、

「2人以上の人々による、意識的に調整された諸活動、諸力の体系（システム）」

というものです。

　この定義は、社会に多く見ることができるさまざまな組織をすべて含むには、きわめてシンプルなものと思われるでしょう。しかしこの定義には、いくつか組織の特徴を示す要素がしっかりと含まれています。

　まず、複数の人が参加しているということです。これはきわめて当たり前のことでしょう。もう少し定義を眺めてみてください。この定義に従う限り、組織であるためのポイントは2人以上の人々ではなく、2人以上の人々による力なのです。つまり、複数の人々ではなく複数の人々が発揮する活動や力が組織の要素なのです。これが1つ目の特徴です。

　なぜ、人そのものではなく人が発揮する活動や力に着目するのでしょうか。その理由は、人がそこにいても活動や力を発揮してくれなければならないからです。つまり、人が集まればそれが組織というわけではなく、そこから活動や力を引き出さなければ、それは組織とはいえないということです。これから紹介する組織論には、いかにして人から活動や力を引き出すかという部分に焦点を絞った理論も多く登場します。組織を人の集団だと考えるのではなく、複数の人々による活動や力の体系だと考えることが、この定義に含まれる組織の特徴の1つです。

　2つ目は、これらの人々の活動が共通の目的に向かって活動していることです。これは定義そのものには書かれていませんが、「調整された活動の体系」に含まれるものです。すなわち、活動の体系とは、目標を達成するために人々が組織のメンバーとして活動することを指します。これは反対に考えれば、人々の諸活動が共通の目的に向かっていなければ、それは組織とはいえないのです。

たとえば、エレベーターに5人のお互いに知らない人同士が乗り合わせたとします。もちろん、ある人は2階のショップに行くために、ある人は4階のオフィスに行くために、というように、それぞれの人は、それぞれの目的があってエレベーターに乗っています。このとき、このエレベーターに乗っている5人は、組織とはいえません。なぜなら、共通の目的に向かって活動をしていないからです。

　しかし、ここで何かのアクシデントでエレベーターが止まったとします。いっこうに動く気配がなければ、5人は脱出するために相談を始め、脱出のための行動を起こすことになるでしょう。たとえば、誰かがエレベーターの非常電話をかけるかもしれませんし、あるいは携帯電話で外部と連絡をとるかもしれません。またあるいは、「あまり動くとエレベーターが落ちるかもしれないから静かにしよう」と言うかもしれません。

　いずれにせよ、それぞれの活動は、みんなが無事にエレベーターから脱出するという目標のためになされる活動です。このとき、エレベーターから脱出するという共通の目標の下、5人は組織として扱われることになります。

　ただし、脱出のためにそれぞれが勝手に連絡をとったり、非常電話をかけたりすることは、共通の目標を持っているとはいえますが、調整された活動の体系とは言いかねることになります。このお互いが相互作用を行っていること、それぞれの活動の間に関係性が見出されることが、定義の持つ3つ目の要素です。

2-2　組織の持つ特徴

　組織の定義は、組織の持つ最小限の条件・要素を表現したものでした。続いてこのような定義に基づいたうえで、共通の目標を持って活動している多くの組織が有している特徴を挙げることにします。

　これらはすべての組織が漏れなく持っているとは限りませんが、組織の定義を満たして活動する限り、このような特徴が自然に表れてくることになります。先に挙げた組織の定義は、シンプルであるがゆえに多く

の集団を組織としてカバーすることができますが、アクシデント時のエレベーターの例のように、本書が組織論の諸理論を紹介するうえであまり想定しない組織をも、組織として捉えることになります。

　ゆえにここでは、本書が念頭に置く多くの組織が持つ特徴を6つの点から触れていきます。

①さまざまな組織の活動やその体系は組織設計によって意識的に形作られており、それらは日常的な組織における実践や具体的な構造として示されているのが普通です。たとえば、学校にはそれぞれの学校のやり方があり、それぞれの学校は組織的特徴によって形成されています。

②組織は静態的なものではなく動態的なものであり、経験に照らしながら、断続的に日常的な実践は変化しています。言葉の意味が時代とともに変化していくのと同様に、一見変わらないような組織で当たり前に行われている実践も、人々が実践を繰り返していくうちに、少しずつ変化していくのです。この点から、組織はずっと同じ形をしているのではなく、常に変化している動態的なものだと考えられるのです。

③組織は将来志向であり、それらの将来は鍵となる成果指標あるいは達成目標として示されることが多くなることが挙げられます。また、これらの将来はその組織のメンバーにとって望ましいものであるのが通常です。たとえば、何らかの理由で強制的に労働させるような組織、あるいはそこに参加するメンバーが望まない目標を定めるような組織は、組織の定義では組織ということができたとしても、本書で射程に入れる組織とは異なるということになります。

④組織は階層や分業の構造を持ち、特に階層は服従の義務を伴った指示関係が含まれているという特徴を持ちます。多くの組織は目標を達成するために役割分担がなされていますが、同時に上下関係、つまり指示関係も規定されていることが通常です。これらの関係では、指示された側は原則として指示に従って行動することが求めら

れるようになっています。
⑤同様に、責任も役割に照らして定められますが、組織の活動が進行するにつれ、役割や責任は改定されていくのが普通です。
⑥将来の活動が活動の優先順位を明らかにしていくにつれて、役割や責任は、組織変革などのプログラムによって計画的に見直されます。

③〜⑥の特徴からは、一般的な組織は共通の目的の達成に向かって、役割やその関係、そして責任や義務を定めたルールによって運営されることがわかります。そしてそのような役割やその関係、責任、義務は日常的な経験の中で変化していくものであり、時に家のリフォームのように大きく意図的に変わることがあることを示しています。

改めて考えれば、私たちが組織として捉えていく対象は、単なる人の集合ではなく、共有する目標を達成しようとする活動の体系であり、それらは役割関係やその背後にある義務や責任、あるいは組織の構造によって規定される日常的な実践という形で見ることができるわけです。また、そのような役割関係や構造、実践は、日々変化するものであると同時に、意図的に変えることができるものでもあるという特徴を持っているのです。

Column　センスメイキングという考え方

　組織を人の集合だと考えていると、固定的なメンバーで活動している組織は何も変わらないように見えますが、組織を活動とその体系だと捉えれば、同じメンバーで構成されていたとしても、組織はいつも同じ形をしていないのです。

　たとえば、アイドルグループが歌を歌う場合、人に着目すれば、いつも同じメンバーが同じ歌を歌うということになりますが、活動に着目すれば、その日の歌のテンポやステージの形状などに合わせて、メンバーそれぞれが他のメンバーの動きを見ながら、自身の活動を決め、

相互作用しながら歌を歌っていると捉えることができるのです。このような捉え方をセンスメイキングとしての組織と呼びます。

　このセンスメイキングという考え方は、以下の特徴を持っています。

　1つは、進行形であることです。つまり組織は常に動いていて、安定した形ではないということです。

　2つ目に、回顧的であることです。センスメイキングという視点においては、私たちは物事の進行とともに、常に振り返りながらその意味を形成していくと考えます。たとえば、ある人が笑顔でこちらに向かって手を振っていれば、挨拶をしているのだなと理解しますし、もししかめっ面で手を振っていれば、こちらには来るなということかもしれないと私たちは理解します。このように組織活動においても、相互の活動を状況の中で回顧的に意味形成しながら進んでいると考えていきます。

　3つ目は、もっともらしさが重視される点です。つまり、意味形成においてお互いに正確あるいは完璧に理解するということを求めるよりは、もっともらしいことが求められます。別の言い方をすれば、組織活動においては、正解かどうかはわからなくても、現時点で正解だろうと思われるという意味形成の中で組織活動は進んでいるということです。

　こちらに向かって手を振っているのが見えたとしても、自分に挨拶していると考えることができますが、あるいは、自分の後ろにいる別の人に挨拶していると考えることもできます。相手が少し話した程度しか知らず、これまで親しげに挨拶などされたことがなければ、自分に向かって手を振っていても、どこかに別のより親しい人がいるのではないかと考えるほうがもっともらしいわけです。もちろん、手を振っている人には正解がわかっていますが、手を振られている自分には正解がわからず、もっともらしさからその行動に対して反応することになるのです。センスメイキングの視点では、このように組織活動を見ていきます。

　4つ目は、イメージです。このように、常に組織のメンバーが意味

形成しながら組織活動をするという視点においては、何かのストーリーやイメージを共有することが重要になります。もう少しいえば、組織のメンバー相互で共有するストーリーやイメージを作りながら物事は進んでいくと考えられるのです。

　5つ目に、正当化という特徴が挙げられます。センスメイキングの視点においては、常に意味を形成しながら活動が行われていきます。そして、この形成された意味を正当化することで、意味と意味の関係を明確にしていきます。たとえば、それほど親しくない人がこちらに向かって手を振っているケースでは、周囲の人でそれに呼応している人がいなくても、きっとまだ気づいていないのだなという意味形成をするようになります。その後、自分の後ろにいた人が、その人に気づいて手を振り返すことや、近づいて視線の方向がわかることによって、自分にではなく、自分の後ろの人に手を振り、後ろの人は最初は気づいていなかったが、近づいてから気づいたのだというストーリーとして意味形成されることになります。

　センスメイキングの視点においては、組織の中でも、このように活動と活動の間はその活動をする人の意味形成を伴って活動の相互作用が行われ、活動を進めていくうちに、活動全体のストーリーが形成されていきます。

　組織の不祥事など、振り返るとなぜこんなことをしていたのかというようなケースも、最初から不祥事を起こすという目的があったというよりは、何か組織活動をしている中で、めざすものが間違った方向に定まってしまい、不祥事を起こしてしまったと考えるほうが理解しやすいことは多くあります。組織は必ずしも合理的な行動をとるとは限りません。センスメイキングの視点は、このような合理的ではない組織の活動を理解するうえで有効なのです。

3 組織の分類

　ここまで、組織とは何か、組織とはどんな特徴を備えているのか、そして、どのように捉えることができるのかということを組織の定義を中心に紹介してきました。つまり、組織の持つ共通性のようなものを紹介してきましたが、ここではいくつかの組織のタイプを示すことにしたいと思います。

　組織にもいろいろな種類があります。学校、企業、病院、軍隊、それぞれはここまで述べてきたような組織の要素や特徴を備えてはいますが、それぞれ異なる性質を持った組織であることも事実です。この節では2つの点から組織を分類してみようと思います。

3-1 組織のメンバーとの関係性による分類

　まずは組織のメンバーと組織との関係、より具体的にいえば、組織の中の服従関係に着目した分類から考えることにします。

　通常、組織に所属する下位のメンバーは、組織の上位者からの指示や命令を受けることになります。たとえば、学校では先生の言うことや学校のルールに従うことになるのが普通です。また、会社では普通、上司の命令に従って仕事をしていくことになります。

　つまり、組織には権力を行使する者と、その権力の対象となる者がいるということになります。そしてその権力を伴った指示や命令に対して、下位のメンバーは従うにしても、いくつかの反応（関与のタイプ）を示します。この権力とそれに対する反応（関与）を服従関係と呼びます。

　アメリカの社会学者であるアミタイ・エツィオーニは、まず権力の種類として強制的、報酬的、規範的の3つの種類を考えます。

・強制的権力とは、肉体的処罰やそれを行うという脅迫によって成り立っているような権力です。
・報酬的権力とは、金銭や物品あるいはサービスといった物質的な資

源による報酬によって成り立っている権力です。小説によく出てくる悪者は、だいたいこの強制的／報酬的な権力のどちらかあるいは両方を持ち、この権力を使って悪事を重ねていきます。
・規範的権力は、共通の文化や価値観に基づいたリーダーシップや儀式、あるいは評価や威信を受けるといったような象徴的な報酬によって成り立っている権力です。

織田信長は、戦国時代の一時期絶大な権力を持っていました。それは武力を背景にした強制的な権力でもあり、領地の配分といった報酬的権力でもありますが、「天下布武」という新しい理念の下の国づくりを示すことによる規範的な権力をも持っていたと考えることができるでしょう。家臣たちは、強制的権力を持つ信長を恐れながら、あるいは信長に従っていれば多くの報酬を得られると思いつつも、彼のつくる新しい日本の姿に夢を見ながら信長に従っていた部分もあるでしょう。

一方、関与にも疎外的、打算的、道徳的の３つのタイプがあります。疎外的な関与とはそうせざるをえないような、半ば嫌々ながら従うような関与、道徳的な関与は従うことが喜びにつながるような、進んで従うような関与、打算的な関与は否定的あるいは肯定的にせよ、従うのも悪くないと思うような中間の関与になります。この３つの関与と先ほどの３つの権力を組み合わせると、その組合せから９つの類型を見ることができます（表1-1）。

しかしながら、実際にはこの９つの類型のうち強制的権力―疎外的関与、報酬的権力―打算的関与、規範的権力―道徳的関与の３つの類型を、適合的なパターンとしてよく見ることができます。これらをそれぞれ強制的組織、功利的組織、規範的組織と呼びます。

強制的組織の例としては、刑務所が挙げられます。受刑者は法律により刑務所から自由に外へ出ることはできず、刑務所内でルールに沿って生活をしなくてはいけません。著しくルールを犯せば、拘束される時間が延びることや場合によっては独房に入れられることもあります。このような肉体的な処罰を恐れるために受刑者はルールに従いますが、喜ん

表1-1 服従関係の類型

		権力の種類		
		強制的	報酬的	規範的
関与の種類	疎外的	1	4	7
	打算的	2	5	8
	道徳的	3	6	9

出所：エチオーニ(1966)p.17。

で従う人はあまりいるとは思えず、多くは嫌々ながらも事実上それしか選択肢がないためにルールに従って行動することになります。前近代的な時代であれば、ルールを破った受刑者は、鞭打ちなどの文字どおり肉体的な処罰もあったと思われます。

　功利的組織の例として、企業や役所などの組織が挙げられます。企業や役所で働く人は、賃金を報酬として得ることの見返りとして企業の目的のために企業で、あるいは地域のために役所で働いています。その仕事は面白そうだから、と進んで取り組む仕事もあるでしょうし、たとえばクレーム処理の仕事のように積極的にはやりたくない人が多い仕事もあります。

　規範的組織の例としては、典型的には教会などの宗教組織、あるいはエツィオーニは病院や大学といった組織も規範的組織の例として挙げています。規範的組織では、組織の理念や価値観が明確に示され、その組織に参加する人はその価値を内面化しているために、組織における指示や命令に対して肯定的、積極的に従っていくのです。病院では医師や看護師は患者を救うという価値を持っているからこそ、大変な仕事を与えられても進んで仕事をしようとするのです。

　しかしながら、この分類によって社会における組織をきれいに分けることができるわけではありません。また、同じ企業でも功利的組織の側面を強く持つ組織もあれば規範的組織の側面を強く持つ企業もあります。たとえば、病院に勤める人は確かに患者を救うという理念や大義の下で仕事をしていると思いますが、一方で報酬があるからこそ働く部分

もあります。貧困地域など医療スタッフが少ない地域において、ボランティアで働く医師や看護師もいますが、たいていはそもそも賃金があるからこそ夜勤や当直の仕事を引き受けている側面もあるのです。

そう考えると、病院は功利的組織の側面も規範的組織の側面も持つこと、また同じ医療というサービスを提供する組織であっても、国際的なNGOである「国境なき医師団」のような規範的組織に近い組織もあれば、功利的な側面が強い病院もあります。1つの組織が複数のタイプの特徴を持つこと、あるいは同じ業態でも異なる組織のタイプに分けられることもあるのです。

3-2 受益者による分類

定義で見たように、組織というのは共通目的を持った力の体系です。もう1つの分類の考え方は、この共通目的の受益者による分類です。これには4つのタイプがあります。

1つ目は、組織に雇用されている者が受益者の場合です。たとえば、政党や労働組合、サークルや部活動などの組織は、組織があることで利益を得るのは、主に組織に所属するメンバーになります。このような組織は共益結社と呼ばれます。皆さんもこのタイプの組織に所属した経験があるでしょうが、このような組織は全員参加の互恵的な関係で成り立っています。

しかしながら実際は、全員が均等に組織に参加するわけではなく、多くのメンバーが積極的に活動する少数の人々に組織の運営を任せてしまう傾向があります。これを成員（メンバー）の無関心と呼びます。またその結果、意思決定を行う人々が少数になってしまうことがあります。このような状況を寡頭制と呼びます。無関心と寡頭制は、特定の人々が極端に負担を負うことになってしまうという点と、特定の人々の思うとおりに組織を運営されてしまうという点で問題があります。

2つ目のタイプは、所有者が受益者であるような組織です。このような組織は営利組織と呼ばれます。資本家と労働者が明確に区別されていたような時代において、私企業は企業の所有者である資本家が主たる

受益者でした。このような組織においては、最小のコストで最大の利益をあげることが組織を運営するうえで最も重要な課題になります。なぜなら営利組織があげた利益はほとんど資本家のものになるからです。

　3つ目に、顧客が受益者である場合、このような組織をサービス組織と呼びます。このような組織の中心的課題は顧客を満足させること、あるいは顧客の福祉になり、多くの場合、顧客に専門的サービスを提供することが活動内容になります。サービス組織の例としては、病院や学校、弁護士事務所や会計事務所などが挙げられます。

　このような組織の持つ固有の問題として、顧客には専門知識がないケースが多く（だからこそ、サービスを受ける）、組織の専門家の指示や顧客が簡単に受け入れることで、コントロールされてしまうことが挙げられます。つまり受益者であるにもかかわらず、いいように使われてしまうのです。

　4つ目のタイプは、公衆全般が受益者であるような組織です。このような組織は公益組織と呼ばれます。具体的な例としては、役所や軍隊、警察、公的な研究機関などが挙げられます。公益組織の主な目的は、公衆の利益のために、地域や社会の保護や管理のサービスを提供することです。

　このタイプの組織が持つ問題は、公益組織には強い権力があることが多く、ゆえに、民衆（受益者）からのコントロールが難しくなってしまうことです。これは、時に省庁など社会の人々のために働くべき役所などが自分たちの組織の利益のためや特定の受益者のために活動してしまうケースがあることからもわかるでしょう。これは単純に公益組織の人々が腐敗しやすいというわけではなく、非常に多数の外部の人間が受益者であるがゆえに、公益組織との間での力関係にアンバランスが生じ、組織を統制することが難しくなると考えられるのです。

　さて受益者による組織の分類も、服従関係による組織の分類と同様に、社会に存在するすべての組織が漏れなくきれいにこの分類によって分けられるわけではありません。たとえば、私立の病院や学校は、専門的なサービスを提供するという点ではサービス組織ですが、一方で営利

組織の側面も持ちます。

　しかしながら、組織論を使っていこうと考える場合、自分たちが念頭に置く組織があると考えれば、その組織がどのような分類の特徴を持っているのかを理解することは、たとえば複数の分類の特徴を持つ組織であっても、それらの分類の特徴がもたらす問題を知ることができるという点で意義のあることなのです。

4 組織の境界

　ここまで意図的に避けてきた話題があります。それがここで取り上げる、組織の境界はどこにあるかという問題です。いったい、組織のどこからどこまでが組織ということになるのでしょうか。

　定義に準じていえば、組織とは諸力の体系ですから、人は含まれなくなってしまいます。これは定義どおりではありますが、実際の私たちの社会において、人が組織に含まれないというのは、なかなか理解しづらい見方です。また、組織の外側は「環境」になりますから、人は組織に影響を与える環境に含まれるということになってしまいます。

　しかし、人を環境としてしまえば、組織に多大な貢献をする活動をする人とそうでない人というように、組織に影響を与える人を十分に区別することができなくなってしまいます。活動と人は区別されるものではありますが、組織の目標を達成するために費やされる多くの活動は人によって営まれ、人に働きかけることで具体的な組織目標を達成できると考えれば、人を組織の中に入れないとすることは不都合が多いことがわかると思います。

4-1　ドメインとしての境界

　そこで、第1の境界は、組織を成り立たせている行動とその行動にかかわる参加者を組織の境界とする考え方です。この参加者は何らかの貢献を組織（組織目標）に対して行いますが、一方で組織は貢献を引き出すための誘因（インセンティブ）をそれぞれの参加者に対して持つこ

とになります。

　つまり、誘因があるから参加者は貢献するわけです。このような組織に対して誘因を持ち、貢献をする参加者を含む境界をドメインによる境界と呼びます。ドメインとは範囲や領域を指します。では、このような参加者にはどのような人が含まれるのでしょうか。経営組織を念頭に考えてみることにしましょう。

　まず、労働やサービスを提供する労働者が含まれます。労働者は報酬という誘因があるために、労働やサービスという貢献を行うことになります。また投資家の投資という貢献は組織目標の達成のためには重要な貢献ですし、投資家は配当という誘因を持ちます。ここまでは何の問題もないと思いますが、組織に貢献する人を組織の中の要素だと考えると、その経営組織が提供するサービスや商品を購入する消費者（顧客）や組織に原材料を供給するような供給業者（サプライヤー）も組織の内部の要素になってしまうのです。

　もちろん、このような考え方も私たちに1つの使える組織論の要素を提供してくれます。たとえば、顧客を組織のメンバーだと考えることによって、まだ自分たちのサービスや商品を購入していない組織の外側にある顧客を組織の内側に引き入れて、組織目標の達成に協力してもらうという考え方が生まれます。

　ボランティア組織や社会活動を行う組織が、自分たちのめざしている目標や目的を広く喧伝することで、それに賛同し、募金やフェアトレードによる商品の購買を促していくのは、関心の外側にあった人を顧客として内側に引き入れる試みであるといえます。

　また、最近の玩具やお菓子業界などでは、消費者が商品開発に携わるケースもあります。これも顧客を単に商品を購入する人たちと考えるのか、組織に貢献する可能性のある人たちと考えるかの違いによって生まれるものです。

4-2 調整の及ぶ範囲としての境界

さて、より私たちの実感に近い組織の境界として、調整の及ぶ範囲としての境界という考え方を紹介することにしましょう。

組織の定義では意識的に調整された人間の諸活動や諸力の体系を組織と呼ぶのですから、意識的に調整できる人が組織のメンバーで、そうでない人との間に境界を置こうというわけです。

では、意識的に調整できる人にはどのような人が含まれることになるでしょうか。先の定義では、投資家、労働者、顧客、そして供給業者が組織の境界の内側にいました。このうち投資家には、意識的に調整できる投資家とそうでない投資家があることがわかります。

たとえば、上場したファミリー企業のような場合、経営者やその一族が株式のほとんどを持つことがあります。この場合、株式を持つ投資家は同時に経営者ですので、意識的に活動は調整されますが、多くの投資家は株式を持つのみで、組織の要請に従って自分の貢献活動を変化させるようなことはめったにありません。ゆえに、多くの投資家はこの定義においては境界の外側、つまり環境の要素であるのです。

反対に労働者は、一般的にはどのような処遇にかかわらず雇用契約を結んでいるため、組織のために与えられた仕事をすることが通常です。そのため、労働者の活動（仕事）は調整されることになり、この組織の境界においては組織の内側になります。

難しいのは顧客と供給業者です。顧客は、組織の提供するサービスや商品を購買するということで貢献しているわけですが、一般的に、この行動を意識的に調整されるとはいいがたいものがあります。普通に考えれば、顧客はこの境界においては環境に含まれるものになると考えるのが一般的です。しかし、本当にすべての顧客が意識的な調整が及ばない人々になるのでしょうか。

たとえば、人気アイドルグループには、多くのファンという顧客がいますが、彼らが「グッズを買ってほしい」「CDを買ってほしい」とアピールすることに呼応して、多くのファンが大量にCDやグッズを購入しているケースがあります。確かにCDやグッズの購入はファンの自由

意思によるものといえますが、多くのファンがアイドルの声かけによって購入に至るのであれば、意識的に調整が及んでいると考えても不思議ではありません。

　供給業者においても同様です。一般的に部品などを供給する企業は市場において売買されるという点で、意識的な調整の及ばない範囲になるのが普通です。しかし、大手メーカーに部品を納入する中小企業は、大手メーカーからの要請でさまざまな部品を生産していますし、力関係が均等でなければ、価格を下げるような圧力を受ける場合もあります。こうなると供給業者と大手メーカーの間には市場が媒介していますが、意識的に調整が及んでいるように見えます。

　このように意識的な調整が及ぶ範囲という境界も、すっきりとした境界とはいえません。これは定め方に問題があるというよりは、現実の世界の複雑さを表現しているといえるでしょう。ただし、組織論を使うと考える場合、組織のメンバーに働きかけることが重要になりますので、意識的な調整が及ぶかどうかという点は重要な点です。なぜなら意識的な調整が及ばない範囲の人には、組織の目標達成のために働きかけることができないからです。

　組織論を現実的に考える場合には、いったいどこが自分たちの調整の及ぶ範囲かを考えることが重要ですし、調整の及ぶ範囲を広くしていくことも、組織目標の達成のためには有効な思考になります。

考えてみよう

組織論は20世紀初頭から理論化が進んできました。なぜ20世紀に入って、組織論は隆盛することになったのでしょうか。社会や時代背景から考えてみましょう。

調べてみよう

自分や身近な人が所属するさまざまな組織を調べて、その組織における関与と権力の関係による分類、受益者による分類に沿って分類してみましょう。

CHAPTER 2

組織を動かす基本設計

　組織の力を用いて何事かを成し遂げようと考えるのであれば、組織とは何かばかりを考えていても進みません。まずは組織を作るところから始めなければならないでしょう。

　この章では、組織を作るうえでの基本設計について考えたいと思います。第1章で、組織とは何かという問いから組織の定義について話しました。そこでは、組織とは「2人以上の人々による、意識的に調整された諸活動、諸力の体系(システム)」と定義しました。

　しかしながら、定義だけでは組織を作ることは難しいでしょう。『広辞苑』を見ると、時計とは「時刻を示しまたは時間を測定する器械」と書かれていますが、この定義だけで時計を作るのは至難の業です。同様に、組織の定義だけで十分な組織を作ることは難しいのは明らかです。この章では、まず組織を作るうえで重要な2つの要素について触れていきます。1つは目標、2つ目は分業と調整です。

1 組織は何のために作られるのか

　私たちの社会には数多くの組織があります。それらの組織は、それぞれ目標（ゴール）を持っています。つまり、目標を達成するために組織を作るのです。では、なぜ私たちは組織を作って目標を達成するのか、組織を作る目的について触れたうえで、それぞれの組織が持つ目標について考えていくことにします。

1-1　組織を作る目的

　組織を作る目的は、何より1人ではできないことが組織を作ることで可能になるからです。1人では持ち上げられない道路を邪魔する岩を、何人もの人が協力することで除くことができます。

　また、もう少し学問的にいえば、1人では作ることができないような付加価値を組織によって作ることができます。つまり組織を作る理由は、この付加価値を大きくすることができるからです。

　付加価値とは、組織あるいは個人が新たに生み出した価値のことで、たとえば原材料に何かしらの手を加えることにより生まれる価値のことを指します。絵画でいえば、白紙に画家が絵を描くことで、1枚10円の画用紙の価格が何万倍にもなります。これがこの画家が加えた価値、付加価値になります。

　もし薄型テレビを1人で作ろうとすれば、その技術の習得や材料から部品の作製、組立てなどを1人で全部やらなければなりません。たぶん一生に1台作ることができるかどうかでしょう。

　しかし、組織を作り、多くの人で分業することによって、薄型テレビを1日に何千台も作ることができるようになるのです。多くの人の分業により1人ではとても作れないほどの付加価値を生むことができるようになるのです。複雑な技術や加工を要するものの作成が可能になること、そして大量に生産することができること、それにより大きな付加価値を生むことができる、これが組織を作る主たる目的です。

　ですから、1人でも大きな付加価値を生むことができるのであれば、あるいはその付加価値が複数で作ることで小さくなってしまうのであれば、組織を作る必要はありません。たとえば、芸術家の仕事は複数の人でやることでかえって作品の価値を下げてしまう可能性があります。あるいは高級時計の時計職人は、今でも1人で1つずつ時計を作っています。

1-2　市場か組織か

　人々が協力して何かを作るためには、必ずしも組織を作る必要はあり

ません。市場を使って大きな付加価値を得ることも可能なはずです。市場メカニズムが働くのであれば、わざわざ組織を作らずとも、取引を通して付加価値を生むことができるはずです。たとえば、ケチャップを作っている企業には、農家などからトマトを購入して仕入れている企業と、自分たちでトマトを栽培している企業があります。食材の仕入れと調理の関係でいえば、前者は市場により、後者は組織によってケチャップを作っているわけです。

　この理由を説明するには、取引費用という考えが必要です。取引費用とは、経済取引などを行うときに発生するコストのことを指します。ケチャップの例でいえば、市場でトマトを取引するためには、一定の品質以上のものを一定量確保できることが必要になります。トマトの品質が異なったり、生育の悪いトマトも含まれたりするようなことがあれば、ケチャップの品質が確保できません。それでは付加価値を下げることにつながってしまいます。あるいは、トマトの不作の年であれば市場での価格が急騰するかもしれません。年によってケチャップの価格を変更するわけにはいきませんから、多少高価であっても、企業は一定量のトマトを集めなければなりません。

　このような不確実性は、トマトを取引する費用を大きくしてしまいます。毎年、世界各地にある農家や市場(いちば)を訪ねていってトマトの品質をチェックし、一定量を確保し、価格交渉をすることには多くの費用がかかります。もし、腐ったトマトや著しく品質の劣るトマトが入ったケチャップが店頭に出てしまえば、この企業が被る損害は莫大なものになります。こうなると市場で常にトマトを確保するよりは、自分たちできちんと管理して育てたほうが安いというケースもありえます。特に規模の大きな企業では扱うトマトの量も大きいため、自分たちの一定の管理の下で育てたほうが安くつきます。

　このため、トマトの仕入れを市場から組織へと移すことになります。つまり、「トマトの取引費用＞トマトの栽培にかかる費用」と考えられるのであれば、市場で取引するより組織にしてしまったほうが得策なのです。これが市場を使わず組織を作る目的です。

1-3　組織の目標

　組織は協働のシステムですが、それは特定の目標のために行われるものです。組織を作る目的から考えれば、組織によって実現したい目標があるために人々は組織を作るわけです。この目標がなければ人々は協働ができませんし、そもそも協働しようという意欲が出てきません。しかし目標があっても、それだけで十分ではなく、次のような点も考えなければなりません。

　1つ目は、組織の目標は組織のメンバーである個人によって理解されるだけでなく、受容されていなくてはいけません。そうでなければ組織のメンバーの行動はその目標に向かって統合されることがありません。たとえばスポーツの試合で八百長をするようなメンバーは、チームの目標（勝利）は理解していますが、それを受容はしておらず、結果として勝利のために貢献する意欲は持っていません。これでは組織の目標を達成することができません。ですから、目標を提示して説明するだけでは不足で、いかにしてそれを受容してもらうか、あるいは受容する人を探す必要があります。

　2つ目は、組織の目標の理解において各メンバーの間にズレや矛盾が生ずることがあることです。具体的な業績目標であればこのような矛盾やズレは起きにくいですが、抽象的な目標であるとき、個々人の認識する目標にズレが出てくることがあります。たとえば、市町村などの自治体は地域の人々の生活をより良くするといった目標を持っていると思いますが、そこで働く人によっては、豊かな自然を残すことと考える人もいれば、多くの企業を誘致して金銭的に豊かにすることと考える人もいるでしょう。

　3つ目は、組織の目標と個人の目標が別であることを理解しなくてはならないことです。組織に参加する人は、組織の一員としての人格と個人の人格の2つを持っています。組織の人格としては、組織目標を実現するために合理的に行動しますが、もう一方の個人の人格は、自分の個人的な動機を満足させるために合理的に行動しようとします。

　家族や宗教団体などでは、この組織の共通目標と個人の動機は一致す

ることがあるでしょうが、一般的な企業組織の場合には、組織の目標と個人の動機が一致しない場合が多々あります。なぜなら、多くの人にとって組織で働くのは給与を得て自分の生活を豊かにするためで、必ずしも共通の目標を達成することが目標のすべてではありません。もし共通の目標が達成できたとしても、給与が支払われないような企業では働く人はほとんどいないのではないでしょうか。それゆえに、共通の目標と個人の動機は本質的には別になること、そしてそれをいかに克服していくかということが、組織論を考えるうえでは1つの課題になるのです。

2 組織における分業の基本構造

　共通の組織の目標を立てれば、それに向かって参加者が自律的に行動し、それが成果につながるのであれば、これほど簡単なことはありません。しかし、実際にはそうはいかず、たとえ共通の目標を認識していても、個人がそれぞれ勝手に行動してしまえば、目標の達成はきわめて非効率なものになります。

　そのために、組織設計をするということが求められてきます。組織設計をするうえでの基本的な設計原理は、分業と調整です。この節では分業と調整の基本原理について触れていきます。

2-1　水平分業と垂直分業

　さて、私たちが1人では手に負えないような仕事を任されたとき、あるいは複数の人とある目標を達成しようとしたとき、どのように仕事を分けることができるでしょうか。その仕事の内容にもよりますが、大きく分けると、仕事の分け方にはヨコに分けるか、タテに分けるかの2つの考え方があります。ヨコ方向の分け方は水平分業、タテ方向の分け方は垂直分業と呼ばれます。

　たとえば、6人で120人分のカレーライスを作ることを考えましょう。まずヨコに分けることから考えていくとすると、どのような分け方

があるでしょうか。1つは、1人が20人分を作るという分け方があります。これを並行分業と呼びます。並行分業では、分業された各々が同じ、あるいは類似した仕事を並行して行います。

　この並行分業の分け方には、作るべき数量をみんなで分け合うような分業だけでなく、別の分け方もあります。たとえば、地域によって分ける、顧客によって分ける、といった具合です。もしカレーライスを出す店を2店舗作るのであれば、店舗ごとに仕事を分けることになりますし、あるいは子ども向けの辛くないカレーライスと大人向けの辛いカレーライスを作るのであれば、その顧客に合わせて作る人を分けるという分業になります。どちらもそれぞれ分業された人々はカレーライスを一から作っている点では同じです。また、時間によって分業することもあります。カレーライスを長時間提供することになった場合、担当を午前と午後といったように分けて、シフト制で分業を行うことが考えられます。

　もう1つの分け方は、カレーライスを作るプロセスを6つに分けて、6人みんなで120人分を作るという分け方があります。たとえば、食材（肉、じゃがいも、にんじん、たまねぎなど）を切る、そして炒める、煮る、味付けをする、というように手順（行うべき機能）ごとに分業をするわけです。このような分業を機能別分業と呼びます。

　カレーライスを作ることを作業の機能別に分業する場合は、切る、炊く、調理する、味付けをするというように分けることができますが、提供するものによっては異なる分け方をすることもできます。たとえば、幕の内弁当を作るのであれば、魚を焼く、煮物を作る、揚げ物を作る、などそれぞれの惣菜を調理するといった分業ができます。

　ヨコの分業がわかったところで、次にタテの分業を考えていくことにしましょう。垂直分業の基本的な考え方は、考える人と作業する人を分けるという考え方です。炊き出しや模擬店などであれば、鍋に120人前のカレーをあらかじめ作っておけば、お客さんが来たら皿によそうだけで済みますが、お店としてカレー店を始めようとすれば、天気や気候に合わせて作る量を調節する必要もありますし、ずっと同じメニューと

いうわけにもいかなくなるかもしれません。あるいはお店が好評であれば支店を出すということもあるかもしれません。

このようにカレーライスを作るという作業だけでなく、考えるということが必要になる場合もあります。このとき、作業するタスクと考えるタスクを分けるのがタテの分業になります。もちろん、1人の人が、昼間はカレーライスを作り、店が終わった後やお休みの日に今後のことや新しいメニューのことを考えるというように分業することもできます。オーナーシェフと呼ばれるように、料理にも責任を持ち、一方で店のオーナーである人は、オーナーとして店のありようを考える行動だけでなく調理場に立って調理をする人もいます。しかし実際は、作業をすることと考えることは求められる専門能力が違うために、別の人が行うことのほうが有益でしょう。これは他の分業についてもいえることです。

2-2　分業のタイプ

ここまで分業のタイプについて述べてきましたが、改めて分業についてまとめてみると、図2-1のようになります。

この図からわかるように、これまで説明してきた分業のタイプは、完成物に対してそれぞれの分業の仕事がどのように結びつくのかという点と、それぞれの作業が工程上どのように置かれるかという点から分けることができます。

それぞれの分業の仕事がどのように結びつくのかという点に関しては、それが加算的な集計か機能的な統合かによって分けることができます。たとえばカレーライス120人分を6人が20人分ずつ担当するという分業は、カレーライス120人分を作るという仕事に対して加算的な集計になります。一方、幕の内弁当をそれぞれの惣菜ごとに担当するという分業は数だけの問題ではありませんので、機能的統合になります。

次に、それぞれの作業が工程上どのように置かれるのかという点については、直列か並列かによって分けられます。たとえば、流れ作業のような工程の場合は直列型の配置になります。カレーライスでいえば、材料を切る作業と炒める作業、そして煮る作業は工程の順番に従ってい

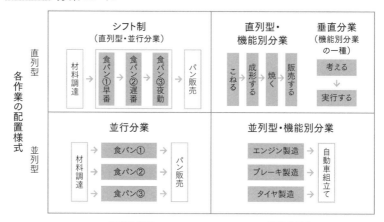

図2-1 分業のタイプ

出所:沼上(2004)p.49。

すので直列型ということができます。

　一方、並列型は同時に同じ作業を行う場合です。たとえば、120人分のカレーを6人が同時に20人分ずつ作るのは並列型の仕事の配置になります。支店を複数持つような空間的な並行分業は、この並列型の仕事の配置になる部分が多くなります。

　これまで紹介してきたいくつかの分業の例をこの図に基づいて説明すると、①シフト制のような時間的な並行分業は、仕事は加算的集計であり、直列型に配置される分業です。②直列型／機能別分業の例としては、カレーライスの材料を切る、炒める、煮る作業に分けるような分業が挙げられます。③考えることと作業をすることを分ける垂直分業もそれぞれの行動を機能別と考えれば、直列型／機能別分業の一形態だといえるでしょう。④並列的で加算的集計の分業は、カレーライス120人分を20人分ずつ6人で分担して作るようなケースが当てはまります。⑤最後に並列型／機能別分業としては、幕の内弁当を惣菜別に作るようなケースが当てはまります。

2-3　水平分業のメリット

　では、それぞれの分業のタイプのメリットとデメリットを考えることにしましょう。実は、水平分業の中でも並行分業と機能別分業では機能別分業のほうが多くの分業のメリットがあります。それは、並行分業が分業していても実際は同じ作業を同時に行っているだけであり、それぞれは独立して仕事をしていることが多くなるためです。

　水平分業のメリットとしては、共通費の節約、人的資源の活用、熟練形成の推進、機械や道具の進歩の4つが挙げられます。

共通費の節約

　まず、並行分業が持つメリットとして共通費の節約が挙げられます。これは、分業を行うことで、本来はそれぞれの仕事で必要になる資源を共同利用することで節約できることを意味します。たとえば、コンビニチェーンは全国にありますが、商品を店舗ごとではなくチェーンで開発して各店舗に置くことで開発の費用が節約できます。あるいは、一括で仕入れることで、各店舗がそれぞれ仕入れるよりも安く仕入れることができます。また、レストランの支店などでは、本店の評判が良いことで支店にもお客さんが多く集まることが考えられます。これも評判を共有することで評判を上げるためのコストを削減できる点で、1つの共通費の節約です。

人的資源の活用

　次に、機能別分業のメリットについて考えましょう。機能別分業は、1つの仕事を機能別に複数のサブタスクへと分け、それぞれのサブタスクの成果を合わせることで1つの仕事を成し遂げます。そのため必要とされるスキルや知識は、1つの仕事を1人で行うよりも少なくなります。このことによって人的資源を有効に活用することができます。

　たとえば、学習塾で英語と数学を教える人を雇いたい場合、英語と数学の両方を教えることができる人を2人探すより、英語を教えられる人と数学を教えられる人をそれぞれ1人ずつ、2人を探すほうが簡単な

はずです。また、英語も数学も教えられる人のほうがどちらかだけを教えられる人よりも希少ですから、教科ごとに雇うほうがコストがかからない可能性があります。これも英語と数学を教えるという仕事が機能的に分業されているために得られるメリットです。

　より広い視点で考えれば、企業組織あるいは社会において、抱えている人の能力を有効に活用する点でも、機能別に分業することには意味があると考えることができます。

熟練形成の推進

　また、機能別に分業されサブタスクに分かれていることは、熟練を形成するうえでメリットとなります。英語と数学どちらかだけを教える人は、英語と数学の双方を教える人に比べてそれぞれを教える技能が習熟するスピードは一般的には速くなります。習熟ならびに熟練の形成においても、機能別分業にはそのスピードを上げる点でメリットがあるのです。

機械や道具の進歩

　サブタスクに仕事が分割されていけば、いくつかの仕事に習熟や特殊なスキルの必要がないサブタスクも現れてきます。その結果、それらの仕事を機械に任せることができるようになります。かつての駅の改札では、改札に人が立ち、切符を切っていました。切符を切る人はそれが専業ではなく、駅員や駅長が交代で行っていたのです。しかし、切符を切るというサブタスクを独立させることで、自動改札機がそのサブタスクを代替することが可能になります。それにより、それまで切符を切るサブタスクを行っていた駅員は改札の作業をやる代わりに、より複雑な安全管理の仕事やトラブルの対処などの仕事に集中的に従事することができるのです。

　このように、分業することによって機械化や自動化が進み、その結果、仕事の効率や生産性が大きく上昇することが可能になるのです。

仕事の要素を機能別にさまざまに分解して行う機能別分業によって、私たちはある仕事の設計をさまざまに変えることが可能になります。つまり、たとえば同じカレーライスを作るにあたって、さまざまな方法を考えることが可能になったのです。そして、家族のためにカレーを作るとき、10人分程度のカレーを作るとき、100人分、1000人分、……とその規模が大きくなるにつれ、その最適な分業の仕方は異なります。たとえば鍋1つ分を作るのに、わざわざ簡単な仕事において機械を導入する必要はなくとも、1000人分となれば機械を導入したほうが、コストとして安いかもしれません。

　ゆえに、機能別分業は最適な方法を選ぶ限り、規模が大きくなるほど分業のメリットを享受でき、平均的費用を抑えることが可能になるのです。つまりは、規模が大きくなるほど費用がかからないという、いわゆる「規模の経済」が働くようになるのです。

2-4　垂直分業のメリット

　垂直分業のメリットについて触れましょう。垂直分業のメリットは、計画のグレシャムの法則の回避につながることです。垂直分業の典型的な形は、考えるタスクと作業するタスクに分けることでした。もちろん、考えるタスクと作業するタスクは、それぞれ求められる能力が異なりますから、垂直分業においても人的資源の有効活用のメリットはあります。しかし、垂直分業の大きなメリットは、作業することによって考えることをしなくなってしまうことを避けることにあります。一般的に作業に習熟すればするほど、その仕事を考えなくてもできるようになっていきます。

　たとえば、ラーメンを作るときも最初はレシピを見ながら、あるいは味の配合を考えながら1杯のラーメンを作りますが、同じキッチンで毎日作っていれば、あまり考えなくてもラーメンを作ることが可能になります。そうでなければ、昼時の忙しいときにお客さんをさばくことが難しくなります。しかし、日々ひっきりなしに来店するお客さんをさばくのに精一杯になると、新しいメニューや店の将来、あるいは今のラー

メンの作り方の改良などに時間を回せなくなっていきます。

　日々のルーティン作業は、長期的に考えるようなタスクを後回しにさせてしまうのです。これを「計画のグレシャムの法則」と呼びます。今のままやって、それで問題がなければよいのですが、行列のできるラーメン屋さんであっても、さまざまな工夫を凝らしていかなければ安穏とはしていられません。あるいは、従業員が複数人いれば全体を見て指示を出す必要もあるかもしれません。垂直分業は、作業するタスクばかりに集中して、考えるタスクがおろそかになってしまうことを避けることができるのです。

2-5　分業のデメリット

　分業は良いことばかりではありません。もちろん、そのメリットが大きいためにさまざまな形で社会や企業組織の中では分業が行われていますが、分業によるデメリットも存在します。分業のデメリットは、大きくは2つあります。1つは、分業を進めることによるモティベーションの低下、もう1つは、調整の難しさです。このうち、分業によってモティベーションが減退してしまう理由には3つあります。

　まず、分業の進みすぎによるモティベーションの低下とその3つの理由について考えていきましょう。

　1つは、自分のやっている仕事の意味がわからなくなることです。分業を進めていくと、1つ1つの仕事は小さくなっていきます。小さくなると、自分の仕事がいったいどのような全体の成果につながっているのかがわからなくなり、自分の仕事の意味が見出しにくくなります。

　たとえば、1人で歌うときと100人の合唱では、前者のほうが参加している人は自分の役割や意味をきちんと位置づけることができるでしょう。なぜなら自分の出来不出来が成果に影響する程度が大きいからです。分業が進み、1人1人の仕事が小さくなると、全体の中での自分の貢献が見えにくくなります。たとえ説明されても、それを実感できないとだんだんとモティベーションは下がっていってしまうのです。

　2つ目の理由は、考える余地が小さくなってしまうことです。これは

特に垂直分業において起こりやすいケースです。垂直分業は、考える仕事と作業をする仕事に分けることが1つの目的ですが、結果として作業をする仕事に従事する人は、ルーティンワークに追われることになります。たとえ複雑な仕事であっても、考えることなく作業だけを行うことは、やがて仕事の面白みをなくしてしまいます。

作業だけに従事させるというのは、確かに効率の面あるいは考える仕事を日常の作業から切り離すという面で有効ですが、一方で作業の仕事だけをする人のモティベーションを下げてしまうのです。

3つ目の理由は、学習の余地がなくなってしまうことです。分業を進めれば進めるほど、自分の担当する仕事は小さくなっていきます。ゆえに、専門化は進みやすいですが、一方でその余地がなくなるのも早くなります。つまり、分業が進み仕事が細分化されるほど、慣れない業務に就いたとしてもすぐ慣れやすい（専門化が進みやすい）というメリットがある一方で、職人技のようになかなか熟達するのに時間がかかる場合は別として、慣れてしまうのが早く、飽きが来るのが早くなるのです。このような慣れや飽きはモティベーションを低下させてしまいます。

上手に仕事ができるようになることや能力が向上して成果が上がることは、やる気をもたらします。学習の余地がなくなることは、このような成長や学習からもたらされるモティベーションを失わせてしまうのです。もちろん組織の中の人的資源が分業によって、成長や学習によって能力を高めることができないことは、組織の力としても大きな損失になります。

分業が進むことによるもう1つのデメリットは、分業が進むほど調整が難しくなるということです。分業は、大きな目標を達成するために目標がサブタスクに分解されたものです。であるならば、それらサブタスクで得られた成果をもう一度組み立て直せば、目標は達成されるはずです。

しかし、実際はそうはいきません。たとえば、同じサッカーチームで勝利という目標を共有していても、オフェンス陣とデフェンス陣の間で、ゲームプランの考えが異なってしまうことがあります。その理由

は、組織は人によって構成されるからです。分業をすることによって、人の考え方や意識、モノの見方が変わってしまうことがあります。それによって、分業間の調整が難しくなってしまうのです。

　では、分業が進むと、どのようなことが起こるのでしょうか。機能別分業であれ、並行分業であれ、分業をするということはある種のグループを作ることにつながります。たとえば機能別分業であれば、生産部門や営業部門、あるいは製造部門といったように分業によっていくつかのグループ（とサブグループ）が生まれることになります。このような分業によって生まれたグループは、製造部門は製品の製造、営業部門は商品の販売といったように、それぞれ目標に対して求められるものが異なります。このような違いが、グループごとの考え方や価値観、意識、モノの見方を変えてしまうのです。

　たとえば製造部門であれば、コストをいかに安くするか、品質をどれだけ高い水準で保つのか、といった点に日頃の仕事では着目することになります。一方、営業部門はどれだけ商品を売ったか、どれだけ新規開拓をしたかといったことに仕事の焦点が絞られるようになります。サッカーでいえば、オフェンスはどれだけ得点するか、デフェンスはどれだけ失点を抑えるかということがまず念頭に来る考え方になるでしょう。どちらもチームの勝利に結びつくことではありますが、時にその調整は難しいものとなります。

　分業のデメリットのどちらも、組織を構成するのが人間だから起こってしまう問題です。もし未来に、すべての組織の活動がロボットによってなされるような組織ができることになれば、分業によるデメリットは起こることがなくなり、分業をどんどん進めていくことは、直接メリットだけを増やすことになるでしょう。

　しかし、現在は自動化がかなり進んだ工場のような組織であっても、人間の力を組織は必要としています。それを踏まえれば、分業をやみくもに進めればよいというわけではなく、適切な分業のあり方をその組織で考えていく必要があることがわかるでしょう。

3 組織における調整

　時計の中の部品の1つが想定と異なる動きをし始めると、どうなるでしょうか。当たり前ですが、時計は正確にその目的を果たすことができなくなります。つまり時間を正確に示すことができなくなったり、止まってしまったりするわけです。人間は機械でない分、想定外のことが起こっても簡単に不具合を起こしたり止まってしまったりせずに、何らかの対処をすることで目的を果たそうと動きます。

　組織も何か想定外のことが起こってしまうと、組織の目的を達成しにくくなってしまうことは同じです。そのため分業をうまく行えば組織はきちんと動きだすわけではなく、組織の中での想定外のことが起こったときに対処する必要があります。

　前節の最後に分業のデメリットとして調整の難しさを挙げました。仕事を分業によって分解したならば、それをつなげていくことが必要です。たとえ事前に想定していなかったことがあっても、分業した人々の間のあうんの呼吸ですべてが調整できればよいのですが、そうはいきませんので、分業とともに調整が必要になります。つまりは調整とは、分業がうまくいくための工夫といえるかもしれません。

3-1　事前の調整としての標準化

　では、分業がうまくいくためにはどんな工夫が必要でしょうか。分業化された基本的な組織設計において調整は事前と事後の2つがあります。事前とは活動が始まる前、事後とは活動が始まった後を指します。

　事前の調整活動の代表的なものは標準化です。標準化とは、分業化された仕事において標準を組織メンバーで定めておくことです。この標準にはいろいろなものがあります。たとえば、やるべき手順を定めておくとか、道具を置く場所を一定にしておくとか、規格を揃えておくとかいったものです。一緒に仕事をするメンバーの間でさまざまなことの標準を共有しておくことで仕事がスムーズに進むと同時に、想定外のことが起こりにくくなるのです。

標準化のあり方にはさまざまなものがあります。ここでは組織の基本原理を理解するために、大きく３つに分けて標準化を紹介することにしましょう。１つは、インプットの標準化、２つ目は、スループットの標準化、そして３つ目に、アウトプットの標準化です。

　たとえば、小さな個人経営の塾では先生やその年度の生徒の質などに合わせて臨機応変に教育がなされているでしょうが、大手の学習塾であれば、標準の教科書が用意され、一定の能力を持ったと認められた人が教えています。そして教え方や教える順番などは、研修などでトレーニングされます。また、各クラスでの到達目標が設定され、クラスを卒業するときにはある一定の学力が身についていることがめざされます。大規模な塾ではこのような標準化を進めることで、安定したサービスを行うことを可能にしているのです。ここでは、それぞれの段階における標準化について説明することにします。

インプットの標準化

　インプットの標準化は、道具や機械を揃えること、あるいはものづくりであれば材料を揃えることなどがまず考えられます。たとえば、ものづくりで人によって異なるネジを用いているとしたら、それを修理や確認といった後に作業する人はネジごとに異なる道具を用いて作業をしなくてはならないし、見たこともないネジがそこで用いられていたら、作業そのものがストップしてしまうでしょう。それでは分業はスムーズには進みません。事前に使用するネジの形状を揃えておくことで、のちの作業における想定外の事象が起こらないようにするのです。

　ラーメン屋さんでは、醤油ラーメンと味噌ラーメンで丼を変えているお店がありますが、これもインプットの標準化の１つといえるかもしれません。醤油ラーメンはＡの丼、味噌ラーメンはＢの丼と器を分けて統一することで、注文をいちいち確認しなくても、丼を並べておけば、作り手は次に何を作るべきかわかるようになっているのです。

　このことは部品だけでなく、機械や道具などにおいても、材料においても同様です。作業をする人が勝手に機械や道具、材料を任意に選んで

いたのでは、目標がうまく遂行されません。また作業する人の能力も標準化の対象となるでしょう。特に訓練しなくてもできる作業であるならば問題ありませんが、料理やものづくりなど、ある程度の訓練された能力を揃えていかなければ分業がうまくいかない作業もあるでしょう。このように作業の前の段階で、分業がきちんと予定どおりに進むように道具や材料、担当する人の能力を揃えておくといったことがインプットの標準化です。

スループットの標準化

次に、スループットの標準化ですが、これは処理する手順を標準化することです。料理でいえばレシピ、ものづくりなどの作業でいえばマニュアルを整備することがスループットの標準化の典型例です。ファストフード店などでは、このマニュアルが徹底していますし、そのマニュアルどおりに作ることで、ある一定の能力と訓練を積めば、アルバイトであってもいつでも同じ品質のものが迅速にできるようになっているのです。

コカ・コーラは今でもそのレシピ（コカ・コーラではフォーミュラと呼ぶ）が公開されておらず、そのレシピを知っている人は世界に2人ともいわれています。それだけ秘密にされているのは、逆にいえば、そのレシピさえわかってしまえば同じものができてしまうからだともいえます。レシピを公開しても、特定の高い技術がなければ再現できないようであれば、真似することはできないからです。

このように、手順やマニュアルの標準化を通して、想定外のことが起きないようにするための分業による調整が、スループットの標準化になります。

アウトプットの標準化

最後に、アウトプットの標準化について説明しましょう。アウトプットの標準化は、分業の成果を標準化することで、分業における調整を行おうとする考え方です。たとえば、設計図どおりの部品を作るような

ケースがアウトプットの標準化ということができるでしょう。いわゆるスペックを標準化すると言い換えることができるかもしれません。

アウトプットの標準化には、このようにスペックを標準化するだけでなく、もう1つの方法があります。それは、目標や評価の基準を標準化する方法です。たとえば「月末までにこの商品を100個売ってください」というようなものです。厳密にいえば、もしこのような目標が毎回状況によってあるいは個人によって異なっている場合には、目標が標準化されているとはいえません。しかしながら、個数という基準や目標が定まるプロセスは標準化されているのが普通です。ですから、このような場合には目標は標準化されていないが、評価基準は標準化されているということができます。

このような目標や評価基準は、同様の仕事を並行で行う並行分業のときに、競争を促進するという効果もあります。目標そのものか評価基準が共通化されているからこそ、同じ立場にいる人々あるいは組織は競争が促され、それによって生産性が向上することが期待できるのです。

アウトプットの標準化のもう1つのメリットは、目標や完成物といった成果を標準化することで不確実性に対処できることです。ある目的地へ行くときに、確かに最短のルートというものは存在します。ですから、そのルートを標準化（たとえば、最初の信号を右に曲がって、2つ先の角を左に曲がって100メートルくらいのところ、といったように）することで、多くの人を目的地へ連れて行くことはできます。しかし、途中で工事をしていたり、通行止めになっていたりしたら、標準化されていた人々は目的地へたどり着くことがとたんにできなくなってしまいます。

このような不確実性がある場合には、この住所のところへ行くというようなアウトプットを標準化したほうが柔軟に対応できるために効果的です。

このように、組織における標準化による事前の調整はインプット、スループット、アウトプットの3つの標準化によってなされます。もち

ろん、組織において分業したタスクの間の調整をする方法はこれだけではありませんし、3つのうちの1つしかできないわけではありません。ファストフード店では徹底的にこの3つの標準化を駆使することで、働き始めたばかりのアルバイトでもすぐに戦力になるように工夫がなされています。大量のお客さんを効果的にさばくには、分業と同時に標準化による事前の調整を行い、想定外のことを減らしておく必要があるからです。

3-2　事後の調整としての階層の設計

　さて、どれだけ事前の調整を行ったとしても、どうしても分業を行い、組織活動をするうえでは想定外や予想外のことが起こってしまいます。そのために組織は事後の調整手段を持つ必要もあります。

　その代表的なものが階層を作るということです。標準化などの事前の調整では対応できないとき、分業をしている人々は相談をすることで調整を行う必要が出てきます。階層は、事後の調整手段としてだけ意味をなすものではなく、組織内での地位やそれに伴う権限を明確にすることや情報の伝達のルートをはっきりさせるといった役割もありますが、ここでは事後の調整の観点から階層を見ていくことにしましょう。

　たとえば図2-2のように、流れ作業を10人のメンバーで分業しているとき、Aさん、Bさんの作業において想定外のことが起こったとき、Gさんに相談して対応策を考えるというルールを決めると、そこに階層が生まれます。この調整する立場にある人は、その状況において監督者、リーダー、チーフ、あるいは経営者といった名称で呼ばれます。

　階層を作ることの意味を別の点から考えてみましょう。今、10人の組織があるとします。10人に階層がないとき、情報はすべての人同士でやりとりされることになります。これを完全結線の状態と呼びます。10人が完全結線で結ばれると、情報のやりとりの線は45本引かれることになります。一方、この10人の組織において階層を作るとどうなるでしょうか。

　たとえば、図2-2のように調整役として1人の人を頂点に中間階層

図2-2　分業と調整

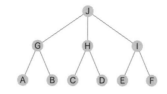

に3人を置くとすると、残りの6人が分業の仕事をすることになり、その6人がそれぞれ中間階層の人の下に就くと、伝達の経路は間接的になりますが、1人は1人だけと情報のやりとりをすればよいのですから、9本の結線で済みます。45本が9本になることはそれほど大きく感じませんが、これは、100人の組織だと、完全結線は4950本、階層にすると99本のやりとりの線で済みます。

　調整役を置くことによって、調整する役目の人が調整するだけでなく、調整の際の情報伝達もスムーズに進むことが考えられるのです。では、どのように階層は設計されるのでしょうか。さっそく、階層の考え方について紹介することにしましょう。

管理の幅

　分業における事後の調整役としての階層を決めるには大きく2つの要素があります。1つが管理の幅、もう1つが部門化です。

　管理の幅とは、1人の人が何人を管理するかということです。つまり何人の仕事の想定外の出来事に関して調整をする仕事を行うかということになります。管理の幅が広がれば、1人当たりの調整の仕事は増えることになります。ですから、あまり管理の幅を広げてしまうと、調整の仕事が滞ってしまうことも考えられます。

　もう少し具体的に考えてみましょう。やはり10人の組織を考えます。このとき、管理の幅を2、つまり1人当たり2人を管理すると考えましょう。そうすると、図2-3のように、階層の階数は4となります。一方、管理の幅を4とすると、階層の階数は3になり、より平ら（フ

図2-3 管理の幅

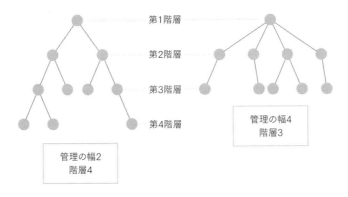

ラット)な組織になることがわかります。

この管理の適切な幅は、3つのことで決まります。1つは、調整すべき想定外のことが起こる頻度、2つ目は、その処理の難しさ、そして3つ目には、処理にかけられる時間の余裕です。分業間で起こる想定外のことを調整するために階層は用いられますから、調整役の人が想定外のことに対処できなくなってしまっては元も子もありません。

ですから、想定外のことが多いと予測されるほど、その処理が難しくなることが予測されるほど、そしてそれにかけられる時間的余裕が少ないほど、管理の幅は狭くとらなければなりません。そうしないと、調整役の負担が大きくなり、結果的にうまく分業がなされなくなってしまいます。

部門化

さて、管理の幅が決まっても、誰と誰を同じ調整役の人の下で分業させるかを考えなければなりません。これが部門化の考え方です。調整における部門化の基本的な考え方は、相互依存的に働いている人ほど同じ調整役の下で分業させる必要があるということです。

なぜなら、相互依存的に働いている人同士ほど調整が必要になり、そのときにより階層の上に上がらないと調整ができないとすると、スムー

ズな分業による組織活動ができなくなるからです。想定外のことの内容まではわからずとも、そこで頻繁に想定外のことが起こることが予測されるのであれば、より調整がしやすいように同じ調整役の下で活動を行ってもらう必要があることは明らかです。

　もう少し考えるとすると、その相互依存関係が重要であるほど一緒のグループにしたほうがよいことがわかるでしょう。その調整が遅れること、間違うことで起こる損失が大きいと考えられる想定外のことほど素早く正確に対応する必要があります。そう考えれば、戦略的に重要である相互依存関係を同じグループに置くことがポイントであることは、はっきりしているでしょう。

　たとえばプロサッカーのチームでは、まずトップ（1軍）とサテライト（2軍）に分け、その中でオフェンスとデフェンスなどのグループに分かれます。チームが勝つためには、まず同じチームでの相互依存性が重要になります。そのためポジションなどではなく、まず同じ試合に出るトップとサテライトに分けて部門化していくことになります。

　それでは、具体的にはどのような部門化のあり方が考えられるでしょうか。

　部門化の1つの考え方は、職能によって部門化する考え方です。スーパーマーケットでは、野菜や果物など青果食品を扱う部門、魚を扱う鮮魚部門、肉を扱う精肉部門、缶詰やカレー粉、味噌などのグロサリー部門、菓子部門、惣菜部門など商品の種類によって分かれています。これは商品ごとに同じような仕事をし、相互依存的に働いていることから調整の必要性が高いことが考えられ、自然な分業のあり方です。

　あるいは、活動する地域によって部門化する考え方もあります。同じ職能であっても、店舗が異なれば相互依存的に働く可能性が低くなります。むしろ職能は異なっても同じ店舗で働くさまざまな職能の人々を同じグループにしたほうが調整の必要性としては適切だと考えられます。

　これ以外にも、小学校や中学校で学年ごとに先生が部門化されるように、顧客層によって部門化する考え方もあります。もちろん、多くの規模の大きい組織においては、これら部門化は1つの考え方によっての

み分かれるのではなく、さまざまな部門化の考え方を用いながら組織を設計していきます。

Column　ファヨールと管理の考え方

　アンリ・ファヨールは、フレデリック・テイラーと並んで経営管理論や組織論の祖となる1人です。ファヨールは、1841年に生まれ、鉱山のエンジニアとして教育を受け、エンジニアとして仕事をした後、30代後半から鉱山の会社の管理を行った人物です。テイラーと同様、彼は純粋な学者ではありませんでしたが、自身の経験に基づき、1916年に『産業ならびに一般の管理』という本を著しました。この著作によって、ファヨールは経営管理論や組織論の中に名前を残すことになります。

　彼はこの本の中で、管理をすることの重要性や組織を動かすことの基本的な考え方を示しています。事業を維持・発展させる活動として6つの本質的な活動（技術活動、商業活動、財務活動、保全活動、会計活動、管理活動）を示したうえで、特に管理活動に注目します。ファヨールによれば、管理は5つの要素によって成り立つとしました。

　それらは、①予測し、計画すること、②組織すること、③司令すること、④整合すること、⑤統制すること、です。予測し、計画することとは、将来について検討し、計画を立てることです。そのために重要なことは、全体の目標と個々の目標が統一されていること、短期と長期が連続していること、状況の変化において柔軟であること、そして、できうる限り正確に予測することだとファヨールは説きます。

　組織することは、事業において基本的な行動が効率良く実行されるような組織構造を構築することを指します。そしてその後、その構造が動くように司令、つまりはそれぞれに割り当てられた活動を持続させることが必要になります。また司令することにおいては、さまざまな組織の中の人々の活動や努力が、有機的に目標へとつながることも考えなければなりません。それが整合することになります。

最後に、統制することは、ここまで書いてきた①～④の要素がきちんとできているかどうかをチェックすることを指します。これに加えて、ファヨールは管理原則と呼ばれる、ある種の管理のノウハウを14個示しています。その中には、たとえば、1人の組織成員の上司は1人であるべきだということや、司令を出す人はその行使に対する責任を負わなければならない、といった原則が含まれ、この中に管理の幅について書かれています。

　これらのことはファヨールの経験から導かれたものと考えられますが、現在の組織にもおおむね当てはまるものがほとんどであることがわかります。ファヨールのこのような管理職能とそのプロセスに焦点を当てた考え方は、後に管理過程学派と呼ばれるようになります。また後には、ファヨールのこれらの考え方は、ある程度予測が立つような活動においては有効であるといえますが、柔軟で迅速な対応を求められるような現代的な経営を念頭に置くとうまくいかない、というような批判もあります。

　ファヨールが説くように、これらの管理活動は、人体における神経系的な働きをしています。組織の形だけでなく、それをきちんと動かすことにも着目したファヨールの考え方は、今も昔もそれほど変わらないものかもしれません。

3-3　事前と事後の調整の考え方

　最後に、事前と事後の調整についてどのようにバランスをとるかについて考えていきます。もし事前の調整が完璧にできるのであれば、事後の調整を考える必要はありません。反対にどのような想定外のことが起こっても、事後の調整で十分に効率良く対処できるのであれば、事前の調整の必要性はないかもしれません。

　このことを考えるうえで重要になるのは、自分たちの組織活動の予測可能性です。自分たちの組織活動において起こりうる出来事が十分に予測できるのであれば、それに対処する方法を事前に用意しておけば、組織活動において問題が起こる可能性は低くなります。一方で、予測する

ことが難しい場合や予測できるかもしれないが予測するのにコストがかかるような場合には、事後の調整により注意を払って組織を作る必要があるかもしれません。

　たとえばファストフード店では、商品を均一化し、マニュアルを徹底することで事前の調整にかなりの力を入れています。その理由の1つは、多くの店舗においてアルバイトなどの想定外のことに対処しづらい人材を配置していることです。賃金が安いアルバイトを有効に活用することで、ファストフード店はコストを削減していますが、その分想定外のことにうまく対処できる能力は持っていません。また、調整する人を配置することもコストがかかります。

　たとえば、入荷した不均質な材料に合わせて味を調整しながら、いつもと同じ味にすることはアルバイトの店員には難しい要求です。そこで食材や調味料なども本社で同じ品質のものをすべて手配すると同時に、調理の仕方をマニュアル化しているわけです。それによって管理の幅を減らし、多くのアルバイトに現場を任せることができるようになっているのです。

　一方、高級レストランでは、日々入荷してくる食材に合わせて料理人を束ねる料理長の方針の下、料理が作られます。そこでは長年料理の修業をした料理人が料理を行い、味付けや盛り付けなどの調整が必要な重要な部分では調整役である料理長が確認をして、お客さんに出す料理が完成します。肉1つとっても均一ではありませんし、料理の注文も決まった順番で入るわけではありません。料理人は臨機応変に周囲と確認をしながら進めていかなければなりませんし、料理長は調整役として全体の料理がどのように進んでいるのかを把握しながら最善の状態の料理を作っていかなければなりません。

　このような場合には、想定外のことへの対処を事前に決めるのではなく、誰が誰に相談するのか、どういうグループで処理していくのか、ということを決めて臨機応変に確認し合いながら仕事を進めていくほうが適切です。なぜなら事前に決めておいても、注文の入り具合やその日の食材の状態によって調理の手順や細かな部分を随時変更していかない

と、目的を達成できないからです。

　また、この章では事前の調整として標準化を、事後の調整として階層を代表的なものとして紹介しました。これ以外にも想定外のことを専門に引き受ける部署を作ることなど、組織を作るうえでそれぞれの調整の手段はありますが、ここでは、組織作りの基本設計として2つの調整を理解してください。

> 考えてみよう
>
> 　回転寿司店が、寿司を店内で回転させて配膳することには、どのような店側のメリットがあるでしょうか。調整の考えをもとに考えてみましょう。
>
> 調べてみよう
>
> 　学校や会社などの組織図を集め、どのような基準で分業がなされているかを調べ、考えてみましょう。

CHAPTER 3

組織を動かすメカニズム

　時計を設計し、さまざまな部品をその設計図どおりにはめ込んでも時計は動きません。時計を動かすためには動力が必要になります。組織も同様に、組織目標を達成するのに必要な活動を分析し、それをつなぎ合わせただけでは組織は動きません。そのためには動かす力が必要になります。基本的な組織設計とそれを動かす力があって組織は目標の達成に向かって動いていきます。

　この章では、まず、合理的な仕組みとして組織を考えた2つの古典的な組織の考え方について紹介します。そのうえで組織を動かすメカニズムについて考えていきます。

1 官僚制組織──永続性を持つ精密な機械

　第1節と第2節では2つの組織のあり方を紹介します。両者に共通するのは、ここまで説明してきた設計の考え方に準じて、きわめて合理的に設計、管理することを考えた組織のあり方です。

　まずこの節では、官僚制組織を取り上げます。官僚制組織は、20世紀初頭に活躍したドイツの社会学者のマックス・ウェーバーによって示された組織のあり方です。彼は古代中国や古代ローマなど、さまざまな政治形態を研究した結果、最も理想的な組織として官僚による組織を示しました。その考え方の根底にあるのは、永続的に精密に動く機械のような組織です。ウェーバーはこのような組織こそ、最も能率的な組織のあり方だと考えたのです。

　では、なぜこのような組織が能率的、つまり目標を達成するためには

最も効果的な組織だと考えたのでしょうか。

　ウェーバーは、組織を支配する形態には大きく3つあると考えました。それらはカリスマ的支配、伝統的支配、そして合法的支配です。官僚制組織はこのうち合法的支配による組織になります。

　カリスマ的支配は、1人のきわめて力のあるリーダーが支配するような組織です。人々が命令に従う組織が動くのは、そのリーダーに特別な能力があるからです。能力もあり影響力もあるリーダーが参加者を束ねていく組織では、その人の能力が高いがゆえに組織はうまく動きますが、一方でその人がいなくなると、とたんに組織は動かなくなる恐れがあります。

　アレキサンダー大王は、一時その版図を地中海からアジアへと広げましたが、彼の死後、国はあっという間に分裂してしまい、彼が作り上げたマケドニア帝国は滅亡してしまいました。彼がいるときは機能していた国が、彼がいなくなるととたんに動かなくなってしまったわけです。

　次に伝統的支配は、古くから行われてきた伝統による権威を用いた支配です。このような組織では、特定の人たちからリーダーを選んでいくような支配のあり方になります。徳川幕府が支配した江戸時代は、将軍は徳川家の血筋から選ばれていきましたが、伝統的にそうなっているということが、それで選ばれた将軍の権威になっていたのです。しかし、やはり限られた人からリーダーが選ばれることや世襲になりがちだという点で、無能な人がリーダーになってしまう可能性があります。

　カリスマ的支配も伝統的支配においても、結局はリーダー次第で国や組織が動くと同時に立ち行かなくなってしまうことがあります。合法的支配に基づく官僚制組織はこのようにリーダーの能力によって組織が左右されるのではない、まさに機械のような組織をめざしているのです。ウェーバー自身も官僚制について「官僚制はひとたび完全に実施されると、破壊することの最も困難な社会現象の1つである」と述べています。

　では、具体的に官僚制組織の組織としての特徴を見ていくことにします。官僚制の特徴は大きく7つあります。それらは、職務の専門化、

権限のヒエラルキー、規則、非個人性、文書主義、そして専門能力と、年功に基づくキャリア形成です。まず、分業と調整にかかわる専門化とヒエラルキーについて見ていくことにしましょう。

1-1　官僚制組織の基本設計──専門化とヒエラルキー

　官僚制の特徴としての専門化とは、官僚制では仕事が明確に分業化されて、行わなければならない仕事が専門化、つまり専門的訓練を前提とした仕事になっていることを指します。そのために官僚制組織に参加する者は、何かしらの専門化された仕事を持ち、その仕事を専業としている必要があります。また、専門化されているということは、誰がその仕事をするのかが明確に定まっているといえます。

　そして明確に分業化された仕事は、権限のヒエラルキーによって調整されることになります。権限のヒエラルキーとは、誰が誰に命令をし、誰が誰の命令に従うのかを明確にしたものです。ですから、権限のヒエラルキーは、調整・統合のメカニズムであると同時に官僚制の命令系統でもあるのです。

　この権限のヒエラルキーの重要な点は、権威が個人に属するのではなく、職務上の地位に結びついている点です。官僚制のヒエラルキーは、組織の中での権限関係（命令をする立場と受ける立場）を明確に定めますが、それはあくまでその職位にいるからこそ発生する権限であって、たとえ個人的に優秀なリーダーであっても、職務の範囲や権限のヒエラルキーの範囲を超えて指示を与えることはできません。

1-2　個性や人格の分離──規則による行動、非個人性、文書主義

　権限のヒエラルキーにおいてもそうでしたが、官僚制では個人としての人格と組織としての人格を明確に分離します。官僚制の根本には、特定の個人の力に頼ることによって組織の永続性が失われるということがあるので、能力としての専門性は重視しますが、その人の個人的背景や人格は組織の中に入らないように考えています。そのことの反映として、ルールに基づく個人行動と職務遂行における非個人性、そして文書

主義という特徴を持っています。

　まず官僚制では、職務から個人的な配慮を除外します。官僚制組織においては感情やその人の判断といったものを極力除外するように考えています。担当する人のその日の気分や感情によって判断が異なるのでは、永続性に欠けてしまうからです。

　たとえば、市役所の窓口で担当者が気に入らない人に対してはサービスを行わないという判断をしたらどうでしょうか。市役所という組織の目的の1つは「市民の円滑な生活のサポート」と考えられますが、この組織目標が満たされなくなってしまいます。

　そして、このような個人的な配慮や感情に基づいて行動が行われないように、官僚制では規則・ルールによって組織成員の活動や行動は決められることになります。たとえば、市役所のサービスは決められた時間外では、たとえそこに担当者が仕事をしていても受け付けられることはありません。これは、市役所では窓口の仕事を行うのは、決められた時間内だけと規則で決められているからです。

　これを人間的でないと批判する向きもありますが、官僚制とは恣意や情を挟まずに人間的でないことをめざす組織ですから、当たり前といえば当たり前の話なのです。ちなみにほとんどの役所では、サービス時間外であっても戸籍の届け出などは受理してくれます。しかし、これもどのような手続きで受理されるかは決まっています。例外的な措置であってもこのように規則が定められ、決してその担当者の感情や個人的な関係で決めないようになっているのが官僚制組織の特徴です。このような特徴は行政組織だけに見られるものではなく、民間企業や学生組織などルールや規則などがあるさまざまな組織で見ることができます。

　この規則によって活動や行動が決まることは、仕事の内容だけではありません。前節で触れたヒエラルキーの関係や情報の伝達の経路なども規則で定められることになります。また、やってはいけないことも同様に規則で定められます。組織活動や行動を規則で定めていくことの利点は、規則に従うことによって、その職務を遂行するのに十分な専門能力を持った人であるならば、誰でも同じように行動ができることです。そ

れによって、組織行動は反復できるようになり、組織活動を永続的に安定化させることができます。

　個人や人格の分離にかかわって、もう1つの官僚制の特徴は文書主義です。仕事においてこれまでの経験や過去の例というのは、とても重要な情報です。「この人しか知らない／この人しかできない」ということが影響力の源泉になることもあります。

　たとえば、昔からの酒蔵では杜氏がお酒の製造に責任を持ち、杜氏の感覚や経験、舌によってその酒蔵の酒の味が決まってきます。そのため、酒蔵では杜氏は経営者ではありませんが、大きな発言権を持つことになり、経営者は杜氏に配慮しながら経営をしなくてはなりません。

　また、情報が残っていなければ、新しく担当になった人は、その事例を経験した担当者と同様の仕事ができなくなることもあります。杜氏が代わったとたんに以前の酒の味が出せなくなってしまうのでは、安定して酒蔵を経営することはできません。

　官僚制組織では、このような特定の個人に依存するような組織は良しとされませんから、規則や過去の経験の伝達を含むコミュニケーションの内容はすべて文書で行われ、記録され、保存されます。また、すべての情報を文書化することによって、組織活動そのものもコントロールがしやすくなるわけです。過去に行われたことがすべて記録され、保存されることで、どさくさ紛れやうやむやに規則を無視して行動をすることが牽制されるのです。

1-3　専門能力と年功に基づくキャリア形成

　最後の2つの特徴は、専門能力と年功に基づくキャリア形成です。官僚制では、報酬はその専門能力と年功に基づいて固定給で払われることになります。これは、官僚制の特徴として挙げた専門化された職務を行うためには専門能力の養成と職務の専従者としての能力の発揮が求められるからです。

　そのために、官僚制では専門能力を十分に習得できる能力と組織内部での専門的訓練が特徴として挙げられます。公務員試験が行われるの

は、決して採用する順位を決めるだけではなく、この専門能力を十分に習得できる能力、別の言い方をすれば組織に入って専門的訓練を受けたうえで、職務を遂行できる能力があるかどうかを確かめるために行われているのです。そして、職務に就いている組織メンバーの身分は終身雇用の形で保証される必要があります。少なくとも、組織メンバーの身分は時の権力者などによって簡単には失われないようにしなくては、永続的に安定した組織活動はできません。

　少し本論と離れますが、官僚制の面白い特徴はこのように人材の供給についても触れていることです。組織活動が人によって行われる限り、たとえ個々人の人格を入り込ませない組織形態であっても、組織が永続的に活動するためには辞めていく人を組織は補充しなくてはなりません。スナップショットとして良い組織を考えるだけでなく、永続性のあるものとして組織を考えようとした点、そしてそのために人材の供給についても考えている点に官僚制の大きな組織としての特徴があるといえるかもしれません。

　改めて官僚制の特徴を整理すると、専門化された職務とヒエラルキーによって設計がなされていること、そして個性や人格を職務から分離するためにルールの重視、非個人化、文書主義が行われます。さらに組織活動を安定して行うために専門能力と固定給によるキャリア形成が行われています。

　このような特徴を通して、官僚制は永続的で機械のような正確な組織活動を行うことが可能になっているわけです。もう少しいえば、リーダーが代わっても、変わらず動く組織であるためには、このような特徴が必要なのです。

　しかし、ここで説明した官僚制組織はウェーバーが説くように、1つの理念型です。理念型とは理想の形といってもよいでしょう。野球でもサッカーでもスポーツの練習をするときに、私たちは理想的な姿を描きながら練習をすることがあります。たとえばテニスの練習では、最初に模範的なフォームでの素振りを徹底的に行います。

　しかし、実践では理想の姿や模範的なフォームの素振りが完璧に再現

されるような場面はなかなかありません。だからといって、理想を描いてそれを反復することに意味がないわけではありません。それに近い形でプレーしようと考えることによって、理想型の持つくぶんかの良さが実践で示されるのです。ここで示された官僚制組織も、完全に再現された組織は歴史的にもなかなか見ることはできません。しかし1つの理念型として捉えると、状況や環境に合わせて官僚制組織に近い組織を考えることができるのです。

　官僚制組織の考え方は、役所に限らず民間の組織においても多く取り入れられています。民間組織あるいは営利組織であっても規則や文書によって動かされている部分は決して少なくありません。しかし現在の世の中において、官僚制組織という言葉はあまり良い印象を持たれていません。官僚制組織の代表である自治体や官僚の組織に対しては、規則を盾に柔軟な対応をしないことや法律によって身分が保証されていることの不公平さなどが指摘されます。

　しかし、これらの問題はむしろ官僚制組織が永続的に機能するための必要な条件でもあり、これらこそが官僚制組織の良さの要素でもあるのです。しかし、どんな組織にも問題があります。次節では官僚制組織の持っている問題について考えていきましょう。

2　官僚制の逆機能

　組織において制度や仕組みは、組織目標に直接的あるいは間接的に貢献する成果をもたらすことをねらっています。しかし、そのように設計された制度や仕組みが、時に組織目標の達成を妨げてしまうことがあります。これを逆機能と呼びます。

　ここまで説明してきたように官僚制は、組織目標を永続的に果たしていくために合理的に考えられた組織であり、そのためにいくつかの特徴を有しています。しかし、これらの特徴が組織目標の達成を妨げてしまうことが少なくありません。

　官僚制において、規則はその人の仕事を規定し、その人の個人的な思

惑や感情が入らないようにできています。つまり、誰がやっても同じように できるために規則はできています。そして規則が多いほど、組織を管理する側はそこで働く人をきちんと働かせることができます。それは規則を多くすることで、担当者個人の思惑や感情が入る余地を小さくすることができるからです。一方、官僚制組織で活動する人も、きちんと組織活動をするために、規則を遵守するようになります。なぜなら、規則を超えて個人の思惑や感情で行動することは批判の対象となるからです。

　この結果、官僚制では、規則を守ることが自分の仕事の正当化につながり、自己防衛のために規則を遵守するという傾向が見られるようになります（同調過剰）。そして、組織目標を効果的に達成するための手段として作られた規則が、それは守らなくてはいけないものだという目的になってしまいます（目標転移）。最後には、何のために規則が作られたのかもわからず、単に習慣や儀礼として規則に従うようになってしまいます（儀礼主義）。

　もちろん、このような状態になれば、組織は環境の変化についていけず、組織目標の達成もおろそかになってしまうのです。さらには、このような硬直的な行動が顧客との問題を引き起こしてしまうことがあっても、組織メンバーはさらに規則を作り、それによって自分たちを守ろうとします。官僚制組織では、年功による賃金制がとられるため、組織メンバー間で競争が起こりにくくなります。また、身分が守られていることによって長期的な雇用が多くなるため、組織メンバー間の連帯感が強くなる傾向にあります。このことも同調過剰が起こる原因にもなっています。これらの官僚制の逆機能を示したものが図3-1です。

　また規則は、同調過剰を促すだけでなく、規則に定められた行動だけをとるようになってしまいます。これを無関心の維持と呼びます。官僚制組織では、規則を守っていれば懲罰を受けることはありません。また、規則はそのメンバーが仕事上で果たすべき義務を指示しています。このことは逆に、規則がその人の最低限やらなければならない仕事を規定しているともいえます。結果として、自分に課せられている最低限の

図3-1 官僚制における逆機能（同調過剰）のメカニズム

仕事だけを行い、それ以上のことはしなくなってしまいます。

たとえば、戸籍の管理をするのが課せられた仕事であれば、たとえ時間的にも能力的にも余力があっても、それ以外の仕事をする必要はなく、結果的に能率は向上しません。そしてメンバーが最低限のレベルで仕事をするために、上司は部下の仕事を細かくチェックすることになります。決められた仕事以上をこなしているのであれば、上司は仕事を任せられますが、最低限のことしかしなければ、上司はきちんとそれがなされるか、より厳しく監督をしていかなければならなくなるのです。

結果として、上司と部下の間には緊張関係が生まれてしまいます。この厳しい監督を避けるために守るべき規則を作ったとしても、それはまた最低限の仕事量を規定することになり、結果として能率の低下とさらなる上司と部下の緊張関係を生み出してしまうのです。このメカニズムを図示したものが図3-2です。

たとえば、締切り期日を設定することは、たとえそれより早くできることがあっても、締切りまでにできればよいとしてしまいがちです。そして期日ギリギリに行動する人のために、さまざまな対処を考えなければなりません。結果として規則が増えたり、監督すべきことが増えたりして組織全体の能率が下がってしまうことは、学校や職場でよく起こることではないでしょうか。

規則は本来、それがあることで勝手な行動や個人的な行動をとることをわざわざ見張ったり、チェックしたりすることを避け、能率を上げるために作られていたのにもかかわらず、その規則がかえって能率を下げてしまい、さらなる規則によるコントロールを生んでしまうという間

図3-2 官僚制における逆機能（無関心の維持）のメカニズム

違った方向での働きをしてしまうのです。

3 科学的管理法──良い方法を分析し共有する

　もう1つの合理的な組織のモデルとして科学的管理法を紹介します。科学的管理法と名づけられているように、これは組織のあり方というよりは、管理のあり方ということができるかもしれません。

　18世紀初めにアメリカで科学的管理法を提唱したフレデリック・W・テイラーは、まず組織にとっての利益は、そこで働く組織メンバーにとっても利益であると考えることが重要であると考えました。そうでなければ、第2節で説明したような官僚制の逆機能と同様に、命令される人は言われた最低限のことをしたほうが得だと考えてしまうからです。

　当時の産業社会では、資本家と労働者という関係が顕著でした。つまり、組織目標の達成はあくまで資本家にとっての目標であって、労働者はそのために雇われている存在である限り、労働者にとって勤勉に働くことは自分たちにとって意味がないことだと考えられていたのです。ゆえに、より生産性や能率を上げるということに関して労働者はあまり関心がありませんでした。単に研究するだけでなく、エンジニアであり、工場の生産管理にも携わっていたテイラーはこれに対して、組織が組織目標を達成し、利益を上げることは労働者にとっても利益につながることを示し、だからこそ、より生産性の上がる働き方、能率の良い働き方を考え、実践することを試みたのです。

　テイラーは科学的管理法という方法を通してこの資本家と労働者の

関係そのものを変えようと考えたのです。その科学的管理法は大きく4つの原理によって成り立っています。

3-1　科学的管理法の4つの原理

　科学的管理法の1つ目の原理は、作業を科学的に発達させることです。それまでの管理方法は、労働者任せの恣意的な成り行きによる管理の仕方でした。官僚制がそれを排除しようとしたように、それまでの仕事は担当する人々によって、そのやり方ややるべきことが異なり、「精進と奨励」によっての管理でした。

　ですから、前向きな人は生産性や能率が上がるように工夫をしながら自分の腕を上げていきますが、そうでない人はまさに最低限の仕事しかしないようになってしまいます。そのため、科学的管理法では科学的に作業を発達させること、つまり1人1人の作業を科学的に分析し、最も効果的な作業の方法を発見していきます。

　たとえば、山と積まれた石炭を別の場所にシャベルで運ぶ作業があるとします。このとき、一度にどの程度の石炭をシャベルに載せるか、走って運ぶか歩いて運ぶかによって、その疲労度と生産性は異なってきます。一度にたくさん載せて走って運べば、短い時間で多くの石炭を運べますが、長時間になれば疲労が蓄積し、トータルではかえって生産性が落ちてしまうこともあります。少量を歩いて運べば疲労は少ないでしょうが、トータルの生産性はなかなか上がってこないと考えられます。

　科学的管理法では、作業の時間や動作の研究を行い、最も効率の良い作業の方法を決め、それによって仕事を設計していき、そのうえで公正な作業量である課業（タスク）を定めていきます。つまり、仕事のやり方を科学的に分析することによって、たとえばこのやり方をすれば、だいたい1日当たり10個の製品を作ることができる、というように課業を定めていくのです。

　このように各組織メンバーが唯一最善の方法で定められた課業を行っていくことによって、能率を上げていくとともに、組織と個人の双方の利益を大きくしようと考えるわけです。

2つ目の原理は、組織メンバーを科学的に選択、訓練、教育し、能力を開発することです。単に作業の最善の方法を科学的に探求するだけでなく、それを担う人材も科学的に選択し、開発していくのです。現在では当たり前のことかもしれませんが、応募者の能力をきちんと見定めたうえで採用をすることは、科学的管理において前提となるのです。また、各作業に適した能力を習得するためにも訓練が必要となり、この訓練も単に管理者の経験からなされるのではなく、科学的に訓練のあり方が検討されることになります。

3つ目の原理は、官僚制にも含まれていましたが、組織メンバーは科学的な手続き、つまりは規則に従って行動することが要求されるということです。管理者は、管理する組織メンバーの作業を計画し、組織メンバーは文書化されたマニュアルに基づいて作業を行っていきます。

4つ目の原理は、管理者と労働者の間の分業、つまりは垂直的分業を行うことです。これは管理者の仕事を明確に規定することといってもよいかもしれません。科学的管理法では、管理者は労働者が最も効率良く作業を行うことができるように、それぞれの労働者の経験や口づてなどで培われた知識を集め、規則や法則としてすべての労働者にその知識を活用させるのが仕事になります。

科学的管理法の主張は、それまで各個人の経験や勘に任せきりであった作業のやり方や能力の開発を、科学的に組織や管理者が行うべきだというものでした。その点では、個人の感情やその人ならではの判断を徹底的に除外する官僚制と似たような側面を持っているといえます。また、労働者の持つ知識を管理者が集め、それを共有していくことや、唯一最善の方法をみんなで共有し、マニュアル化していくことは、組織が単なる個人の集合体ではなく、組織としてより効率的に組織目標を達成しようとする試みでもあるのです。

Column　MUJIGRAM

　この章で紹介したようなマニュアルや規則による管理はもう古いのではないか、と考える人もいると思います。確かに、経営環境の変化のスピードが増す中で、それに対応してマニュアルや規則をいちいち作成している場合ではありません。それよりも従業員の力量を信じて、柔軟に現場レベルで対応してもらう考え方のほうが組織としてはふさわしいと考えられます。しかし、反対にマニュアルを徹底することで業績をあげた組織があります。それが良品計画です。

　無印良品の店舗へ行くと、全国どこでもほとんど変わらない店舗の作りをしていることに気づかれるのではないでしょうか。良品計画では、売り場のディスプレイだけでなく、接客、発注など店舗運営にかかわるすべてのやり方をマニュアル化し、それをMUJIGRAM（ムジグラム）と呼んでいます。

　以前の無印良品では、他の同種の業態の企業と同様に、店舗運営は店に任されていました。また若い人は、そのやり方を店長などの背中を見て覚えていきました。必然として店舗ごとに商品のディスプレイは異なっていったのです。そのためたとえば、新しい店をオープンする際に、準備が整ったと思ったら、別の店の店長がやってきて駄目出しをして、直した後にまた別の店の店長がやってきて「これでは駄目だ」と変更させられるといったことが起きていたようです。そこで店舗運営のマニュアルを用意した経緯があります。

　実際に策定されたMUJIGRAMによって、店舗の運営は経験の浅いアルバイトでもできるようになりました。また、どの店も同じマニュアルですから、どの店に異動してもすぐに戦力として活躍することも可能になったのです。これまでは新しい店舗に異動すれば、その店舗のやり方をまた一から覚える必要がありましたが、MUJIGRAMがあるため、どの店でも同じやり方をしていることで、どの店でもすぐに活躍することができるのです。

　また、MUJIGRAMによる創意工夫も起こり始めました。改善したい

こと、あるいは追加したいことがあれば、日々マニュアルは更新されるようになっています。そのことがまた新しい標準となり、共有されることで組織が成長していくのです。

3-2 科学的管理法における組織

このような原理の下、科学的管理法ではいくつかの特徴的な制度や組織が作られます。その1つが、差別出来高給制です。それまでの出来高制では、過去の結果をもとに大まかに目分量で単価が決まっていました。ゆえに、たとえば1つの品物を作るのにかかる時間をめぐって労働者と管理者の間に対立が起こっていました。つまり、労働者は1つのものを作るのに時間をかけることで単価を上げようとし、管理者はそれを見越して単価を切り下げようとしていたのです。

差別出来高給制では、標準化された仕事を基準に賃金を決めます。基準を満たす仕事をすれば賃金は上がり、満たさなければ賃金は下がります。仕事を公平に標準化したことで基準ができるため、これまであったような対立がなくなるのです。

もう1つの特徴的な制度や組織は、職能的職長制です。科学的管理法では、労働者は科学的に標準化された仕事をこなしていくことが求められ、そのための訓練を科学的に行っていきます。そこでは無駄な作業や仕事の要素は排除され、個々の仕事や作業は専門化していくことになります。

そうすると、これまでの工場のように、さまざまな作業を行う人の上にそれを管理する職長という形では専門性が不足し、職長としての対応ができなくなってしまいます。そこで、科学的管理法では、職能別職長制と呼ばれるように、職能別に職長を定めていきます。

たとえば、少年野球のようにすべての子どもがさまざまなポジションでプレーできるように練習している場合には、コーチはそれほど専門的でなくとも、さまざまなポジションについて指導できれば問題はありません。

しかし、プロ野球のように各選手のポジションが明確になり、専門化

が進んでいる場合、コーチも専門化していなければ、指導あるいはコーチすることができません。労働者が専門化していくことによって、職長も特定の職能を管理することができるようになる必要があるのです。

4 人間関係論の誕生

　科学的管理法とその考え方は、その後多くの研究者や実践家によって最適な労働状況を科学的に検討されることで広く受け入れられていきます。組織作りを経験や場当たり的に考えていくのではなく、科学的に作業条件を検討し、効率的な最善の方法を探索していくことによって、工場などの生産性は飛躍的に伸びていくことになります。現在でも、科学的管理法の考え方は、ファストフード店などで典型的に見ることができます。

　たとえば、ハンバーガーショップでは、わかりやすく、細かくマニュアルができています。また、迅速にハンバーガーなどを提供するために、独自の機械や道具が作られていますし、店における配置も科学的に検討がされたうえでレイアウトされています。これによって、経験の浅いアルバイトでも簡単な訓練でハンバーガーが同じ品質、同じスピードで作れるようになっているのです。

　しかし、官僚制の逆機能と同様に、科学的管理法も必ずしもそれでうまくいくわけではないことが示されていくことになります。

4-1　科学的管理法の反証

　ジョージ・E・メイヨーを中心とする研究グループは1920年代から30年代にかけて、科学的管理法の考え方に基づくシカゴのウェスタン・エレクトリック社のホーソン工場で、大規模な社内実験に参加していました。実験の内容は、照明の強度という物理的環境の条件の従業員の生産効率に与える影響を調べるものでした。彼らは科学的管理法に基づき、照明が見やすくなればなるほど生産効率は上がると考えていました。しかし、実際は照明の強度を変えなくても生産効率は上がり、さ

らには照明強度を下げた職場においても生産効率が上がっていったのです。

　さらにメイヨーらは、本格的な調査を行うことにしました。調査の対象となったのは、6人の女性による継電器と呼ばれる小さなスイッチを組み立てる作業グループでした。ここでは、さまざまな作業条件が生産効率に与える影響について実験がなされました。具体的には、作業時間と休憩時間の割合と休憩時間中に出される軽食の有無の生産効率への影響に関する実験でした。休憩時間があることや軽食があることは、当初は生産効率に良い影響を与えました。これは疲労による生産効率の低下が抑えられていると考えられました。

　しかし、しばらく作業条件を変えながら実験を続けていっても、必ずしも疲労が減少するような条件が生産効率に影響を与えないときもあることがわかってきました。そしてメイヨーたちは、一度最初の作業条件に戻すことにしましたが、それでも作業効率は上がっていったのです。

　このことから、メイヨーたちは科学的管理法が考えているように、作業条件のあり方が生産効率に影響を与えているわけではなく、別の要因が生産効率に影響を与えていると考えるようになります。

4-2　集団の中の人間

　メイヨーたちは、その後の実験から、それはモラールではないかと考えました。モラールとは職場の士気であり、一緒に働く仲間や上司、あるいは会社や組織に対する態度や気持ちを意味します。6人の女性のグループは、1人1人で作業をしていても、一緒に作業を行っている間に1つのチームになり、集団として士気が高まっていったのです。このようなことからこの6人にモラールが醸成され、生産効率に影響を与えていたのではないかとメイヨーたちは考えたのです。

　このようなホーソン工場における一連の実験結果から、いくつかのことが発見されていきます。1つは、経営組織は社会的なシステムであり、そこで働く人もその社会的関係の中で働いている、ということです。たとえば、ホーソン工場での実験では、次のようなことがありまし

た。ある作業者は作業の単価について苦情を述べていました。一見すると、それはもっと賃金が欲しいという訴えのように思われますが、よく聞いてみると、たまたま病気をしている奥さんの治療費を心配に思ったがゆえの苦情であることがわかりました。つまり一見、作業条件や賃金に対する苦情や不満に見えるものであっても、実際は個人的な不安であったわけです。

メイヨーたちは、これらのことから、人間は合理的に振る舞う経済人という側面だけではなく社会的存在でもあり、組織活動においては社会的な側面にこそ着目すべきであることを主張したのです。

これに加えてもう1つの発見は、ホーソン効果と呼ばれる、注目されることによる効果です。実験の対象となった6人の女性グループは工場の他の工員と異なり、調査者や会社の上層部などから特別な注目を示されていた集団でもありました。たとえば、調査者でもある監督者（上司）は、常に彼女たちに気を配っていました。また、何か不満があればないがしろにせず傾聴し、作業環境の改善を行っていました。

このようなことを通して、自分たちは重要な仕事を担っているという認識を他の工員よりも持っていたのです。そして、このように上司や会社から自分たちが期待されるということが、行動に良い方向への変化をもたらしたのです。人々が他者から大事にされること、期待されることによって、より献身的に働くことも、やはり組織の中の人々が社会的存在であることを意味しています。

4-3 インフォーマル集団の重要性

メイヨーたちが行った一連のホーソン工場での実験の最大の成果は、先に述べたように、モラールが組織で働く人々の生産性に影響を与える大きな要因であること、そして組織で働く人々は社会的存在でもあることを示したことです。

しかし、彼らはそれだけではなく実験を通じてさらなる発見もしています。それがインフォーマル集団の重要性です。別の実験調査では、集団のメンバーが協力する必要のある集団を対象として調査が行われまし

た。この集団では、賃金が集団奨励給、つまり集団の生産高が上がるほど賃金が増えるという制度をとっていたのにもかかわらず、生産高はいっこうに上がっていかないという結果が示されたのです。

実は、生産量が増えていくと賃金の条件が厳しくなったり、より厳しい要求がなされたりすることを考え、集団の中では自分たちで１日の生産量を決めていたのです。そしてさらには、集団には「働きすぎず、怠けすぎず」といったような、いくつかの集団規範ができていたのです。

このような集団規範は、単に自分たちの行動を制約するだけでなく、もし守らなければ仲間から外されるといったように、集団の一員としての資格をも定めていたのです。もちろん、自分たちで生産量を定めることは、集団奨励給の考え方からすれば、経済的には得になる行動ではありません。つまり、自分たちで決めた生産量に従って組織メンバーが行動することは、経済的な理由ではなく、むしろ集団の仲間との連帯感やつながりを失うことからくるものであったのです。

5 組織活動をきちんと動かすメカニズム

ここまで見てきたように、組織目標を合理的に達成するという観点からのみを目的として組織を作ることは、必ずしもうまくいくとは限りません。また、第２章で触れたように、組織の目標と個人の目標は必ずしも一致するとは限りません。

では、このように組織の目標と個人の目標の間に乖離があることを前提にすると、どのようにして個人を組織の目標に向かって協働させることができるのでしょうか。つまり、それぞれの動機を持つ人々に組織の共通目標のための協働を促すには、どうしたらよいのでしょうか。

5-1 組織による誘因と参加者による貢献

組織を存続する、つまり共通目標を達成していくには、多くの参加者による貢献が必要になります。そして、その貢献を引き出すためには、

組織は各参加者に対して誘因を用意する必要があります。個人の目標と組織の目標の間に乖離があると考えるとき、組織と個人の間には貢献と誘因が必要になるのです。

たとえば、火災が起こって皆で逃げるときには、組織目標と個人目標はきわめて一致していますから、誘因や貢献を考える必要はほとんどありませんが、一般に経営の場面では、個人と組織の目標の乖離から起こる誘因と貢献の関係を考えなければならないわけです。

一般的に経営組織に参加する人々にとって最も大きな誘因は、金銭的な誘因ということになります。組織で働く人にとってみれば金銭的な報酬ということになりますし、投資家を組織の参加者と見れば、配当も誘因の1つです。従業員は報酬という誘因の見返りに組織目標のために働くという貢献をし、投資家は配当という誘因の見返りに投資という貢献をするわけです。

ですから、組織の参加者にとって誘因と貢献というのは釣り合った関係か、貢献よりも誘因が大きくなければなりません。誘因より貢献が大きければ、いずれ参加者は組織を離れていってしまいます。このように組織と組織の参加者の間に「貢献≦誘因」が成り立っているとする考え方を組織均衡論と呼びます。

5-2 マズローによる欲求5段階説

さて、このような誘因は金銭的なものだけに限りません。誘因が人間のさまざまな欲求を刺激するものだとすれば、私たちは多くの欲求を持っているといえます。たとえばアメリカの心理学者、アブラハム・マズローは人間の欲求を5つに分類し、それが階層状になっていると考えました（図3-3）。

このうち最も低位のモティベーションは、生理的欲求と呼ばれるものです。食欲や睡眠欲など人が本能的に持っているとされている欲求です。ほとんどの人は根源的には食べていくために仕事をしている部分があります。物質的に恵まれた時代や社会ではあまり表立って出る欲求ではありませんが、働くという行為の根本にはこのような欲求がありま

図3-3 マズローの欲求5段階説

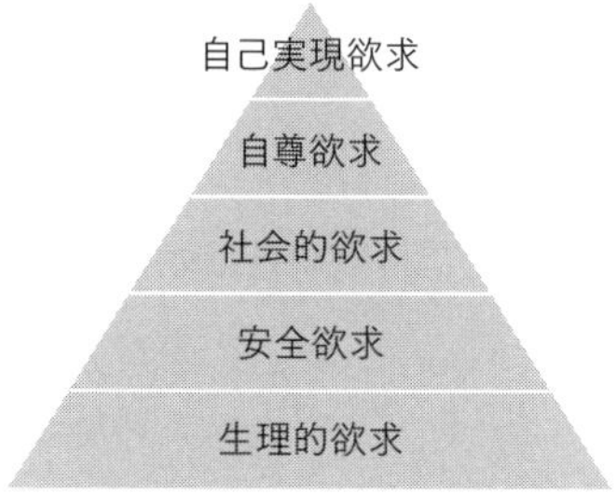

自己実現欲求
自尊欲求
社会的欲求
安全欲求
生理的欲求

す。

　その次の段階の欲求は、安全欲求と呼ばれるものです。この欲求は、安心・安全に暮らしたいという欲求です。たとえ報酬があったとしても、肉体的に過酷な労働であれば人は働くことをやめてしまいます。また、食べるのに困るといった目前の不安が解消されて、多くの人が次に思うことは、健康に、不安なく暮らしたいということです。身分がある程度安定している正社員という処遇が多くの人にとって誘因となる背景にはこのような欲求があると考えられます。

　3段階目の欲求は、社会的欲求と呼ばれるものです。社会的欲求は誰かと一緒に活動したいという欲求です。良き仲間に囲まれて仕事をする環境と1人で孤独に仕事をする環境では、ほとんどの人が前者の仕事環境をより誘因として感じるのではないでしょうか。これは、この社会的欲求があることを示しているといえます。

　4つ目の段階の欲求は、自尊欲求と呼ばれます。人は誰でも自分が成し遂げたことや自分そのものについて、否定されるよりは肯定されたいと願っています。他者から認められたい、尊敬を受けたいという気持ちが自尊欲求です。ですから、仕事において評価されること、褒められること、このようなことによって人々の自尊欲求は満たされます。高い地位を約束されることや特定の専門能力を評価された仕事を与えられることは、この自尊欲求に基づく誘因となりうるといえるのです。

　最後の段階は、自己実現欲求です。自己実現欲求は、自分が持ってい

る能力を最大限に活かして、創造的活動や自己成長、大きな目的を達成したいという欲求です。いつかメジャーリーグでプレーしたいと思うことや、医療の現場でより多くの人々を助けたいと思うことは、この自己実現欲求に根差しているといえます。

　企業に関しても、自動車を作ってみたいと考える人にとって、自動車の設計は自己実現の欲求を満たす仕事であり、貢献を引き出す誘因となりうると考えられます。組織はこのような個人の欲求に根差した誘因を与えることで、貢献を促し、組織活動を起こすことが可能になります。ですから、組織がこのような誘因をそもそも資源として持っているかということは、組織活動を起こすうえではとても大事なことになるのです。

　一見当たり前のこの考え方が重要なのは、経営組織は必ずしも利益の最大化をめざすわけではないということを示していることです。組織均衡論に則れば、組織は存続するために必要な貢献をもたらす誘因を参加者に提供する必要があります。それは必ずしも利益を最大にすることで十分とは限らないのです。たとえば、安い賃金で過酷な労働をさせるようなことをして、利益を最大にしたとしても、かえってそのようなことが企業組織の存続を危うくする可能性があることを示唆するのです。

5-3　権限が受容されるという考え方とその条件

　組織を動かす際に考えなければならないことがもう1つあります。それは、人々がきちんと予定どおりに動いてくれるかどうかということです。組織活動を行ううえでは、組織目標を下位の活動に落としていくうえで、誰かが誰かに指示をするというケースが必ず存在します。このとき組織の一員である以上、従わないことはありえないと思う人もいるかもしれません。しかし実際には、指示された人が必ずしも指示どおりに動かないということも考えなければなりません。

　たとえば、スポーツの試合では時に選手が監督やコーチの指示に逆らってプレーすることがあります。お互いチームの勝利という目標を共有していても、アプローチの違いからそのようなことが起こるのです。あるいは、指示する側から見れば、素直に指示どおりに行動してくれる

人と指示しても言うことを聞かない人がいます。ですから、組織活動を考えるうえでは、指示や命令どおりに動くことを考える必要があります。

このように、人は指示や命令には無条件に従うわけではなく、部下に受容されて初めて指示や命令に従うという権威が発生するという考え方を権限受容説と呼びます。では、指示どおりに部下が動くにはどのようなことが大事になるのでしょうか。また、どのようなときには指示に従い、どのようなときには指示に従わないのでしょうか。

上位者である管理者の命令が部下に受け入れられる条件としては、次の4つのものがあります。

1つは、命令そのものが理解できることです。指示や命令が理解できるものでなければ、それに従うという行動を起こすわけもありません。

2つ目は、組織の目標に一致した指示や命令であることです。当たり前ですが、たとえ監督であっても「試合に負けろ」という指示や命令は、非常に特殊な事情がない限りは受け入れられないでしょう。しかし、接待ゴルフとなれば、このような指示も組織の目標と一致するケースはあるかもしれず、その際にはそこに権威が発生するわけです。

3つ目は、個人の目標と一致した指示や命令であることです。たとえ組織の目標に準じた指示や命令であっても、それが自分の目標と不一致であれば、人はその指示や命令を受け入れることができません。映画やドラマでは組織から悪事に手を染めることを命令されるようなシーンがありますが、人間として罪を犯すことはやはりすべきでないと考える人は断るでしょうが、もしそれによって別の自分の目的（たとえば自分の家族の命が助かる）が達成されるのであれば、それを受け入れる人もいます。

4つ目は、精神的、肉体的にその指示や命令が実行できるということです。たとえ、これまでの3つを満たしていたとしても、それがそもそも自分に実行できないような指示や命令であれば、それを受け入れることはできません。

組織が組織として動くためには、ここで述べてきたように、組織と個人の間に十分な誘因と貢献の関係が成り立っていること、そして権限が

受容されるような指示や命令がなされていることが必要となるのです。

6 経営組織の背後にある3つの論理

　改めて見ると、組織は機械のように無駄なく配置しておけばうまく動くものではないことがわかります。それは組織を構成するのがネジや歯車ではなく、人間だからです。人間は、思考や感情を持つ存在であり、社会的な存在でもあります。

　ゆえに、組織の参加者は賃金などの経済的な欲求だけでなく、社会的、心理的な欲求によっても動くのです。組織を使おうと考えるとき、規則や公式的な目標のように、目標達成のために組織メンバーはこう動くべきだという視点だけでなく、組織メンバーの個人的な属性や個人的な関係といった非公式的な側面にも十分に配慮をする必要があります。

　改めていえば、私たちは組織を作るとき、そして動かすときには3つの論理について注意を払う必要があることがわかります。

　1つは、能率の論理です。制度を作るにしても、組織を設計するにしても、作業を規定するにしても、官僚制や科学的管理法がめざしたように、まずそれが最小の資源で最大の効果（生産性）を生むかどうかという論理です。

　2つ目は、コストの論理です。たとえ能率が上がったとしても、高価な機械を導入しなくては、それが実現できないのでは問題です。高価な機械を導入することで、コストがかかってしまえば、付加価値は生まれません。組織（特に経営組織）が付加価値を生むための装置だと考えれば、コストについても考える必要があります。

　最後は、感情の論理です。組織が人間によって構成される限り、この部分を無視していては、組織は動いていきませんし、設計者の思ったとおりの行動はもたらされないでしょう。組織においては公式的な組織構造から生まれる能率とコストの論理とインフォーマルな組織構造から生まれる感情の論理を考える必要があるのです。

考えてみよう

なぜ同じような指示や命令であるのに、それを受け入れるケースと受け入れないケースがあるのでしょうか。あるいは、同じ人でも受け入れる指示や命令と受け入れられない指示や命令があるのはなぜでしょうか。それを分けるものはいったい何でしょうか。

調べてみよう

部やサークルなど、身近な組織のルールや決まり事、責任のあり方などを調べてみましょう。そのようなルールや決まり事はどのように決まったのでしょうか。また、そのようなルールや決まり事は、組織の活動にどのような影響をもたらしているでしょうか。

CHAPTER 4

効率的に目標を達成する
組織の構造

　組織の力を活かすためには、さまざまなことが考えられます。この章では、第3章に引き続き、効率的に目標を達成するための組織構造について考えていきます。

　ここまで組織の基本原理を説明してきましたが、組織の基本原理は組織を動かすにしても、設計するにしても、あるいは理解するにしても重要なポイントではあるものの、実際の組織は、基本原理だけで動かすこと、設計・理解することができるわけではありません。また、第3章で触れたように、組織は合理的・能率的な側面だけで設計してもうまくいくとは限りません。

　しかしながら、無駄を省き、効率的に個人の力を組織の力に変えていくことは、組織論の重要な側面です。以下では、第2章で触れた分業と調整の基本原理をさらに進めて、実際の組織形態について考えていきましょう。

1 部門化のあり方

　第2章で触れたように、組織づくりの基本は分業と調整にあります。分業には3つのタイプがあり、それぞれ水平分業と並行分業、そして垂直分業でした。いずれも分業された仕事が専門化される点については同じです。

　また、分業を調整するために、事前の調整と事後の調整が必要となります。事前の調整の代表的なものとして標準化があり、事後の調整の代表的なものとしては管理の幅と部門化がありました。この2つの要素

によって階層が決まり、いわゆる組織図を作ることができるようになります。

1-1 部門化のタイプ

　第2章でも触れたように、部門化にはさまざまな考え方がありますが、主なものとしては5つの種類があります。それらは、職能別部門化、製品別部門化、顧客別部門化、地域別部門化、そして工程別部門化です。

　職能別部門化とは、行っている職務ごとに部門化する考え方です。たとえば会計を担当する経理、情報システム、人事、購買の専門家をそれぞれの部門に分けて職場を組織化する考え方です。多くの企業で、経理部や人事部があることを考えれば、職能別部門化は多くの組織において適用することが可能な部門化の考え方といえます。

　職能別の部門化の長所は、共通する知識やスキルを持つ人ごとに部門化されることになりますので、規模の経済が働くということです。たとえば、組織のいろいろな場所に採用を担当する人がいて、それぞれに募集や採用を行うよりは人事部を設けて、それらの仕事をする人を同じ職場にするほうが募集や採用の活動は、はるかに効率良く行うことができます。

　次に、製品別部門化は、主要な製品分野によって部門化する考え方です。製品別部門化では、扱う製品分野すべてが範囲になるため、各組織メンバーは自分の仕事領域よりは、その製品に関することが専門になります。このように部門化した場合、確かに人事部などは重複する部分もありますが、製品ごとに扱う技術や必要となるスキルが異なるのであれば、求める人材や評価も異なり、むしろそれぞれに持っていても、それほど非効率にならないことも考えられるのです。

　3つ目の部門化のタイプは、顧客別部門化と呼ばれる、顧客によって部門化を行う考え方です。たとえば、同じ文房具を扱っていても、個人相手に売る部門と学校や企業などに売る部門が分かれていることがあります。あるいは、同じ化粧品を扱うにしても、男性用と女性用と部門を

分けることがあります。

　これは、顧客によって同じ製品でも抱えるニーズや課題が異なるため、その顧客に合った対応をすることが大事であると考えるためです。たとえばシャンプーは、男性と女性とでは抱えるニーズが異なり、その対応も異なることになります。それゆえ男性用のシャンプーやリンス、石鹸は男性の持つ共通の課題やニーズを共有していたほうが、より効率的に製品開発や営業活動を行うことができます。

　4つ目は、地域別部門化です。これは地理や地域によって部門化を行う考え方です。たとえば、複数の支店を持つレストランなどの飲食店は各店舗に調理をする人、サービスをする人が配置され、その店ごとにグルーピングされています。もし調理をする人、サービスをする人ごとに部門化されていたとしたら、店で何かトラブルがあったとき、シェフは調理部門の別の場所にいるマネジャーに、サービススタッフはサービス部門の別の場所にいるマネジャーにそれぞれ相談しなくてはなりません。このようなことをしていては、店のトラブルは効率的に解決することはできません。もし店で何かしらのトラブルがあったならば、店長が判断し、シェフやサービススタッフに指示を出して解決するのが最も効率的です。

　また近年では、グローバルに市場を広げる企業も少なくありません。このような企業の中には、日本、北米、それ以外の海外といったように市場規模に合わせて地域別の部門化が行われることも少なくありません。地理的に離れているからといって、まだ大きくなっていない自社の市場に対して部門を作っていては、かえって非効率なこともあるからです。

　最後に、5つ目の部門化として、工程別部門化を取り上げます。これは、その製造の工程ごとに部門化が行われることを指します。たとえば、病院では検査と診察の部門が分かれていることがあります。これは、消化器であれ心臓であれ、レントゲン撮影や血液検査などの検査には共通の部分があるからです。整形外科や内科、小児科はそれぞれ扱う症例は異なりますが、検査そのものは変わりません。これらの検査を各

科で持つことは非効率になりますし、各検査には専門の技師が必要になります。そう考えれば、検査と診察の2つの工程を分けることは効率的であるといえるでしょう。

　ここまで5つの部門化のタイプを紹介してきましたが、決して1つの部門化のタイプしか用いることができないわけではありません。実際の企業組織では、顧客別の部門化を行いつつ、人事や経理の仕事に関しては職能別に部門化しているところもあります。また、基本は顧客別に部門化されていても、特別な製品に関しては顧客にかかわらず製品別に部門化されているところもあります。それぞれの部門化のあり方をうまく組み合わせながら、実際の組織はできているのです。

1-2　部門横断的組織

　しかしながら、どのように部門化したとしても必ず起こるのは、部門横断的な問題です。近年、製品やサービス、あるいは市場が複雑化することに伴って、ビジネスで起こる問題は複雑であることが少なくありません。ここでいう複雑とは、多くの部門にまたがって解決をしなくてはならないという意味です。もちろん、さまざまな部門化は、なるべく部門横断的な問題が起こらないようにすることで、問題解決をするのに効率的であることを考えてなされていますが、だからといって、部門横断的な問題が起こらないとは限りません。

　そのため、最近の組織では部門横断型チーム（クロスファンクショナルチーム）を採用する組織が少なくありません。部門横断型チームは、時限的チームあるいはプロジェクトとして特定の部門横断的な課題を解決するために作られ、通常の組織の外側に設置されることがほとんどです。このような部門横断型チームを採用することで、各部門では十分に解決できない課題のより効率的な解決が可能になるのです。

2　権限と責任

　今度は組織図のタテの関係に注目しましょう。分業や階層といった組

織図は、権限と責任を規定します。組織図は、情報や指示の伝わる経路を示すだけでなく、併せて組織の上層から下層へとつながる権限の経路を示すものでもあります。ここでいう権限とは、命令を与え、その命令が実行されることを期待する管理職のポストに固有の権利のことです。

ただし、この権限はポストに付与されるものであって、人に付与されるものではありません。総理大臣は、総理大臣であるから解散や総辞職ができるのであって、たとえ個人的な資質が優れていようとも、総理大臣を辞めた人にその権限はありません。また、マネジャーがある従業員に権限を委任するような場合、権限に見合った責任を割り当てる必要があります。

つまり、権限を与えられるときには、それに応じた仕事を行う義務も起こるようにする必要があります。なぜなら、責任のないままに権限だけを与えてしまうと、その権限が濫用される危険性があるからです。私たちは与えられた仕事の成果に責任を持つことになるからこそ、権限を行使することに熟考するわけで、そうでなければ権限は別の目的に使われてしまうことも考えなければなりません。反対に、権限が与えられていないのに責任だけが生じる場合も問題なのは自明のことでしょう。

2-1 ライン権限とスタッフ権限

もう少し権限の話を詳しくしていきます。組織における権限には、大きく分けてライン権限とスタッフ権限の2つがあります。

ライン権限とはここまで話してきたような、上位層に与えられる、下位層の仕事を管理する権限のことを指します。「部長→課長→係長→主任→平社員」というような権限関係は典型的なライン権限の関係です。

このときに重要なことは、指示命令関係が一元化していることです。ある人が、2人の上司から指示命令を受ける関係にあることは、指示命令が矛盾した際に問題が起こるため、原則としてライン関係において命令は統一されることが必要です。

一方、スタッフ権限とは、一定の職位から他の職位に対して、命令や指揮する権限ではなく、助言とサービスを提供する権限を持つ場合を

図4-1 スタッフ部門とライン部門

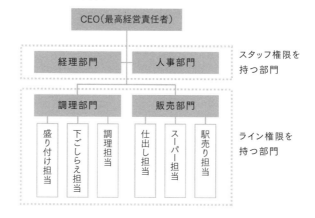

指します。たとえば、企業組織にある人事部や経理部は、ラインが効果的に仕事を行うことができるように支援や助言を行うのが大きな役割です。

　2つの権限について、例を挙げながら考えていきましょう。お弁当を作り、販売する組織を作るとします。そのために、まずお弁当を作るライン関係を考える必要があります。たとえば、社長の下に調理部門、その下に下ごしらえ担当、調理担当、盛り付け担当、の主任を置き、その下にさらに個別の仕事が割り当てられます。調理部門の長は3人の主任に指示を出し、主任はそれを受け、自分の部下に仕事を割り当てていきます（図4-1）。

　一方、販売部門も同様に考える必要があります。社長の下に販売部門が置かれ、たとえば駅売り担当、スーパーマーケット担当、仕出し担当といったように主任が割り当てられ、さらにその下に個別の仕事が割り当てられるように組織は作られます。

　この2つのライン関係が、この組織の中心的な権限関係、ライン権限となります。もちろん、前節の部門化を踏まえれば、駅売り担当部長とスーパー担当部長、仕出し担当部長として、その下にそれぞれ、調理と販売の主任を置くこともできるでしょう。このライン関係の仕事をよ

り効率良くするためには、給与計算や人材の確保、あるいは食材や弁当箱などの包装材の購入などの仕事が必要になります。これらは、調理、販売に指示や命令は出す権限はありませんが、それぞれの部門の活動を効率良く進めるために必要な知識やサービスを提供します。なぜなら、このような調理や販売とは直接的に関係のない職務をそれぞれの部門の人々に行ってもらうことは、分業による専門性の向上を妨げることになるからです。これがスタッフ権限となります。

　それぞれの職能の部門が最大限に知識や技能を発揮するために、組織がある一定の規模になれば、さまざまな情報の処理の負荷を軽減するためにスタッフ部門が必要となるのです。このような観点で作られる組織を、ラインアンドスタッフ組織と呼びます。

2-2　権限と権力

　組織の規模や複雑化が進むにつれ、権限と権力（影響力）の関係は一致しなくなることがあります。つまり、権限がなくても権力がある人、権限があっても権力がない人が現れてくるのです。ここまで説明してきたように、権限はその権限を持つ人の組織内での地位に基づいています。つまり、権限はその人の仕事に伴うものといえます。一方、権力とは、さまざまな意思決定に対してその人が及ぼす影響力を指します。もちろん、権限は意思決定に対する影響力にかかわりますから、権限は広い意味で権力に含まれるものになります。このような権限に基づく権力は、正当性の権力と呼びます。

　しかし一方で、権限に伴わない権力もあるため、権限と権力は時に一致しなくなります。権限に伴わない権力としては、恐怖に基づく権力である強制の権力、他人にとって価値があるものを分配する能力に基づいた権力である報酬の権力、専門技術や特殊なスキル、知識に基づいた権力である専門力による権力、そして魅力的な才能や個性を持った個人への同一視に基づく権力である同一視の権力が挙げられます。組織におけるマネジャーが、このような正当性以外の権力を部下に対して持つことは十分に考えられますが、一方で組織における地位が定めるのは、正当

性の権力だけなのです。

　たとえば、スタッフ部門である人事部は、その人をどこに配置するかといった人事権を持つことがあります。これは組織の人にとっては、強制の権力あるいは報酬の権力として捉えられることもあります。人事部の指示を受け入れないことで、閑職に回されたりすることは嫌だと考えれば、たとえ組織図上の権限関係になくとも、仕事には直接関係のない指示を受け入れる意思決定をすることになるかもしれません。

　このような権限と権力の違いを示すと図4-2のようになります。Aはここまで説明してきた権限と責任を示す組織図です。権限関係は水平方向の線として示されます。ですから、この図で上位にあるほど権限は大きくなるのです。

　一方、権力はBのように円錐形で示すことができます。この図には部門化のあり方を示す水平の軸、権限と責任の関係を示す垂直の軸に加えて中心性が加えられています。この円錐を組織だと考えると、この中心性の軸が権力（影響力）の強さを示すことになります。中心に近いほど権力は強くなり、意思決定に及ぼす影響力が強くなります。

　この図からは改めて次のことがわかると思います。1つは、組織内での地位が高くなるにつれて、中心性が高まり権力（影響力）が強くなること、そして2つ目に、権限がなくとも権力を強くすることができるということです。このことは別の言い方をすれば、権力を強くするには権限を強くしなくてはならないわけではないといえます。

　歴史的にも、実力者の側近が実力者に情報を伝え、相談相手となることの役割を活かして自分の地位（権限）以上に権勢を振るう例は少なくありません。たとえば、鎌倉時代の中後期は、将軍よりも執権が実権を握っていましたし、現代でも、組織図では社長がトップであっても、実際は前の社長である会長が実権を握っているという話はよくある話です。

　また、高い専門能力がある人は、組織の中でも影響力を持つため、実際の権限はなくとも、その人の意見が意思決定に大いに反映されることも多くあります。組織において権限は非常に重要な概念であり、組織を捉えるうえで注目すべき点ではありますが、組織図上の権限と権力が必ず

図4-2 権限と権力

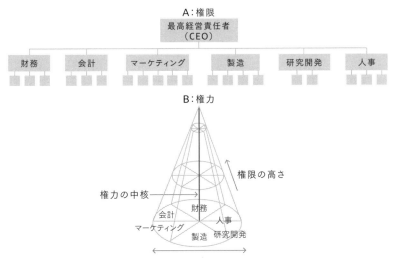

出所：ロビンス（2014）p.187。

しも一致しないことを踏まえると、組織における権力や影響力を、権限だけに注目していると、十分に理解することができないことがあります。

また、このことは情報の伝達についても同様です。組織図上に描かれた命令系統によって、組織の情報は伝わる、あるいは収集されると考えられますが、組織の中ではこのフォーマルな情報伝達経路だけで情報が伝わるわけではありません。個別の人間関係から生まれるインフォーマルな情報経路によっても、組織における情報は伝達・収集されます。

Column　アストン研究

初期の組織論ではどのように組織を理解することができるか、さまざまな研究がなされてきました。そのうちの1つにイギリスのアストン大学のデレック・ピューらを中心としたアストン研究があります。

アストン研究はさまざまな組織に対する調査研究を行いましたが、そのうちの1つの成果が、社会心理学のアプローチを用いて組織の

フォーマルな構造を理解しようと試みたことです。

　ピューらはまず組織構造を6つの構造に分けて分析を行いました。それらの構造の次元は、①機能と役割の特化、②手続きの標準化、③文書のフォーマル化、④権威の集中化、⑤役割構造の定型化、⑥伝統性です。

　役割構造の定型化は、CEOの管理の幅や階層の数、ラインマネジャーの数などで測られます。また伝統性は標準化が慣習的に定まっているのか規則として定まっているかの程度です。これらの次元に基づく14の変数によって、さまざまな組織のデータから、彼らは組織構造の要素として、専門化の程度や標準化などによって定まる活動の構造化、集権化や組織の自律性によって定まる権限の集中化、現場マネジャーの管理の幅やライン管理者の比率などで構成される作業の人格的統制、そして事務員やスタッフの比率などによって構成される支持的要素の相対的大きさ、の4つの組織構造を定める要素を抽出しました。

　特に、活動の構造化と権限の集中化は組織の中心的要素とされ、この2つの要素によって組織の4つの類型が示されました。つまり、活動の構造化が行われれば権限の集中化（あるいはその逆）が起こるわけではなく、両者は独立な要素であると考えたのです。

　4つの類型は、権限の集中化も活動の構造化も高い、いわゆる官僚制と、権限の集中化も活動の構造化も低い非官僚制に加え、権限の集中化は高いが活動の構造化が低いパーソネル官僚制と、権限の集中化は低いが活動の構造化が高いワークフロー官僚制があることが示されました。

　前者は、昇進や解雇といった人事などの権威は集中しているが、業務そのものはあまり構造化されておらず、彼らの研究では地方の行政組織などに見られました。一方、大企業の多くは、権威はそれほど集中していないが、現場レベルでは手続きや作業は構造化されているワークフロー官僚制に見ることができました。

　アストン研究はそれらの構造の違いと状況との関係にも目を向け、

のちの組織のコンティンジェンシー理論（第8章）へとつながることになります。

2-3 分権と集権

さて、組織を設計するうえで、考えなければならない点の1つに、「意思決定をどの階層に任せるか」という問題があります。権限は必ずしも高い層に置く必要はありません。高い層に意思決定の権限が集中する状態を集権といい、反対に低い層に意思決定を委ねている状態を分権と呼びます。

たとえば、カリスマ創業者がいる企業などでは、多くの意思決定がこの創業者によってなされるような集権構造であることが多いですが、企業規模が大きくなってくると、すべての意思決定を1人の創業者が行うことが難しくなってきます。そこで、一部の権限を下位の者に任せるような分権構造に変えていくケースもあります。反対に、創業当時は現場に任せるような分権構造であった企業が、企業規模が大きくなるにつれ、集権的になっていくケースもあります。

近年の市場環境においては、企業は集権的な組織よりも分権的な組織をとることが多くあります。なぜなら、集権的な組織は意思決定に時間がかかること、あるいは環境に合った意思決定が行われない可能性があること、があるからです。

集権的な組織においては、意思決定を行う人に意思決定に必要な情報が集まるまでには時間がかかります。たとえば一瞬のチャンスをものにしなくてはならないような戦場では、すべての意思決定をより上位の人に委ねてしまうと、情報が上に上がり、意思決定をしたときにはすでに状況が変わってしまっていることがあります。現在の多くの市場環境も変化のスピードが速くなっています。それゆえ、より現場に近い場所で効果的なタイミングで環境に合った意思決定を随時行っていくほうがビジネスチャンスを逃さないと考えられるのです。

一方で、集権が現在の市場環境においてマッチしていないというわけではありません。集権的な組織では、権限が高い人が意思決定をするた

めに、権限のある人はより多くの資源を使うことができます。それゆえ、大きな意思決定を行うことができるのです。分権的な組織では、小さな現場に即した意思決定はなされるものの、より大きな資源を伴うような意思決定はなかなか難しくなります。たとえば、新たな市場へ大きな投資とともに参入するといったことは、トップレベルの意思決定が必要になります。このときに分権的な組織では、このような意思決定の課題がなかなか浮かび上がってきません。

このように考えると、集権的な組織と分権的な組織はどちらが良いともいえないところがあります。また、集権と分権もあくまで程度の問題であって、集権あるいは分権的組織だからといって、すべての問題を少数の人が決めるわけでも、すべての問題を問題に一番近い人が決めるわけでもありません。現在ではさまざまな組織にまつわる状況によって、より良い集権と分権のあり方が決まると考えられています。

3 基本の組織設計——機能別組織と事業部制組織

では、具体的な組織設計の形を見ていくことにしましょう。最も単純な組織構造はリーダーが１人いて、あとはみなリーダーの下にいるような単純構造と呼ばれる組織構造です。原初的な組織設計ですから、私たちが友人たちと共同作業をするときなども、このような組織で行うことは少なくありません。また、一般の経営組織に関していえば、設立当初のベンチャー企業などに見ることができます。

単純構造の組織においては、部門化の程度は低く、権限は１人の人間に集中する集権構造となっています。マニュアルのような事前の調整は確立されておらず、ほとんどの意思決定はトップであるベンチャー企業家が行うことになります。この単純構造の組織の長所は、意思決定のスピードが迅速であるということ、そして責任が明確であることです。ですから、小規模で日々新しい課題がやってくるような組織において、単純構造は最適な組織ということができるのです。

しかし、組織規模が拡大してくると、単純構造の問題が表出してきま

す。

1つは、集権が進んでいるために、組織の上層が情報過剰になり、意思決定が遅くなってしまうことです。その背景には、規模が拡大することで処理すべき意思決定も、情報も多くなることと同時に、専門的な課題も生まれ、1人の人で処理するには難しくなることも挙げられます。

組織規模が拡大する中で、単純構造が最適でなくなるもう1つの理由は、単純組織では意思決定を1人ないし少数に依存するために、その人が暴走してしまうと組織がそのまま暴走してしまう危険性を持つからです。いわゆる「エースで4番」が引っ張るようなチームにおいて、この選手がケガをしてしまったり、調子を落としたりしてしまえば、とたんにチーム力が落ちてしまうことがあります。

そこで具体的に、ここまで述べてきたように部門化を行い、階層を作っていく必要性が生まれてきます。そのうち一般的なのは、職能別に部門化を行う職能別組織と製品別に部門化を行う事業部制組織の2つです。順に紹介していきます。

3-1 職能別組織と事業部制組織

職能別組織は、部門化が職能あるいは機能によってなされる組織形態のことを呼びます。機能別組織と呼ばれることもあります。

たとえば製造業であれば、図4-3にあるように、まずライン部門は、研究開発部門と生産部門に分かれ、前者が新製品の開発などを行い、後者が製品の生産を行うことになります。そして、それを販売するのが販売部門となります。もしこの企業がいくつかの製品群を持つのであれば、各部門の下にそれぞれの製品群が置かれます。たとえば、トラック、乗用車、バイクをすべて製造している企業であれば、研究開発部門、生産部門、販売部門のそれぞれの下にトラック、乗用車、バイクの部署が置かれることになります。これに加えてスタッフ部門として、人事部門や経理部門、財務部門などの部門が経営責任者の下に置かれることになるのです。

職能別組織の強みは、何より職務の専門化から生まれる利点を活かせ

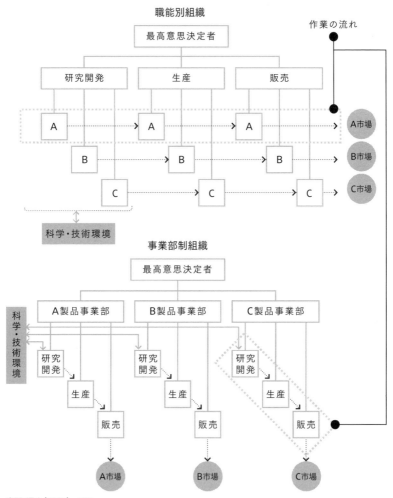

図4-3 職能別組織と事業部制組織

出所:沼上(2004)p.190。

ることです。類似する専門性を持つ分野をまとめることで、規模の経済が働くことになります。つまり、人材や設備などの無駄な重複を避けることができ、効率の良い組織運営ができるようになります。

たとえば、乗用車に関する研究開発の成果は、トラックやバイクにも

応用できる可能性がありますし、バイクを販売するノウハウやネットワークは、乗用車やトラックの販売にも活かすことができるかもしれません。また、同じ専門分野の人々と一緒に働くことになりますので、コミュニケーションがとりやすく、働く人にとっての働きやすさや満足感を高めることにつながることも利点として挙げられます。

　一方で、職能別組織の欠点は、それぞれの職能の目標を追求することが組織全体の視点を見失ってしまうことにつながることです。職能別組織ではそれぞれの部門は、全体の一部を担うことになります。たとえば、製品であれば、「開発→生産→販売」となって組織の成果になるわけですが、各職能の目標は開発であれば新製品の開発、生産はコストダウン、販売は販売成績の向上となります。

　このようなそれぞれの職能的目標を達成することが組織の業績を上げることにつながるのは間違いないのですが、個々の職能部門が個々の職能的目標を追求するほど組織の成果への関心が薄れ、また、部門がより専門化することで他の部門が行っていることがわからなくなり、結果として、組織全体を理解する視点が失われていってしまうのです。これは、部門間のコミュニケーションを阻害することや、組織全体を管理する経営者の育成が難しくなることにもなります。

　職能別組織は部門がそれぞれの職能に分かれているため、それぞれの部門が独立で存続していくことはできません。事業部制組織は、目的ごとに部門化されている組織であり、1つ1つの事業部はすべての職能を持ち、自律的に活動することが可能です。製品を基準とした事業部、あるいは地域を基準にした事業部などがあります。前者を製品別事業部制、後者を地域別事業部制と呼びます。

　製品別事業部制の場合、各事業部はそれぞれの製品を担当することになります。たとえば、トラック、乗用車、バイクを製造している企業では、職能別組織とは反対にトラック、乗用車、バイクの事業部がそれぞれ置かれ、その下に研究開発、生産、販売といった部署が置かれることになります。

　このことからわかるように、事業部制は複数事業になった企業がまず

事業部を分割し、その下で職能別に組織が分割される組織形態になるのです。そう考えれば、事業部制組織とは大きくなった職能別組織を事業部ごとに小さくしたうえで、再度職能別組織を作るものだと考えられるのです。

事業部制組織では、事業が自律的に活動することができるという点で、事業部そのものが利益ならびに製品（地域）責任の単位となります。別の言い方をすれば、職能別組織が全体を見渡す唯一の存在である経営者に集権する構造になっているのに対して、事業部制組織はすべての職能をまたぐ存在として事業部長がいることから、分権的な組織であることがわかります。

ですから、事業部制組織のメリットは、製品あるいは地域といった市場に近いところで意思決定ができるという点で、柔軟で迅速な対応ができることを挙げることができます。そのことは事業部のトップはさまざまな職能をまたいで全体を見渡す視点を得ることにもつながり、事業部制組織は経営者の育成にも貢献するのです。

また、事業部制組織では、各事業部の上位に経営者が置かれることになります。そのため、短期的な市場への適応を考える事業部と、中長期の経営戦略を考える経営層とに役割を垂直分業することができます。

職能別組織と事業部制組織は、どちらが優れた組織形態であるということは一概にはいえません。それは職能ごとを部門化することによる効率を重視するか、市場への短期的な適応による効率を重視するかの違いによるからです。効率に関してもさまざまな捉え方がありますから、どの効率を良くするのか、ということを組織設計では考える必要があります。

3-2　マトリクス組織と一部事業部制組織

ここまで基本的な2つの組織形態を紹介してきましたが、どちらもそれぞれのメリットとデメリットがあります。そこで2つの組織形態を組み合わせたような中間的な組織形態をとることで、両方のメリットを活かそうという組織形態もあります。ここでは2つの組織形態につ

図4-4　マトリクス組織

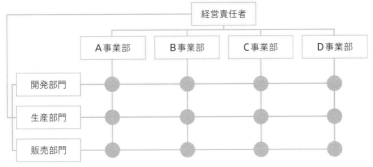

出所：稲葉ほか（2010）p.233。

いて紹介していきます。

　職能別組織と事業部制組織は、それぞれ職能と製品や地域などの事業単位を軸として部門化がされている組織です。マトリクス組織は、この2つの軸の両方を持つ組織といえます。

　図4-4で示すように、マトリクス組織では、経営責任者の下に職能別の長と事業部の長がそれぞれ置かれ、その下にクロスする形で各部署が置かれます。ですから、たとえばトラックの販売を行っている部署は、トラック事業部の管理下でもあると同時に、販売部の管理下でもあります。これにより、トラック市場の変化にも迅速に対応できると同時に、他の製品を扱う販売部署との間で効率化が図れるようになります。

　しかし、これは組織設計の基本原則である、命令の一元化に反する組織形態になります。つまり、2人の上位者から命令が伝達され、場合によっては双方の命令の間に対立が生まれてしまうことがあります。実際の組織運営においては、このような対立は、より上位者が判断し、意思決定を行うことで解消されるか、命令を行ったマネジャー同士が話し合うことで業務上の要求を調整することになります。

　しかしながら、事業部、職能部門のどちらかの命令が採用されることが続くようであれば、そもそもマトリクス組織にする意味が半減することになるため、上位者はバランスをとりながら、事業部と職能部門の意

図4-5 一部事業部制組織

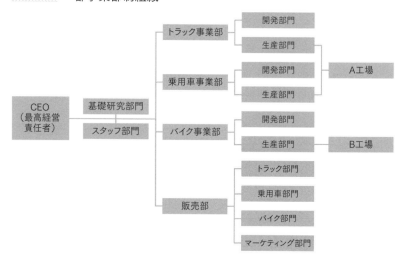

見を採用していく必要がありますし、それぞれのマネジャーも自分の主張を通すだけでなく、全体的な視点で判断していく必要があります。

続いて、一部事業部制組織を紹介します。一部事業部制組織は事業部制を基盤に職能別組織の良さを取り入れたものと考えることができます。図4-5が一部事業部制組織の一例です。一見すると事業部制に見えますが、いくつかの点で典型的な事業部制とは異なります。

第1の異なる点は、基礎研究部門など各事業部が共有できる部門を独立させている点です。事業部制の考え方に則れば、基礎研究部門も各事業部に置かれることになりますが、基礎研究そのものは製品に直接的にひもづかないことが多くあります。

たとえば、トラック、乗用車、バイクを製造販売している企業の基礎研究において、燃料電池によるエンジンを開発することや、ボディ軽量化のための材質の研究をすることは、特定の製品や市場に必ずしもフォーカスする必要はありません。このような基礎研究は、製品別にそれぞれ持つよりは、1つの基礎研究部門として独立するほうが、職能別組織の利点を活かすことができます。

2つ目の異なる点は、販売部門が職能別に部門化されている点です。基礎研究のように上流がまとまっているのと同じく、この組織図では下流の販売部門も事業部をまたいでまとまっています。これによって各事業部は販売部門、つまり営業部隊を持つ必要がなくなることになります。また、販売部門も基礎研究と同様に、製品に強くひもづいた販売手法でない限りは、まとめることのメリットのほうが大きいと考えられます。

　たとえば、トラック、乗用車、バイクの事業部を持つ企業において、個別でテレビコマーシャルを制作するだけでなく、3つのタイプの乗り物を製造しているメーカーとして、テレビコマーシャルを制作することは、ブランドイメージを高め、3つの事業にとってプラスになると考えられます。

　この図の一部事業部制組織の3つ目の事業部制組織と異なる点は、2つの事業部の下にある工場です。A工場は2つの事業部の製品を生産している工場になります。工場には当然、工場長が置かれます。工場長は2つの製品の生産に関して責任を持つことになります。工場のスペースや一部の従業員は柔軟に2つの製品の生産に使うことができますが、一方で、2つの事業部からの要求がもたらされる点で、マトリクス組織と同様に工場長はバランスを持って工場の運営について判断をしなくてはなりません。

　このように一部事業部制組織の特徴は、同じ工場長であっても、大きな権限を持つこともあることや、この図のように、職能部署（販売部など）の部長と事業部長（トラック事業部など）が同じ組織図上の位置にあることです。

　一部事業部制組織と同様に、事業部制組織が進展した姿として、それぞれの事業部が1つの会社のようにより独立させた形のカンパニー制があります。これは事業部制組織の規模がさらに大きくなったときに起こる組織形態です。製品別事業部制組織では、トラックや乗用車、バイクといった1つの製品が事業部の単位となります。

　各事業部がどんどん規模を大きくしていったときに、その中で生まれ

図4-6　カンパニー制組織

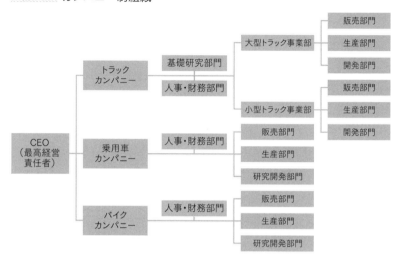

た1つ1つの事業を分割しつつ、類似の製品事業部間での効率を高める組織形態が、カンパニー制と呼ばれる組織形態です。図4-6からわかるように、カンパニー制では、個々の類似の事業部の上にカンパニーが置かれます。

　たとえば、トラック事業部が事業規模の拡大とともに、大型トラックと小型トラックの事業部にさらに分割したとき、それぞれを乗用車やバイクと同列の事業部にするのではなく、トラックカンパニーを置いて、その下に大型トラックと小型トラックの事業部を置くように組み立てるのがカンパニー制です。

　事業部制組織も各事業部は自立的で独立的な組織でしたが、カンパニー制の下でのカンパニーは、より自立的で独立的な存在として位置づけられます。個々の事業部が関連はするが小さい規模になる場合には、このように各事業部の上にカンパニーを置くことで、職能別組織と事業部制組織の双方の利点を得ることができるようになるのです。

4 新しい組織

　社会の中にある経営組織をはじめとする組織には、ここまで紹介してきた組織形態に限らず、さまざまな組織形態があります。ここでは、近年見られるいくつかの組織形態について紹介することにしましょう。まず、チーム組織あるいはプロジェクト組織と呼ばれる組織形態について見ることにしましょう。

4-1　チーム組織とプロジェクト組織

　チーム組織は、組織全体が複数のチームによって構成されています。チームの人数はそれほど多くなく、1つ1つのチームは独立の目的を持っています。チーム組織では、それぞれのチームメンバーやチームリーダーに十分な権限を与えることが重要になります。

　なぜなら、チーム組織においては、いわゆるここまで説明してきたような上層から下層へと流れる権限のラインがないからです。それぞれのチームは、予算と目的を与えられた後には、自分たちにとって最適であると考えるやり方、方法によって業務を設計して、目的の達成をめざしていきます。そのうえで自分たちの目的の達成、つまりチームの業績について責任を持つことになります。

　チーム組織のチームは、原初的な組織の単純構造に近いものと考えることができます。別の見方をすれば、単純構造を持つ組織を並列的にたくさん抱える組織がチーム組織ということですから、とてもフラットな組織であると考えることもできます。チーム組織では、フラットであるために権限の階層がほとんどなく、権限もチームならびにチームリーダーに与えられるため、いわゆるピラミッド型の組織にあるような権限の流れがなくなるのです（図4-7）。

　たとえば、古代の集落では、集落での食料として、選ばれた人たちがチームを作り、狩りに出かけていきました。また長老たちは村の行く末を考えたり、重大な意思決定をしたりするために村落におけるある種の経営チームを作っていました。それぞれのチームには役割と権限が与え

図4-7 チーム組織

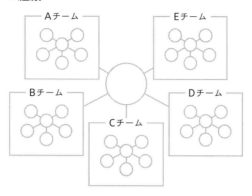

られ、それぞれが役割を果たすことで、村落は組織として存続していきます。

チーム組織の構造は、ここまで説明してきたような職能別組織や事業部制組織とは異なる考え方を持っていますが、これらの組織形態と相性が悪いわけではありません。むしろ、これら基本的な組織形態を補足するものとして考えることもできます。

たとえば、事業部制をとりながらも、各事業部の下にいくつかのチームを置いて運営することも可能ですし、研究開発の部署においてはそれぞれの担当製品や担当市場ごとにチームを作って新しい製品の開発に取り組ませることも可能です。このようにして、チーム構造はチームの持つ柔軟性を活かしながら、ピラミッド型の組織の効率性も活かすことができるといえます。

プロジェクト組織は、チーム組織のチームが次元的なプロジェクトによって構成されるところに特徴があります。それぞれのプロジェクトは特定の目的と期限が決められ、それぞれのプロジェクトに組織のメンバーが所属することになります。

たとえば、大きな建築事務所では、建築依頼が来れば、プロジェクトが立ち上がり、組織のメンバーによって、その建築プロジェクトが構成されます。建築プロジェクトは、もちろん建築物が完成してしまえば目

的は達成されることになりますから、建築物の完成とともにプロジェクトは終了し、解散することになります。それぞれのメンバーは、次の建築プロジェクトへと移動していきます。

組織の中には、このようなプロジェクトが起こっては終わり、起こっては終わりという形で存在し、経営者はプロジェクトの進捗を管理したり、プロジェクトを起こすかどうかを決定したりすることが仕事となります。

チーム組織やプロジェクト組織は、ここまで見てきたようなピラミッド型の組織形態と異なり、何より柔軟であることが大きなメリットであるといえます。それぞれのチームが目的と権限を持っていることで、より市場や環境の変化に対して素早く対応することができます。

また、プロジェクト組織であれば、時限的な問題に対しても対応することが可能です。たとえば、企業が不祥事を起こした際に、事業部制であれ、職能別組織であれ、その不祥事に対応するためにはさまざまな部署の連携が必要になり、部署間の調整が必要になってしまう場合があります。また、複数の製品にまたがる問題であったり、生産と販売の双方に影響が及んだりするなど、責任を持たせる部署を決めることも難しいことがあります。このようなときに、不祥事に対応するプロジェクトを時限的に立ち上げることで、すべての情報はそのプロジェクトに集まり、その対応が組織において優先事項だと認識されれば、迅速にそして柔軟に不祥事への対応が可能になります。

一方で、チームやプロジェクトを作り、組織メンバーをそのチームやプロジェクトに所属させれば十分というわけではありません。チーム組織やプロジェクト組織の難しさもあります。組織のメンバーはチームで働くためのいくつかのスキルが必要になります。

その最も大きなものは、専門性の異なる人と働くためのスキルです。チーム1つ1つはそれほど大きなものになりませんので、そのチームにその専門家が1人しかいないということが頻繁に起こります。それゆえに、チームにはさまざまな専門の人が集まってチームの目標を達成していくことになります。

異なる考え方や価値観を持った人々と同じ目的の達成に向かって協働していくことは、同じ考え方や価値観を持った人々と協働することに比べてずいぶん難しいものです。チーム組織やプロジェクト組織の場合には、このような多様な人々と協働するための能力が要求されると同時に、組織においてこのような能力を身につけるための準備が必要となるのです。

4-2　ネットワーク型組織

　最後に、ネットワーク型組織について考えることにします。ネットワーク型組織は、これまでの組織形態とは大きく異なります。その大きな違いは、組織の境界を考えない点にあります。これまでの組織形態は、事業部制組織であれ、チーム組織であれ、形態は異なるものの同じ組織に所属するメンバーによって構成されていました。

　ネットワーク型組織には、この同じ組織という境界がありません。ですから、ある組織の1つの部署であっても、そこに所属するのは自組織の従業員だけでなく、他の組織の従業員などその部署の目的を達成するために必要な能力や知識を持った人々が含まれます。

　たとえば、以前の日本の映画会社は、監督やカメラマン、俳優などをそれぞれの会社で雇っていました。しかし、すべての映画を自社のメンバーだけで製作するのは難しくなっていきます。なぜなら同じ監督、同じ俳優、同じカメラマンであると、シリーズものでない限り、作品がマンネリ化してしまうからです。また、そのために多くの映画関係者を雇うことは経営上難しくなります。そのため、他の映画会社や劇団に所属するメンバーを配役したり、どこにも所属しないカメラマンや技術者、その他映画にかかわる仕事を行う人を作品ごとに雇うことになります。このようなときにネットワーク型組織が形成されるのです。

　航空機や宇宙飛行機の製造も、使われる技術が非常に高度なために、製造の責任者は航空機メーカーあるいはNASA（アメリカ航空宇宙局）などの宇宙開発機構のメンバーがなりますが、多くの企業からのメンバーによってチームが構成されます。このように、高度な成果を求める

場合、自社で必要な人材を用意することが難しくなります。その際にはネットワーク型組織のように、組織という境界を越えてチームあるいはプロジェクトを作り、目標の達成にあたるのです。

　組織構造は、分化した仕事をいかに効率良く組み合わせるかという観点から考えることができます。しかし、それぞれの組織構造にはそれぞれのメリットとデメリットがあるように、必ずしも特定の組織構造がうまくいくわけではありません。

　また、いくつかの特徴的な組織構造を組み合わせて中間的な特徴を持った組織として設計していくことも可能です。サッカーでは、相手チームのフォーメーションや自チームの持つ特性、あるいは試合展開などを考慮して、最もチームの力が発揮できるフォーメーションを決めていきます。それはもちろん、チームの力が発揮できることが試合に勝つことにつながるからです。組織設計も、組織メンバーの持つ知識や能力を最大限に活かすように作られる必要があるのは自然なことでしょう。

> **考えてみよう**
>
> 幕末に京都で活躍した新撰組は、局長の下に副長を置き、その下に、勘定方、実際に戦闘を行う小隊の長にあたる副長助勤、組の綱紀を守る監察方が置かれていました。新撰組の組織図とそれぞれの仕事を調べたうえで、このような組織形態にした理由を考えてみましょう。
>
> **調べてみよう**
>
> 新撰組などの歴史上の組織、学校や病院などの企業ではない組織の組織構造を調べ、その特徴とそのような組織形態になった理由を考えてみましょう。

CHAPTER 5

個人に能力を発揮してもらう
モティベーションとリーダーシップ

　たとえ目標や役割が明確に示され、効率的に仕事を進める準備ができたとしても、そもそも人に動いてもらわなければ目的を達成することはできません。「馬を水辺に連れて行くことはできても、水を飲ませることはできない」ということわざがありますが、組織を動かすうえで、それなら仕方がないというわけにはいきません。

　そのために考えなければならない要素は、人を動かすことと、人に動いてもらうということです。第4章で述べてきた権威や組織を動かすメカニズムの話は、指示をして人を動かすという観点からの話です。この章では、人に動いてもらうという観点から考えてみることにします。

1　人を動かす

　人を動かす、人に動いてもらうことを考える前に2つのことを考えることから始めたいと思います。1つは組織の中でどのような行動が求められるかということです。動くといっても、さまざまな行動があります。動かす前に求める行動を考える必要があります。

　2つ目に飴と鞭という言葉があるように、最も古典的に人を動かす手法は報酬と罰です。報酬と罰だけでは組織がうまく動かないだろうということは直感的にわかると思いますが、なぜ不十分なのかを組織の中で求められる行動とともに見てみましょう。

1-1　組織の中で個人に求める3つの行動

　組織が生き残っていくために、組織で働く個人に求められる行動には

3つの行動があります。

　第1には、組織に所属し、居続けてもらうという行動です。具体的には会社を辞めることや休むことなく活動してもらうことになります。この行動が重要なのは、そもそも組織目標のために活動する人がいなければ、組織が成立しないからです。

　また、より実践的にいえば、組織目標を達成するためには、そこで働く人を教育する必要がありますし、あるいはより効率的に目標を達成するためには、そのための能力を蓄積してもらう必要があります。その人に簡単に辞められてしまっては、それまでの我慢や投資がすべて無駄になってしまいます。これは特殊な能力や専門的な知識を必要とする仕事においては、特に求められる行動になります。

　第2は、役割を果たす行動です。これは与えられたやるべき役割を期待どおりにこなすという行動です。組織目標を達成するために分業がなされているわけですから、その分業された活動を期待どおりにしてもらわなければ、そもそも組織目標は達成できませんし、同じ能力の同じ人数が働いていても、参加する人の活動が期待どおりに働くケースと、そうでないケースとでは目標の達成度合いは大きく異なることになってしまいます。

　第3の行動は、役割を超えた組織行動です。これは組織に貢献する役割外の行動と言い換えることもできます。もちろん、役割を超えて組織目標に貢献することもこれに含まれますし、仲間が働きやすいように振る舞う行動や仲間に有益な情報を教える行動も含まれます。また、より積極的には自分の役割において創意工夫をしたり、新しい革新的な行動を起こしたりするような、与えられた役割を超えて組織に貢献する行動、あるいは自分で自分の能力を高めていく行動を指します。

　こうした行動を組織のメンバーが行うようになれば、組織としての力がより大きくなることは自明です。また、同じ能力の人々が参加する組織であっても、第1の行動や第2の行動すら期待どおりにならない組織と、第3の行動が多く生み出される組織では、後者のほうがより成果をあげることができるのは自然です。

1-2　報酬と罰、監視

　では、どうすればよいのでしょうか。最も古典的には報酬や罰による方法、あるいは監視をつけるという方法があります。この報酬には、内的報酬と外的報酬があります。内的報酬とは、自分の内面からわき上がる満足感のような、自分の内側によってもたらされる心理的な報酬であり、外的報酬とは、給与や職位など自分の外側から与えられるものを指します。

　ここでの外的報酬、特に金銭的な報酬や罰は、第1の行動を引き出すには有力な方法です。辞めることを阻止するために報酬を増やしたり、休む人には給与を減らしたりすることで、第1の行動を引き出すことができます。しかし、組織は第1の行動を引き出すためだけに存在するわけではありませんので、報酬をより多くすることや罰を与えることをして、ただ居続けてもらうだけでは組織として何の意味もありません。

　では、報酬や罰は第2の行動にどのような影響があるのでしょうか。確かに、報酬や罰があることで、役割を期待どおりに果たそうと考えることは理解できるでしょう。勉強や練習などを想像してみれば、怒られるから、後で困るから、あるいは褒められるから、評価されるからやるという部分は誰にも思い当たるところがあると思います。

　しかし、報酬や罰の効果は、最低限度の行動しかもたらすことができません。もちろん、罰や報酬の程度を上げることによって、より多くの行動を引き出すこともできるかもしれませんが、報酬や罰の効果は程度を上げれば上げるほど、その効果は弱まってしまいます。

　たとえば、月給30万円の人に、40万円にするから頑張ってほしい、と言えば、これまで以上に仕事を頑張ることは想像がつきます。しかし、月給500万円の人が510万円になったとして、同じように頑張るでしょうか。元の報酬の程度によって、同じ10万円でも、その効果がずいぶん小さくなってしまうのです。

　いくらでも報酬を与える、あるいはいくらでも厳しい罰を与えることができるのであれば、報酬や罰は第2の行動においても効果的ですが、

やはり、それは現実的ではありません。また報酬や罰は、指示した内容をきっちりさせるという点にはある程度効果的ですが、言われた以上のことを引き出すにはやや力不足です。ですから、第3の行動を引き出すには、外的な報酬と罰だけに頼るわけにはいきません。

また、やるべきことをきちんとさせるため、罰（あるいは報酬）を与えるためには、その人がきちんと働いているか、指示どおりに行動しているかを監視していく必要があります。ここにも難しさがあります。なぜなら、監視そのものがしっかりできているかを監視する必要もあるからです。そして、今度は監視そのものがしっかりできているかを監視する人がしっかり監視しているかを監視する必要が出てきます。

とてもナンセンスな話ですが、やるべきことをきちんとさせるため、あるいは罰や報酬を与えるために必要な監視が無限に必要になってしまうのです。これでは監視するコストだけがかかってしまいます。

やるべきことが明確で、それ以上の仕事をすることはむしろマイナスだ、というような組織であれば報酬と罰だけでも組織を動かすことはできるかもしれませんが、現実の組織はそうではありません。むしろ、現在のような市場環境においては、組織のメンバー各個人が、組織からの指示がある前に自分で判断してさまざまな行動を起こすことが求められます。

やはり、外的な報酬と罰あるいはその監視だけでは、組織を動かしていくことが難しいのです。つまりは、外側からの働きかけではなく、働く個人の内面への働きかけが重要になってくるのです。

2 人は何に動機づけられるのか

報酬と罰以外では、人は何に動機づけられるのでしょうか。この問いにはこれまで多くの研究者が答えてきました。そのことは人にはさまざまな欲求が動機づけの背後にあることも意味します。この節では、さまざまな動機づけとして、古典的なモチベーション理論と達成動機説を紹介します。また、行動そのものに動機づけられる内発的動機づけと学習

行動などにつながる自己効力感と学習性無力感についても、人々が行動を起こすという観点から紹介します。

2-1 古典的モティベーション理論

報酬や罰によるものでなく、働く個人の内面から生まれる動機づけに最初に着目したのは、第3章でも紹介したアブラハム・マズローです。マズローは、人々の欲求が低次の欲求から高次の欲求まで階層状に5段階あると考え、その最も高次な欲求として自身の潜在的な能力をすべて発揮したいというような自己実現欲求を置きました。

この5段階の欲求のうち最も低次の欲求は、生理的欲求と呼ばれるもので、睡眠や食欲など生存にかかわる欲求です。そこから順に、住環境など暮らしにかかわる安全欲求、仲間との関係に関する社会的欲求、周りから認められたいという自尊欲求と進んでいきます。

これらが欠乏するときに、人々はそれを充足させようと行動を起こすと考えました。つまり人々は、低次な欲求が欠乏しているときに充足しようと行動を起こし、満たされるとより高次な欲求を満たそうと行動を起こすと考えたのです。そして、最も高度な自己実現欲求だけは性質が異なり、満たされることがないとされています。

この自己実現欲求を基盤に、働く場面において動機づけの理論を発展させたのが、1950年代のアメリカの心理学者であるフレデリック・ハーズバーグやダグラス・マグレガーです。

ハーズバーグは、働く人々の仕事における満足と不満足をもたらす要因は異なると考えました。つまり、ある要因は仕事における不満足を解消することはできても、これを改善し続けても満足をもたらすことはできない、あるいは満足をもたらすことはできるけれども、不満足をなくすことができないのです。たとえば、肉体的あるいは精神的に過酷な仕事は、金銭的報酬が大きければ不満はなくなるかもしれませんが、過酷である以上、報酬が大きくとも、言われた以上の仕事をする人は稀でしょう。

満足をもたらす要因は動機づけ要因と呼ばれ、不満足をもたらす要因

は衛生要因と呼ばれます。動機づけ要因には、仕事の責任や仕事そのもの、あるいは昇進や達成といった仕事にかかわる要因が含まれるのに対して、衛生要因には給与や仕事環境、対人関係、監督などの仕事環境にまつわる要因が含まれます。

またマグレガーは、人は報酬や罰によって働くだけではなく、状況次第では自ら進んで働くと考えました。そして人は元来、仕事が好きではなく、強制や報酬あるいは罰によってしか働かないという考え方をX理論、そうではなく、人は状況や条件によってはむしろ進んで責任を引き受け、自分で自分を管理しながら仕事を行うという考え方をY理論と呼びました。

動機づけ要因あるいはX理論に含まれる仕事にまつわる動機について、以下では、仕事にかかわる動機・欲求を紹介することにします。

2-2 達成欲求、親和欲求、権力欲求

心理学者のデイビッド・マクレランドは、仕事にまつわる欲求として3つの欲求を示しました。それらは達成欲求、親和欲求、権力欲求の3つです。

達成欲求は困難な課題を成し遂げ、成功の喜びを味わうために努力したいという欲求、親和欲求は仕事にかかわる人々と友好的で密接な人間関係を結んでいたいという欲求、権力欲求は他者に対して影響力を用いてコントロールしたいという欲求です。

このうち達成欲求は、自分の内側からもたらされる心理的な満足、つまりは内的報酬によって満たされます。一方、親和欲求と権力欲求も、友情や優越感など、心理的な満足によって満たされる部分もありますが、それらも対人関係や職位など主として自分の外側からもたらされる外的報酬によって満たされます。また、これら3つの欲求の強さは、個人個人によって異なりますが、すべてが強い人もすべてが弱い人もいますし、達成欲求は強いが権力欲求は弱いという人もいます。

この仕事にまつわる3つの欲求を示したマクレランドが特に注目したのは達成欲求です。その理由の1つは、先述したように達成動機だ

けは内的な報酬によって満たされるものだからです。外的な報酬によって満たされる親和欲求や権力欲求は、ある程度満たされると、さらにその欲求を喚起するような報酬を示すのが次第に難しくなります。

　たとえば、人間関係もある程度良好であれば、もっと良くしたいとさらに思う性質のものではありませんし、権力欲求もどんどん大きくなったとしても、組織の中でそれを満たしていくのはなかなか大変です。一方で内的な報酬によって満たされる欲求は、このような制約を受けにくい特徴を持っています。

　たとえば、エベレストの登頂に成功するというのはかなり大きな達成感をもたらすものですが、それでも再度登頂することの達成感もありますし、単独登頂や無酸素による登頂など、難度を上げることで達成欲求はさらに喚起されます。

　また、達成欲求が強いことは、それを満たすために積極的に挑戦的な仕事をこなそうという動機が強いことを意味しますから、先に示した革新的な行動など、第3の行動に結びつきやすい動機ということができ、この点が注目される理由といえるのです。

　では、達成欲求はどのように仕事において喚起され、どのように仕事における積極的な行動に結びつくのでしょうか。これには以下の4つの条件があります。

①優秀さを示せる能力やスキルが求められている状況であること
②適度な競争状態であること
③課題の成功率が中程度であること
④フィードバックがあること

　仕事において達成欲求は、与えられている仕事がそもそも自分の優秀さを示せるような能力やスキルであることが必要です。誰でもできるような仕事ではなく、その人の能力やスキルが優秀であることを示せることが重要です。そうでなければ、たとえ仕事がうまくできたとしても達成感は得られません。

また、競う相手は誰でもよいですが、適度な競争状態も必要です。これはあまり過度な競争状態では競争に焦点が当たってしまい、達成そのものの喜びを感じにくく、逆に無競争な状態は緊張感を失い、達成欲求は喚起されなくなってしまいます。過度ではなくとも他の誰かよりもうまく、あるいは早くできたということを感じられる状況も重要です。

　また、達成に喜びを感じる以上、成功率が高すぎて誰でもできるような仕事や、反対に難しすぎて多少運の要素が含まれてしまうのも達成欲求を喚起しにくくなります。そして、何よりうまくできたかどうかのフィードバックがある点も重要です。これはうまくできたかどうかの自覚でも他者からの情報でも構わないのですが、これがなければ、そもそも達成の喜びを感じることができません。

　同じパズルをするにしても、見るからにすぐにできそうなパズルや、あるいは何日かかるかわからないようなパズルよりも、自分にとってできそうでできないパズルだと飽きずに努力できるように、ほんの少し背伸びをするような仕事は、達成欲求の強い人の欲求を大きく喚起し、放っておいても全力を尽くして、言われた以上の努力をして成し遂げようとする行動を引き出すのです。

2-3　内発的動機づけ

　子どもの頃、ゲーム開発の仕事をしている人は1日中ゲームができて、それで給料がもらえてうらやましいと思ったことはなかったでしょうか。プロ野球選手やプロサッカー選手の中には、野球やサッカーが好きでそれでお金がもらえて幸せだとインタビューで答える人もいます。あるいは、本来は競技でより良い成績を出すための練習それ自体が楽しいといった経験はないでしょうか。

　このように、結果やそれに伴う報酬に動機づけられるのではなく、それらを得るための手段やプロセスに動機づけられるケースがあります。

　このような状態を説明するのが、内発的動機づけ理論です。この理論の特徴は、欲求を充足する目的を得る手段に動機づけられている点です。つまり、やっていることそのものが楽しいという状態です。

少し難しいジグソーパズルを完成させて達成感を味わいたい、あるいは、できたパズルをどこかに飾りたいためにパズルに取り組むのではなく、パズルをやっているプロセスを楽しんでしまうのが、内発的に動機づけられている状態です。仕事において内発的動機づけに喚起されている人は、仕事そのものが楽しいのですから、言われた以上の仕事をしようとしますし、進んで新しい仕事に取り組もうとします。
　このような内発的動機づけは、自己決定感と有能感によってもたらされます。つまり、「自分で決めた」ということと、「それがうまくできている」ということが内発的動機を強くさせるのです。
　この自己決定感は、単にその仕事をやると決めることだけではなく、そのやり方や締切りなども自分で決めたほうがより自己決定感は強くなります。しかし、反対に自己決定感や有能感を損なうようなことを外部から働きかけてしまうと、かえって内発的動機づけは弱くなってしまいます。
　たとえば、自発的に楽しんでやっていることに対して、より効率良くできるやり方をやらせたり、頑張っているからといって報酬をつけたりすると、自己決定感や有能感は弱くなってしまいます。つまり、「やらされ感」や「他の人のおかげでできた感」が強くなってしまうことや報酬そのものが目的として強くなり、楽しんでいた手段が元のとおり報酬のための手段になってしまうのです。
　仕事において、より効率の良い方法をアドバイスすること、やりやすいように手順やマニュアルを用意すること、あるいは頑張っていることを評価対象にすることは、組織や職場の中ではより良い成果をあげるために必要なことではありますが、時にそのような好意が内発的動機づけを減退させてしまうことを忘れてはならないのです。
　私のエピソードを紹介します。小学生のとき、2学期を冬になっても半袖で過ごした友人がいました。彼は別に無理していたわけではなく、自分で頑張ってみようと思い、2学期末まで寒いのを我慢して半袖で通していました。3学期になったら止めようかなと考えていたそうですが、2学期の終業式でそのことを校長先生に全校生徒の前で褒められた

のです。

　その結果、彼は3学期に入っても半袖をやめることができなくなり、無理して半袖でその冬を通しました。当然ですが、寒くとも半袖で頑張るというやる気は、3学期にはなくなっていました。褒めることは決して悪いことではないのですが、このような結果をもたらしてしまうこともあるのです。

2-4　自己効力感と学習性無力感

　もう1つだけ、行動を引き起こす内面的な動機について紹介します。達成欲求や内発的動機づけ理論にも共通した部分がありますが、人はそのことがうまくできそうだという気持ちがあるときに行動に結びつきます。これを自己効力感と呼びます。自己効力感は、次の4つの要因によって高められるといわれます。

　1つ目は、達成経験です。過去に似たような仕事や課題をうまくできた経験や、やり遂げた経験は何より自己効力感を高めます。逆にいえば、このような経験がないものに対して自己効力感は起きず、行動に対して消極的になるともいえます。若いうちに成功体験を積むことで、仕事に対して積極性が出てくるのは、成功体験が自己効力感を高めているからだと考えることができます。番狂わせを起こしたチームがその後に勝ち上がっていく背景には、このような成功体験による自己効力感があると考えることができるのです。

　2つ目に、他の人がその仕事や課題をうまくできている姿を見ると、自己効力感が高まります。これを代理経験と呼びます。身近な先輩や同僚が同じ仕事や課題をうまくこなしていれば、自分にもできるかもしれないと思い、行動に移るのです。オリンピックなどで、メダルラッシュが起こることがありますが、これもこのような代理経験が自己効力感を生んでいるケースといえるかもしれません。

　3つ目の要因として、言語的説得が挙げられます。これは、周囲からできるということを言われたり、その理由を説明されたりすることで、自己効力感が高まるケースです。成功経験も周りに達成した人もいない

ような仕事や課題の場合、周囲からその能力があることを説得されることによって、効力感を持ち、仕事や課題へ行動が向かうことを促すことができるのです。

　4つ目は生理的情緒的高揚で、これはいわゆるテンションを上げることといってもよいかもしれません。お酒や薬物による精神的高揚は、仕事の世界ではなかなか考えにくいですが、難しい取引先へ行くときに気合いを入れることや、タフな仕事をする前に元気が出る音楽を聴くことなどは、日頃の仕事生活でもやっている人は少なくないでしょう。

　これ以外に自己効力感をもたらすものとして、想像的体験と呼ばれるものがあります。これは成功をイメージすることということができます。アスリートは重要な試合の前に成功のイメージを作るといわれています。イメージを作り思い込むことで、自己効力感を高めることができるのです。

　能力的に難しい仕事を与えられた結果、日々仕事で駄目出しをされたり、なかなかその仕事で成功や達成ができなかったりすると、人はこの自己効力感が極端に低い状態になってしまいます。この自己効力感が極端に低い状態は、単に低いだけでなく学習性無力感という状態に陥ってしまいます。つまり、自分が無力であることを学習してしまうのです。

　学習性無力感が強い人は、何をやっても自分はうまくいかないと考えてしまうため、できることであってもなかなか積極的に取り組もうとしません。仕事にまだ慣れていない人にできていないことを伝えること、能力以上の大きな仕事を任せてみること、あるいは出されてきた提案に対して率直に問題点を指摘することは、仕事を進めるうえで決して悪いことではないのですが、フォローを何もしないと学習性無力感ばかりが強くなり、その仕事に対してやる気を失うだけでなく、それ以外の仕事に対しても努力することを諦めるようになってしまう恐れがあるのです。

3　人はどのようにして動機づけられるのか

　ここまで仕事にかかわる動機や欲求について紹介してきましたが、

人々は実際にはどのように動機づけられる、あるいは行動に移っていくのでしょうか。

動機や欲求に注目する限り、動機や欲求が喚起されれば、人々はその動機や欲求の充足のために行動を起こすと考えています。その点では、その動機や欲求の種類はいろいろあるとはいえ、ニンジン（動機や欲求を充足する要因）をぶら下げれば行動する、というきわめて単純なモデルで考えています。

ですから、行動を引き出す、能力を発揮するためには、動機や欲求を喚起するものを用意することが重要になるわけです。しかし、実際には人はもう少し複雑なプロセスで動機づけられるものですし、喚起するものを用意するだけでなく、より効果的に行動に結びつける方法もあるはずです。ここでは2つの理論から、動機づけられるプロセスを考えていきます。

3-1 期待理論

動機づけられるプロセスにかかわるモデルにおいて、最も洗練されているモデルが期待モデルと呼ばれる理論です。期待理論の基本的な考え方は、動機や欲求をもたらすものは何であれ、それが得られるという期待を高めることによって、特定の行動を引き起こすと考えます。そして、この行動を引き起こす心理的な力、期待関数は次のような式で示されます。

$$期待 = \Sigma(V \times (E \to P) \times (P \to O))$$

まず、この式は3つの要素（報酬の価値（V）、努力（E）→結果（P）の確率、結果（P）→報酬（O）の確率）によって構成されています。

まず1つ目は、報酬の価値です。課題を成し遂げたときに得られる報酬が行動を起こす人にとっての価値の大きさにつながりますが、その価値は人によってまちまちです。たとえば、企業における報酬の1つは給与ですが、給与が上がるよりも出世することのほうに価値があると

考える人もいます。あるいは、尊敬する上司に認めてもらうということや成功したときの達成感に価値を置く人もいるでしょう。

次の要素は、「努力→結果」の確率です。これは期待確率と呼ばれ、努力が結果に結びつく確率のことを指し、自分が取り組もうとしている課題について努力すれば、結果が出せるかどうかという確率です。

たとえば、すでに100メートルを10秒台前半で走ることができるタイムを持っている人は、努力すれば、10秒を切るタイムを出すという結果について8割方達成できると考えるかもしれませんが、普通の人にとっては、どんなに努力しても、10秒を切るタイムで走ることはできないと考えるでしょう。このときの期待確率は0％です。この期待確率が2つ目の要素です。

3つ目の要素は、結果が報酬に結びつく確率です。これは課題を達成したとき、結果を出したときにその報酬が本当にもらえるかどうかの確率です。

大学合格のために受験勉強をしている例を考えましょう。志望大学への合格がここでの結果となります。そして、受験勉強がその結果のための努力ということになります。では、合格するとどのような報酬があるでしょうか。大きくは、より高度な専門の学問ができること、自由で楽しい大学生活、あるいは難関校に合格すれば周囲から評価される、といったこともあるかもしれません。もしこれらの報酬に魅力を感じなければ、努力を引き出す期待は生まれません。

次に、努力すれば志望する大学に入れるか、といった主観的な確率が問題になります。自分のこれまでの成績から考えれば、どれだけ努力してもまず志望する大学には入れないと考える人もいるでしょうし、これから努力すれば何とか合格の可能性はあると考える人もいるでしょう。あるいは、特段努力しなくても合格できると考える人もいるかもしれません。もしこの主観的確率が0％だと考える人、つまり、どれだけ努力しても絶対に志望大学には合格しないと考える人、も努力を生み出す期待は生まれません。

最後に、結果を出したときに報酬が得られる確率です。大学に合格し

たからといって、自由で楽しい大学生活が送れると決まったわけではありません。ですから、これもやはり認識する確率が重要になります。自分の兄弟が楽しそうな大学生活を送っているのを見ていた人は、このような確率が高くなるかもしれませんし、たとえ合格しても新しい生活で楽しくやっていけるか不安を持つ人もいるかもしれません。

　これら「報酬ごとの価値と努力→結果の確率、結果→報酬の確率の積」で期待は大きくなり、期待が大きくなれば、行動を起こす心理的力は大きくなります。また、積ですから、1つの要素でも0であれば、他が大きくとも期待は0になり、行動は起こりません。

　ですから、努力を引き出すためには、行動する人がより大きな価値を見出す報酬を用意することや、引き出したい努力が結果に結びつく確率を高めることや、その結果によって行動する人が望む報酬が手に入る確率を高めることが必要になるのです。

　　Column　期待理論のモデル

　期待理論は、期待の式だけでなく、その後、期待の式に基づいたモデルがいくつか作られることになります。ここでは、そのうちの1つである図5-1のポーター＝ローラーモデルを紹介します。このモデルも、先に説明した期待の式に準じてモデルが作られています。期待の式では単純に能力と期待（モティベーション）の積が成果になると考えていますが、このモデルでは成果に至るまでのプロセスがより詳細に描かれることになります。

　まず、報酬の価値と努力が報酬につながる主観的可能性を踏まえて、努力がなされます。もし報酬の価値が0あるいは努力が報酬につながる主観的可能性が0であれば、努力をそもそもしなくなります。努力は、それだけで成果につながるわけではありません。

　成果につなげるには、2つの要素が必要です。1つは能力や才能で、もう1つは役割の認識です。役割の認識は言葉にするとわかりにくいですが、努力の方向の正しさということです。自分の役割がきちんと

図5-1　期待理論のモデル（ポーター＝ローラーモデル）

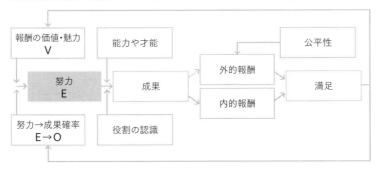

出所：Porter and Lawler（1968）p.165より作成。

わかっていなければ、間違った努力をしてしまうことになり、それではいくら努力をしても成果にはつながりません。長距離走の選手がいくらスタートダッシュの練習をしても成果にはつながらないでしょう。成果（達成）が報酬につながるプロセスは、必ずしも確実とはいえません。特に外的報酬は他者が決めることのため、そのつながりは不確実です（図5-1の破線）。成果をあげても、報酬が得られないことは少なくありません。

　スポーツの世界では、世界記録を出しても他の人がそれを上回る世界記録を出せば、1位にはなれませんし、報酬を与える人の判断で十分にもらえると思った報酬がもらえないこともあります。また予定していた報酬が必ず満足につながるとも限りません。満足につながるかどうかは、その公平性に依存します。たとえば、自分が頑張った成果で予定したとおりに評価されたとしても、あまり頑張っていない同僚が同じような評価をもらったとしたらどうでしょうか。予定していた報酬であっても、満足に至らないかもしれません。

　この成果と報酬の関係性と満足は、次の期待の形成にも影響します。もし、成果が報酬に着実に結びついたとすれば、次の機会においても努力と報酬の主観的可能性は高く見積もられることになるでしょうし、報酬への満足は次の機会の報酬の価値に影響するでしょう。

たとえば、金メダルをもらって、とてもいい思いをしたことが、次の機会に金メダルの価値を高くすることになるかもしれませんし、反対に一度取ったから、それほど価値を感じなくなるかもしれません。

3-2 公平理論

もう1つ、プロセスに着目した理論を紹介しましょう。私たちは自分の報酬が多ければ多いほど、動機づけられるでしょうか。これまでのモティベーションの理論は、1人の個人について考えてきましたが、公平理論では、人は自分の報酬だけでなく、他者の報酬によっても動機づけられると考えます。これを式で表すと、次のようになります。

$$\frac{O}{I} \lesseqgtr \frac{O}{I}$$

　　自分　　比較対象

公平理論では、人は報酬の絶対値で満足あるいはやる気が出るのではなく、公平に扱われていることに動機づけられ、不公平に扱われるとき人はやる気を損ねると考えます。式に沿っていえば、インプット（I）とアウトプット（O）のバランスが比較する他者と同じとき、人は公平に扱われていると感じてやる気が出ます。

たとえば、同じ仕事をしているのに、自分は時給1000円で、別の人が1200円だったらどうでしょうか。仕事のわりに時給1000円はなかなかおいしいと思っていても、納得がいかないのではないでしょうか。このようなときに人は公平であろうとします。つまり、インプットを変えるか、アウトプットを変えるような行動に動機づけられるのです。

たとえば、自分も時給を1200円にしてもらうように店長に訴える（アウトプットの増大）とか、1200円の人の8割くらいの力で仕事をするとか。あるいは、自分はまだ1年目だから安いのだとか、1200円の人は自分がやっていない仕事もしているのだと考えるといった方法で公平であろうとします。

基本的には、公平に扱われることは、本章の第2節で説明したハー

ズバーグの理論でいえば衛生要因の要素が強く、やる気を失う、不満足を促進してしまう要因ですが、公平に扱われたといってもその仕事のやる気や満足を大きく引き出すわけではありません。しかし、公平に扱われている感覚が、仕事や職場への満足感をもたらし、結果として働きがいのある仕事、あるいは組織だと感じることで、結果としてその人の能力の発揮を促すことになるのです。

公平理論が示唆するもう1つの要素は、人は自分の報酬によってだけやる気が決まるわけではないということです。もちろん、大きな報酬をもらう人は、やる気を引き出されるでしょう。しかし、そのことでそれを知った他の人のやる気を失わせることがあるということです。

たとえば、ある仕事をしている人に、上司が「うまくこの仕事ができたら、臨時のボーナスがもらえるようにする」と約束したらどうでしょうか。その人が誰から見ても特別な仕事を請け負っているのであれば別ですが、そうでなければ、何だかやる気を失いませんか。もちろん、ボーナスを提示された人はやる気が出るでしょうが、周囲の人はやる気を失ってしまうことが考えられるのです。報酬はその人だけに影響を与えるわけではない、というのが公平理論の組織論における大きな示唆といえるのです。

4 リーダーシップの行動論

さて、ここまで個人の持っている能力を発揮してもらうために、モティベーションの理論について見てきました。モティベーションの理論からは、人々がどのような要因あるいはプロセスで特定の行動へのやる気を出すか、あるいは失うかということが理解できたかと思います。

では、このようなモティベーションを喚起して、成果を出すために職場のリーダーは何ができるのでしょうか。しかし、リーダーや職場が置かれている状況の違いによって、部下から引き出す行動はずいぶん異なってきます。たとえば、緊急時や前例のない困難な状況においては、それぞれの部下のモティベーションやそのための仕組みやマネジメント

を考えるよりは、みんなを巻き込んでいくようなリーダーシップが求められるでしょう。

　日常時に集団やグループの業績を達成するためのリーダーシップは、交換型リーダーシップと呼ばれます。これに対して、変革時、緊急時のリーダーシップを変革型リーダーシップと呼びます。

　仕事の場面では、マネジャーとリーダーという言い方をしますが、日常型のリーダーはマネジャー、変革型のリーダーは（狭義の）リーダーといってもよいかもしれません。変革型リーダーシップに関しては別の章で述べるとして、ここでは日常のリーダーシップである、交換型リーダーシップについて考えていきます。

4-1　2つのリーダーシップ行動と業績

　日常におけるリーダーの主たる仕事は、各メンバーの能力を引き出し、職場あるいは集団の目標を達成することです。このような日常におけるリーダー（あるいはマネジャー）は、どのような行動をとっているのでしょうか。

　古典的には、日常型のリーダーは大きく2つの行動をとっていると考えられてきました（表5-1）。1つはタスク志向の行動、もう1つは人間関係志向の行動です。

　タスク（構造づくり）
　　厳格に規則で管理する。
　　部下が標準的な仕事のやり方に従うよう、細部にわたって指導する。
　　部下が行った意思決定を彼／彼女に知らせるよう主張する。
　　部下にもっと努力するよう刺激する。
　　何をやり、どうやるのかを細かに決める。
　人（配慮）
　　部下が良い仕事をすると評価する。
　　部下に高いモラールの重要性を強調する。

表5-1 最適リーダーシップ・スタイルの研究結果

出所：野中（1983）p.126に追記・作成。

すべての部下を平等に扱う。
友好的で近づきやすい。

　タスク志向の行動とは、仕事や課題に結びつく行動を指します。具体的には、やるべきこととそのやり方を明確に指示するような行動、あるいは規則を定めるような仕事に関する計画や手順を定める行動や、定めた仕事に対する努力や進捗の報告を求め、達成できていない際は、ハッパをかける行動などが挙げられます。前者は事前に働きかける行動、後者は事後に働きかける行動といえるでしょうか。
　一方、人間関係志向は、メンバーの成果を褒めることやメンバーの個人的な相談を受けるような個人的な感情に配慮するような行動と、部下を平等に取り扱うことや、仕事に対するモラールを伝えるような職場全体に配慮するような行動が挙げられます。前者は個人に、後者は全体に配慮する行動といえます。
　古典的なリーダーシップ論では、1970年代にこの２つの行動と業績の関係についての研究が行われました。一見異なる行動に見える２つの行動を比較したミシガン大学の研究は、タスク志向のリーダー行動よりも人間関係志向のリーダー行動のほうが良い結果をもたらすことを示しました。これは第３章で紹介した人間関係論の研究と近い結果だと

いえるでしょう。

　一方で、オハイオ州立大学の研究グループ、そして日本の九州大学の研究グループは、2つの行動を独立の行動として捉えました。つまり、両方できるリーダー、あるいは両方ともできないリーダーもいると考えたわけです。

　さまざまな集団やチームを対象にした調査の結果からわかったことは、タスク志向の行動と人間関係志向の行動を両方とるリーダーの下で業績は高くなるというものでした。タスク志向と人間関係志向の双方の行動をとることが最も業績をあげることにつながるという考え方は、両方の行動が高次元であることから、Hi-Hi パラダイムと呼ばれます。

　いわれてみれば当たり前のことですが、人間関係論を含め、働く人に対して働きかけるリーダーシップが有効であるという主張が大きい中で、改めてきちんと仕事や課題に向かわせる行動も、業績には有効であることを示した点は重要です。

4-2　2つの行動と能力の発揮

　それでは、タスク志向の行動と人間関係志向の行動は、具体的にどのようにメンバーの能力を発揮させる、つまり行動を引き出すのでしょうか。この章の復習を含めて考えていくことにしましょう。

タスク志向の行動

　メンバーの役割をきちんと割り振り、綿密にその仕事の手順を伝えること、あるいは規則やマニュアルをきちんと整備することは、仕事の無駄を省き、効率的に仕事を進めることにつながります。

　また、仕事の割り振り方によっては、達成欲求の喚起に影響を与えると考えられます。能力に対して易しすぎる仕事や難しすぎる仕事は達成欲求を喚起しませんが、ちょうど良い難度の仕事は、反対に達成欲求を喚起して人は能力をかけようと考えるようになります。

　また、期待理論に即して考えれば、綿密にその仕事の手順を伝えることは、その人の努力が結果に結びつく主観的な確率を高めることにつな

がります。あるいはマニュアルが整備されていることは、自分でもやれそうだという自己効力感を高めてくれます。

　一方で、規則やマニュアル、仕事の手順を綿密に定めることで、自律性や自己決定の機会を失わせてしまい、内発的動機づけを低くしてしまいます。タスク志向の働きかけは、過剰になると、いわゆるやらされ感の強い仕事になってしまう可能性も持っています。何より、事前のタスクへの働きかけを強めていくことは、役割に準じた行動を引き出すには有効ですが、役割外の行動、革新的な行動は抑制してしまうことにつながってしまいます。

　タスク志向の事後の働きかけの1つは、メンバーへのフィードバックとして表れます。計画どおり、あるいは手順どおりに順調に仕事が進んでいるときは、このようなフィードバックは達成欲求や自己効力感を高めてくれるでしょう。

　しかし、できていないことに対して努力を促しハッパをかけるような行動は、罰の意識を強くさせると同時に、自分ができていないということを知る点で、自己有能感を下げてしまうケースがあります。また、進捗報告を逐一求めるような行動は、仕事の進み具合を把握し、リーダーとして手を打つためには重要な行動ですが、メンバーに管理されている意識をもたらすことが行動を引き出すうえで、マイナスに働くことも考えられるのです。

人間関係志向の行動

　人間関係志向の働きかけのうち、個人への働きかけはモティベーションにプラスの影響を与えることが考えられます。うまく達成できたことを評価することは、自己有能感の向上や達成欲求の充足、あるいは自己効力感に良い影響を与えると考えられます。また、励まされることで努力が結果に結びつく確率を高めるような効果も考えられます。

　しかし一方で、個別に配慮することは、メンバーの中での不公平を生む可能性もあります。特定の人だけの成果を評価することは、同じような成果をあげたにもかかわらず、評価されない人に不公平感をもたらし

ます。ゆえに、併せて職場全体への配慮の行動が必要になります。

　また、親和欲求の充足という点でも、職場全体が良い雰囲気になることや、職場全体の人間関係がうまくいっていることは、プラスに影響すると考えられます。あまりにもリーダーと特定の個人が強い信頼関係で結ばれてしまうと、他の人たちとの人間関係にゆがみをもたらしてしまうこともあります。人間関係志向の観点からいえば、個人に配慮すると同時に、全体にも目を配る必要があるのです。

4-3　リーダーシップのコンティンジェンシー理論

　こうして見てくると、タスク志向の行動と人間関係志向の行動のそれぞれは、モティベーションにプラスの影響を与えるだけではなく、場合によってはマイナスの影響を与えてしまうこともあることがわかります。特にタスク志向の行動は、その傾向が強いといえます。しかし、人間関係志向ばかりで、タスクをきちんと定めなければ、効率の良い目標達成がなされない恐れがあります。

　たとえば、ほとんどの人が仕事のやり方があまりわかっていない職場で、そもそも明確な仕事の指示や手順などが示されていなければ、たとえ人間関係が良く、できたことを褒められ、自分の持てる能力を出そうという意欲は強くても、有効な行動がわからなければ、職場の業績にはつながりません。

　このように考えると、リーダーの行動を考えるときに、リーダーの置かれた状況によってとるべき行動が異なると考えることができます。つまり、業績をあげる唯一無二のリーダー行動があるのではなく、状況に応じたリーダー行動が有効であると考えることができるのです。

　このような考え方をリーダーシップのコンティンジェンシー理論と呼びます。コンティンジェンシー理論とは、状況や環境によって最適なものは異なると考える理論です。これまで紹介してきたリーダーシップ論では、ある特定の行動が業績につながると考えてきました。そして、その行動はタスク志向行動と人間関係志向行動でした。リーダーシップのコンティンジェンシー理論は、リーダーの置かれた状況によって有効な

■図5-2　リーダーシップのコンティンジェンシー理論

リーダーシップのスタイルが異なると考えるので、その違いは図5-2のようになります。

　リーダーシップのコンティンジェンシー理論はいくつかありますが、ここでは、代表的なものとしてSL（Situational Leadership）理論と呼ばれる理論を紹介しましょう。SL理論では、状況を部下の仕事への準備の程度と考え、タスク志向と人間関係志向の行動の組合せで4つのリーダーシップのスタイルとの関係を考えます（図5-3）。

　まず部下の仕事の準備度は、その高さに応じて4段階に分けられます。まず、部下に仕事をやる能力が十分になく、やる気もそれほどない、あるいは不安な状況では、タスク志向の行動が強く、人間関係志向が低いような指示的なリーダーが部下を目標達成に導きやすいと考えます。部下が仕事に対して不慣れで十分な能力がない状態では、何をどのような手順でするかをはっきりさせるのが、最も部下の行動を引き出すことができるからです。具体的には、指示したり指導したりする行動が有効になります。

　次に、仕事をやり遂げるのに十分な能力はないが、やる気あるいはその確信はあるような状況では、タスク志向と人間関係志向の行動を双方ともしっかりやるタイプの納得型のリーダーが有効です。仕事について説明し説得するような行動が、より目標を達成する行動を部下から引き出すことができるのです。

　3つ目の段階は、部下に仕事をする能力は十分にあるが、やる気があるかないか不安な状況です。このような部下に対しては、タスク志向の行動よりも人間関係志向の行動を重んじる参加型のリーダースタイルが有効だといわれます。参加型のリーダーは、部下を支持し、一緒に課題

図5-3　SL理論

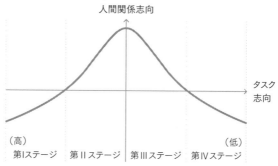

出所：稲葉ほか(2010)p.134。

解決の方法を考えながら進めます。このような行動をとることで、部下に自己効力感を与え、内発的に仕事へのやる気を高めることができるのです。

　4つ目の段階は、部下に仕事をやり遂げる能力も十分あり、やる気も確信もある状態です。このような部下に対しては、どちらの行動も積極的にとる必要はなく、任せるような委譲型のリーダーシップが有効です。具体的には、部下をじっと観察したり、見守ったりするような行動になります。そもそも仕事に対する能力もやる気も自信もあるわけですから、それを尊重しつつも、丸投げせずに見守っているだけで部下は安心感の下、目標達成に邁進することができるのです。

考えてみよう

期待理論では、実現する可能性が高いほど、人は頑張ることが示されていますが、期待理論では説明できないようなやる気や頑張りはあるでしょうか。実現可能性がほとんどないことがわかっていても頑張るようなケースにはどのようなものがあるでしょうか。あるとすれば、それはどのように説明できるでしょうか。

調べてみよう

名経営者と呼ばれる、素晴らしいリーダーを1人取り上げてみましょう。彼らの自伝や記事などから彼らの具体的なリーダー行動を取り上げ、その行動のタイプを分類し、名経営者のリーダー行動の特徴を考えてみましょう。

CHAPTER 6

ベクトルを揃える

　組織によって物事を成し遂げるためには、1人1人が役割を十分に果たすことがまず必要になります。第5章で見てきたように、1人1人にやる気がなく、自分の役割を十分に果たせなければ、たとえ素晴らしい目標、完璧な組織設計ができていたとしても、それは水泡に帰してしまいます。

　しかし、さらにいえば、1人1人が十分に力を発揮したとしても、それが同じ方向を向いていなければ、その力を有効に用いることができません。綱引きでは、1人1人ができる限りの力を出して綱を引くことがまず重要ですが、引っ張る方向が人によって異なってしまえば、1人1人の力を有効に使うことができなくなってしまいます。

　この章では、組織文化に着目して、個々の力を引き出すだけでなく、それらの力を同じ方向に向かわせることについて考えていきます。

1 組織文化とは何か

　組織に属するメンバーの力を同じ方向へ向かわせるには、どのようにしたらよいでしょうか。1つの方法は、ここまで説明してきたように報酬や罰によって、そちらへ向かわせることです。

　たとえば、羊飼いはバラバラに動こうとする羊の群れを、牧羊犬や鞭を使って牧場から牧草地へ、牧草地から牧場へと動かしていきます。同じように、組織の目標に向かう行動をとった人に報酬を与え、異なる方向へ向かう人には罰を与えたり、報酬を減らしたりすることでコントロールすることができます。

しかし、第5章でも述べたように、そのためにはその人の行動を常に監視していく必要があります。もう1つの方法は、その人の考え方に働きかける方法です。

　たとえば、電車で隣に座った見知らぬ人に、特段のことがなければ話しかけることはないと思います。またもし隣に座った見知らぬ人が世間話をしてきたら、応じはするでしょうが、奇妙な感じを抱くのではないでしょうか。これは、電車のような公共的空間で知り合いではない人に話しかけるべきではないという価値観がある程度共有されているからです。

　一方で、大阪では隣に座った見知らぬおばちゃんから飴（飴ちゃん）をもらうことがあります。大阪のおばちゃんにとっては、公共的空間で見知らぬ人に飴をあげることは決しておかしな行動ではない、という価値観があるわけです。

　人間社会のさまざまな空間においては、行動に影響するこのような価値観がさまざまなレベルであります。たとえば、大阪の文化や東京の文化、大学のサークルや部活の文化、あるいはその中での学年ごとの文化、さまざまなところにメンバーによって共有された価値観があります。このような文化は、人々が生活をし、相互作用する中で形成されてくるものでもあります。ですから、企業組織や職場の中にも、このような価値観は多かれ少なかれ存在することになります。

　このような組織をはじめとする社会集団にある文化は、行動規範や価値観だけでなく意味のシステムも含んで考えることができます。意味のシステムとは、あるものをどう捉えるかということです。たとえば、自動車を製造する企業にとって顧客とはどのような人を指すでしょうか。自動車を購入する大人だけを顧客と考えるのか、購買力はないが、大人と一緒に乗る子どもも含めて顧客と考えるのかでは、作られる自動車も異なってきます。あるいは、喫茶店は自分たちの商品に関して、多くの喫茶店ではコーヒーや軽食と捉えているかもしれませんが、静かな空間と考える喫茶店もあるでしょう。

　このような顧客あるいは商品に対する意味の違いも、組織に根づく文

化と考えることができます。ここまで説明してきたように、組織に根づく共有された価値観や信念、あるいは意味システムを組織文化と呼びます。

1-1 組織文化の特性

もしこのような価値観を組織がある程度意図的に作ることができれば、価値観によって人の行動をある程度制御することが可能になります。そして、これが組織のメンバーに共有されているのであれば、強制的なコントロールをしなくとも、人々はある方向に向かって行動することになるのです。

具体的には、組織文化は次の7つの行動や態度にかかわる特性によって形成されているといわれます。

①革新やリスク性向
②細部に対する注意
③結果志向
④従業員重視
⑤チーム重視
⑥積極的な態度
⑦安定性

まず、革新やリスク性向とは、これまでと異なることやリスクがあることに対しても、組織メンバーが積極的に取り組んでいくことが組織によって推奨されている程度のことを指します。多少リスクがあっても新しいことをやることに価値があると考える組織と、危ない橋は渡るべきではないと考える組織では、同じ局面においても、おのずと行動が異なってきます。

2つ目は細部に対する注意です。これは、仕事において細かい部分に対する正確さや注意が求められる程度を指します。たとえば、1億円の金額の交渉において、1円単位まで交渉をする組織は、そうでない組織

に比べて細部に対して注意深い組織であるといえるでしょう。

　3つ目に、結果志向に関する特性があります。結果志向の反対はプロセス志向です。ですから、結果志向の特性は、結果を重視するか、反対にプロセスを重視するかということになります。つまり、たとえ結果が期待どおりではなくても、プロセスを評価するのか、あるいはプロセスはどうあれ、とにかく結果を評価するのかということです。

　4つ目に従業員重視とは、組織のメンバーに対する配慮が組織の意思決定においてどの程度なされるかということを指します。もちろん、さまざまな意思決定をする際に、組織メンバーに対する配慮がある場合には従業員重視となります。

　5つ目のチーム重視とは、仕事において個人単位ではなくチームでの活動を重視する傾向を指します。

　6つ目の積極的な態度とは、組織の他者、あるいは、これまでよりも良い成果をあげることを評価する姿勢のことを指します。組織内でより良い結果を出そうとする態度や上昇していこうとする態度を評価することが、積極的態度が強い組織といえます。

　7つ目の安定性は、成長よりは現状維持を重視する特性を指します。

　企業組織における組織文化を考えるうえでは、これら7つの特性が組織文化の主要な特性であり、これらのことについて組織の持つ価値観、組織メンバーの共通理解を考えることが、組織文化を考えることにつながるわけです。

　ですから、あの会社の社風は「温かい」となったとき、その背後にある価値観はいったいどのようなものかを考えることが組織文化の理解につながるのです。たとえば、従業員重視の特性が強いために温かいと感じるのか、あるいは結果志向ではなくプロセス志向であるところが温かいと感じるのか、それぞれの特性の価値観を考えることが組織文化を理解する足がかりになるのです。ただし、主要な組織文化の特性ですから、これ以外の特性も組織文化として捉えることもあります。

1-2 組織文化の3つのレベル

　もう少し組織文化を知る試みを考えてみることにします。組織文化は、共有された価値観や信念であるため、直接的に見ることはできません。同じように、恋人が本当は自分のことをどのように思っているのかを知りたくても、直接それを見ることはできません。

　しかし、その代わりに言葉や態度や行動、あるいは物質的なもので自分への気持ちを推し量ることができます。たとえば、自分に悲しい出来事が起こったときに一緒に泣いてくれたことや、クリスマスなど一般的に恋人たちにとって大事とされる日に一緒にいてくれることなどから、自分を他の異性よりも重要な存在と思ってくれているのではないかと考えることができます。あるいは、相手にとって、とても大きな金額のプレゼントをもらうことで、自分を大事に思っていることを推察する人もいるかもしれません。あるいは、恋人の財布に自分の写真を見つけたら、自分への思いに気づくことになるかもしれません。

　このように気持ちは直接見ることできませんが、さまざまな行動や態度、あるいは事物からその気持ちを推察することは可能です。組織文化も共有された価値や信念ですから、直接的に見ることはできませんが、さまざまな部分からその組織の持つ固有の価値や信念を推し量ることは可能です。図6-1は、経営心理学の大家エドガー・シャインが示した組織文化の構造を示したものです。

　組織文化はこのように、目に見える人工物と呼ばれるレベルから、目に見えるものと見えないものを含む価値、そして全く目に見えない基本的前提からなると考えられています。それぞれを見ていくことにしましょう。

　この図の最も外側にある人工物とは、組織文化が体現されている具体的な事物、つまり目に見えたり、触ることのできる事物を指します。たとえば、服装やオフィスのレイアウト、仕事の進め方などが含まれます。また、表彰式などの儀式や恒例行事なども、この人工物に含まれます。たとえば、最も高い成果を出した人を表彰する組織は、結果志向の文化があると考えられますし、カジュアルな服装も、結果さえ良ければ

図6-1　シャインの組織文化の3つのレベル

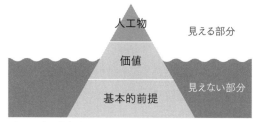

出所：稲葉ほか（2010）p.48より一部変更。

どのような格好で仕事をしていても構わないという姿勢だと考えれば、結果志向の文化を体現するものであるかもしれません。

　大学においても、大講義室で学生が教員の方向しか見られない教室では、学ぶことは学生と教員の1対1の関係の中で行われるという姿勢が体現されているといえますが、大学によっては学生同士がディスカッションできるように配置されている教室もあります。ここでは、学生が一方的に教員から知識を授けられるだけではなく、学生同士で議論したり教え合ったりすることによっても学ぶことができる、という価値観を示しているといえるかもしれません。

　次のレベルは、価値のレベルです。価値のレベルは、人工物の背後にある理由となる価値観を指します。ですから、「大講義室（人工物）→教員」が学生に教える場所（価値）となるわけです。たとえば、組織における理念やビジョン、あるいは社内で伝わっているさまざまな物語などが価値に含まれます。

　しかしながら、観察できる人工物と価値観は必ずしも一致するわけではなく、組織においては矛盾を示すこともあります。たとえば、理念として何事にもリスクを恐れずに挑戦することを唱えていても、実際の従業員は保守的でリスクを避ける行動をとっていることがあります。このようなときには、理念やビジョンとして示される価値観とは異なる価値観が背後にはあると考えられます。

　そして、このような価値観に影響を与えているのが、組織文化の中核

にある基本的前提です。基本的前提は、価値に影響を与える人間や組織、仕事や環境、あるいは時間や空間、正義や真実に関する信念が含まれることになります。このような基本的前提は、組織メンバーには日常的に意識されることがないとされます。

たとえば、多くの人が熱心に残業する組織では、量的にたくさん働くことが良いメンバー、有能なメンバーだという信念が共有されていると考えられるかもしれません。一方で、残業せずに定時にみんなが帰る組織もあります。このような組織では、質的に効率良く仕事をする人が有能なメンバーだという信念が共有されていて、残業する人は仕事を時間内に終えることができない無能なメンバーだという価値観が共有されていると考えることができるのです。

ですから、量的にたくさん働く人が良いメンバーという信念が共有されている限り、残業を減らすような施策や組織目標として時短を示しても、残業はなかなか減っていきません。

このように基本的前提のレベルの変革を行わない限り、基本的前提のレベルに反するような理念や施策、仕組みを導入しても定着しないことがあるのです。

1-3 組織文化の利点

では、組織文化はなぜ人々の行動を一定の方向に向かわせることができるのでしょうか。いま一度考えてみることにします。所属する多くの人が、共通の価値観、行動規範、意味のシステムを持っている組織を考えてみてください。

組織文化は価値や行動規範ですので、それぞれのメンバーはどのような行動をとるべきか、どのような方向に向かって行動すべきか、ということが判断できるようになります。

また、組織文化が根づいている組織では、その基準と異なる行動をとると、他の組織メンバーから非難される可能性があります。たとえば、子どもの頃、嫌いなものでも食べなければいけないという価値観の中で、嫌いなものを残していれば、親や兄弟から「嫌いなものでも食べな

さい」と言われてしまいます。このような価値や行動規範による人々の行動の制御は、報酬や罰則を与えることでメンバーに適切な行動をとらせるようなアプローチよりも優れている点が多くあります。

1つは、第5章でも述べたように、メンバーが適切な行動をとっているかを監視する必要がなくなるからです。また、このような価値によるコントロールは、報酬や罰則に比べて心理的な抵抗感が小さくなります。怒られるから行動する、お金をもらえるからやる、という行動よりも「そうすべき」だから行動する、というほうが人々は前向きにその行動に取り組むことになるでしょう。

罰則や報酬によるコントロールは、それぞれのメンバーに常に監視されている、いわゆる「やらされている」感覚をもたらし、仕事に対するモティベーションを低下させてしまうのです。また、自律的な仕事を求める人にとってみれば、このような報酬と罰によるやらされている行動は、そのこと自体に強い抵抗をもたらすことになり、結果として組織的な力は低下してしまうことになります。

2つ目に組織文化による行動のコントロールは、不確実な環境において効果を示します。組織活動はいつも想定された状況での行動ばかりではありません。たとえば、顧客への対応をとっても、顧客1人1人の対応は異なってきます。そのため、マニュアルによるコントロールは不確実性が高い状況ではなかなか役に立ちにくくなります。価値観や信念は、マニュアルよりもずっと柔軟な行動の基準となります。環境や状況が複雑に不確実なものになるほど、このような価値や信念を基準とした行動のほうが柔軟に適切な行動をとることができるようになります。

マニュアルにはないような顧客対応のケースでは、より上位の権限のある人物が判断する必要がありますが、毎回毎回小さな状況の違いでも判断を仰いでいては、上位者もその人も仕事になりません。しかし、顧客の要望を何より大事にするというような価値観があれば、その基準をもとに行動を当事者が決めていくことができます。

また組織文化には、ある方向へのコントロールだけでなく、モティベーションを高める機能もあります。なぜなら、組織文化が共有され、

ほとんどの組織メンバーが同じ価値観や行動規範、あるいは意味システムを持つ中で活動することは、互いに気心が知れ、居心地が良いことが多いからです。誰もが、自分と同じような価値観を持つ人には親近感が湧くでしょう。そして、このような組織文化による動機づけは、給与や昇進といった報酬による動機づけに比べて良さもあります。

1つは、先ほどと同様に、環境や状況が不確実な中で働いている人への動機づけです。環境や状況が不確実だと、適切な行動の判断が難しくなります。つまり、何が適切な行動なのかがわかりにくくなります。そのため、報酬を与えるために必要な公正な評価が難しくなるのです。

2つ目の良さは、報酬は、給与であれ昇進であれ、使える資源に限りがありますが、組織文化にはそのような資源の制約がない点です。組織の中に報酬に使える予算やポストに限りがなければよいのですが、実際は予算やポストには限りがあります。つまり、その報酬を与える人を限らなければならず、モチベーションが上がる人が限られることになります。

一方、組織文化は等しく組織のメンバーに影響を与えることができるため、その制限がありません。組織文化は、単に人々の行動を揃える機能を持つだけでなく、組織文化によって積極的な行動を引き出す、動機づけの機能も併せ持っているのです。

2 組織文化をマネジメントする

組織文化をマネジメントするうえで、リーダーは重要な役割を果たします。しかし、第5章で説明してきたリーダーには、あまりそのような側面は見当たらなかったと思います。それはリーダーに与えられている役割が大きく異なるからです。

第5章で触れてきたリーダーは、組織によって示された課題をメンバーを使ってより効率的に、より高いレベルで達成することがリーダーとしての課題になります。マネジャータイプのリーダーといってもよいかもしれません。このようなリーダーは、基本的には自分の権限に基づ

く、いわゆる外的な報酬によってメンバーを動かしていくだけでなく、部下の満足度などの内的報酬を含む社会的な交換関係を手段としてリーダーシップを振るうことから、交換型リーダーと呼ばれます。

一方、トップマネジメントからの課題をこなしていくだけでなく、これまでの考え方とは異なる組織を作り出すようなリーダー、あるいは組織のために自己利益を超越して行動することをメンバーに啓発し、絶大な影響を与えるリーダーを変革型リーダーあるいはカリスマ型リーダーと呼びます。これまでの価値観や信念を変え、新しい組織文化を形成したり、組織を一から構築したりするようなリーダーのことです。

前者は主に、ミドルレベルのリーダーを念頭に考えられ、後者は社長やCEOといったトップリーダーを念頭に考えられています。どちらも、ここまで説明してきたような価値観や信念を用いて、組織を変革あるいは大きくしていくリーダーです。

2-1　変革型リーダー

変革型リーダーの行動の特徴は、次の6つの点に整理することができます。

1つ目は、戦略的ビジョンを持ち、それを浸透させることです。組織や部署の魅力ある将来像やビジョンを提示するだけでなく、やはりそれを自分の部下たちに浸透させることも含めて行うことが大事になります。そのためには、戦略的な課題を提示することや、目標を明確にすることなど、焦点をはっきりさせることが必要です。曖昧な夢やビジョンを提示するだけでは、変革には至らないのです。

2つ目に、環境探査・理由づけをすることです。ミドルマネジャーだけでは組織の変革は成し遂げられません。そのためには、組織内の状況を注意深く観察し、自らがめざす変革の持つ意味を考えることが必要になります。組織には同じ内容であっても、響きやすい言葉や効果的なアプローチがあります。組織を動かすためのツボをうまく見つけることが変革型リーダーには求められるのです。

3つ目は、実験的試行の促進です。ビジョンが絵に描いた餅では、変

革が起こりません。そのためにビジョンに合った試行を促し、具体的なプロジェクトを立ち上げるなど、実際にビジョンを実行に移すことが大事になります。このとき、自らもそのリスクを背負う覚悟が必要になります。また、自分の得意な領域といった特定の分野だけに固執せず、広い視野を持つことが大事になります。なぜなら、特定分野だけを視野に入れた試行では、孤立化してしまう恐れがあるからです。

　4つ目に、このような実際の行動において、極限を追求し持続させるような厳しい態度が必要になります。変革は多くの組織内の抵抗に遭い、順調には進まないことが普通です。それらの抵抗に屈することなく、変革に必要な努力を持続させることが必要になります。そのためにも、組織メンバーに対して、忍耐強く、持続的に緊張感を醸成していくことが必要です。

　5つ目は、フォロワーの育成を行うことです。大きな変革は１人ではできません。また、簡単には変革が実現できません。そのためにも、それらの抵抗に負けないフォロワーを育成することが必要になります。そのためには、各フォロワーに対するリーダーの個人的な配慮や育成する姿勢が重要になります。

　6つ目に、より大きな変革の実現のためにも、コミュニケーションやネットワークづくりが重要となります。変革は組織から与えられた権限だけでは実現できません。それを超えて、組織内のさまざまな人々と人的ネットワークを作り、力になってもらう必要があります。

　逆説的ですが、組織を変革するリーダーは強いビジョンや価値観も必要ですが、それだけでは組織の中で孤立化してしまい、変革が実現できなくなります。孤立化せずに変革を実現するためにも、部下の育成やネットワークといった関係づくりが同時に大事になってくるのです。

2-2　カリスマ型リーダー

　カリスマ型リーダーは、創業者や起業家などに見られます。また、政治家や歴史的な偉業を成し遂げた人物に見ることができます。カリスマ型リーダーは、自らの個人的能力で課題の必要性と価値の高さを感じさ

せ、それによって組織メンバーを変化させていきます。

　俗に「この人のためなら、たとえ火の中水の中」といわれますが、まさにカリスマ型リーダーはこのような感情をフォロワーに感じさせ、事を成し遂げていくのです。このようなカリスマ型リーダーの特徴は、5つあるといわれています。

　1つ目は、やはりビジョンや将来像を持っていることです。しかしこのビジョンや将来像は、今よりも良い未来を示す理想化された目標でなくてはいけません。この理想化された姿と現実の姿の差が大きいほど、メンバーはそのビジョンに大きさを感じることになります。

　2つ目は、リーダーがこのビジョンを具現化する能力があることが必要となります。絵に描いた餅にならず、この人についていけばビジョンが実現できると思わせるような、実際の実行能力があることがカリスマ型リーダーには必要となります。

　3つ目に、この理想化されたビジョンに対して果敢にリスクに挑むことが特徴です。ビジョンを実現するのは行動です。現実と乖離したビジョンを実現するためには、リスクを伴うことがほとんどです。このようなリスクにもひるまず挑む行動力が必要になります。

　4つ目は、環境上の制約やフォロワーのニーズに敏感であることが大事です。ビジョンの実現には、それが並外れていればいるほど、多くの人の力が必要になります。しかし、並外れたビジョンであればあるほど、人々から孤立化してしまう危険性も持ちます。そのためにも、周りに目を配り、人々がついてくるように気持ちを割くことが必要になります。

　そして5つ目に、予想外の行動をとることが特徴として挙げられます。多くの人の力を集めるためには、人々の驚きと称賛を得て、特別な人とならなければなりません。一見、無理だと思われることや驚くような発想の行動をとり、それが成功に結びつくことで人々から特別なリーダーであると認められ、ビジョンを実現することができるようになるのです。

2-3　リーダーによる定着のマネジメント

　では、改めてこれら変革型リーダーやカリスマ型リーダーをはじめとするリーダーが、組織文化を定着させていくメカニズムを具体的に見ていきましょう。

　すでに述べたように、リーダーが組織文化を定着させるためには、リーダーによる組織文化の定着の段階と、それを受けて組織内で強化されていく段階の2つがあります。

　まず、リーダーによる定着の段階では、リーダーが自分の信ずる信念や価値観をメンバーに伝達する段階です。すでに述べたように、直接語るような行動よりも振る舞いそのものが定着においては大事になってきます。リーダーの振る舞いにリーダーの価値や信念、あるいは基本的前提が反映されていれば、それは徐々にメンバーに伝わっていくことになります。具体的にはシャインが整理した表6-1のような行動が挙げられます。

　たとえば、組織における重大な局面でのリーダー行動は、多くのメンバーが注目する行動であり、そこでの振る舞いが信念や価値観につながるものであれば、メンバーはその信念や価値観を理解し、共感することになります。リスクがあってもチャレンジするという価値観を口にしながらも、重大な局面で保守的な行動をとってしまえば、メンバーはリーダーの信念や価値観に共感できなくなります。率先して信念や価値観を体現するからこそ、メンバーはリーダーの信念や価値を受け入れていくのです。

　また、さまざまな決断や判断の際の基準も重要になります。たとえば、予算の配分やメンバーの抜擢や評価などから、リーダーの考えていることをメンバーは推し量ります。なぜなら、どのようなことに予算を使っていくのか、どのような人を抜擢していくのか、どのような行動を評価し、どのような行動を評価しないか、といったさまざまな行動の基準に、リーダーの価値や信念が反映されるからです。

　たとえば、リスクがあってもチャレンジするという価値観を定着させようとしても、リスクをとってチャレンジしたが失敗した人に対して低

第6章　ベクトルを揃える　　137

表6-1 リーダーが文化を定着させるメカニズム

主要な定着のメカニズム	二次的明文化および強化のメカニズム
・リーダーが定期的に注意を払い、測定し、管理していること ・重大な事態や組織存亡の危機にリーダーがどのように反応するか ・リーダーが限定的な資源を割り当てる際に観察される基準 ・入念な役割モデル、指導、コーチ ・リーダーが報酬、地位を与える際に観察される基準 ・リーダーが組織のメンバーを募集、採用、昇進、退職、解雇する際に観察される基準	・組織の設計、構造 ・組織のシステム、手順 ・組織内の作法、しきたり ・物理的空間、外観、建物の設計 ・人々や出来事に関する話題、語り草および逸話 ・組織の哲学、価値観、信条に関する公式の声明

出所:シャイン(2004)p.100。

い評価を下したり、リスクのあるプロジェクトに予算をあまり配分しなかったりすれば、なかなかメンバーはリスクをとってチャレンジしようとは思わなくなります。

　多くの企業では、「社長賞」のような、企業に大きな貢献をした事業やプロジェクト、従業員を表彰する制度を持っていますが、「大失敗賞」という表彰制度を持っている企業もあります。これは事業として成功はしなかったけれども、リスクを負ってチャレンジした人やプロジェクトに対して与える賞です。このような賞があることで、従業員はこの組織のトップが大事にしている価値や信念を理解し、共感することにつながるのです。

　次に、リーダーの振る舞いに一貫性がある場合、この価値観や信念を浸透させるうえで、これらの価値や信念が明示化され、繰り返し組織メンバーに意識させる強化の仕組みが必要となります。それが、二次的明文化および強化のメカニズムです。このような明文化ならびに強化の仕組みを作ることで、リーダーが組織を去ることがあっても、新しい組織メンバーに組織文化を伝えることが可能になります。

　たとえばトヨタ自動車では、創業者の言葉を社訓とした「豊田綱領」、

パナソニックでも創業者の松下幸之助による社是があります。これらの言葉は創業者が発したものですが、明文化することで、創業者が組織を去った後も組織のメンバーにその言葉を伝えることが可能になります。

　また、このような言葉は単に明文化されるだけでなく、社歌という形で折に触れて歌われたり、朝礼などで唱和されたりしながら、新しい組織メンバーに伝えられることになります。このようにして、創業者の価値や信念が二次的に組織メンバーに共有されていくことになります。

　あるいは、物語や英雄譚、語り草といったエピソードとしても伝えられることになります。たとえば、松下幸之助の有名な逸話に熱海会談での演説があります。

　1964年当時、松下電器産業（現パナソニック）は不況により経営危機に瀕していました。出てくる新しい商品もあまり売れず、販売店や代理店には松下電器に対する不満が蔓延していました。そこで、松下幸之助は、販売店や代理店の人々を集め、熱海で会議を行ったのです。販売店や代理店からの不満や不平が述べられる中、松下幸之助はのちに熱海演説と称される演説を行います。それは、松下電器の責任を認め、販売店や代理店への感謝と自社の改革を進める熱烈な演説でした。これにより販売店や代理店と松下電器の関係は好転し、苦境を乗り切っていくことになります。

　この演説と熱海会談の逸話からは、松下幸之助が大事にしていた、販売店や代理店と手を携えて発展していこうという共存共栄の精神が伝わります。このようなエピソードが組織内に残され、伝わることを通じて、創業者の価値や信念が後のメンバーにも伝わるようになるのです。

　また、組織の設計や組織における作法といった形でも、価値や信念は組織メンバーに伝えられることもあります。日本人がお辞儀を深々としたり、目上の人に対しては敬語を使うのも、日本人の持つ価値や信念の1つの例ですが、親や学校の先生などの年長者からこのような礼儀を、身をもって伝えられることで、価値や信念が自然と伝わるようになります。

　これ以外にも、評価制度や組織の外観やオフィスのレイアウトなど、

さまざまな形で、価値や信念は明示され、二次的に伝えられるようになります。リーダーは、自分で価値や信念を直接伝えるだけでなく、理念や社是といった明文化、あるいは制度や仕組みの中に価値や信念を埋め込むことによって、新しいメンバーに組織の価値や信念を伝えることが可能になるのです。

　このような組織文化の定着は、確かに創業時に行われることが多いと思われますが、必ずしも組織が創られるときばかりとは限りません。新たに経営トップが就任するときや、大きな組織変革を行うときなどでも、組織文化の定着が行われることがあります。

　リーダーは、新しい価値や信念を生み出す存在でもありますが、このようにさまざまな方法で定着させることも重要な役目となります。創業者の持つ価値や信念が組織メンバーに浸透し、定着することで、それは組織の中で共有された価値や信念、意味システムとなり、組織文化が創られていくのです。

Column　エクセレント・カンパニー

　トム・ピーターズとロバート・ウォーターマンによる『エクセレント・カンパニー』は、これまで世界で最も売れたビジネス書といわれ、この本に書かれた彼らの主張は大きく取り上げられることになりました。

　彼らは、独自の選定基準から、43の超優良企業を選び、その特徴をインタビューなどの定性的調査から浮かび上がらせました。その特徴は8つ挙げられ、それらは、①行動の重視、②顧客への密着、③自主性と企業家精神、④人を通じての生産性向上、⑤価値観に基づく実践、⑥基軸から離れない、⑦単純な組織と小さな本社、⑧厳しさと緩やかさの両面を併せ持つ、というものでした。

　そして、これらの中で最も中心的な特徴は、価値観に基づく実践であり、企業の重視する価値観や信念がメンバーに浸透することで、メンバーからの高いコミットメントを引き出し、それを企業にとって望

ましい方向に向けることができる、と彼らは考えたのです。これ以降、強い組織文化が超優良企業の条件であることが多く主張されることになります。

しかし、選ばれた優良企業の基準が問題であるとする点、8つの特徴が組織上の特徴ばかりである点、またデータが二次資料などに多く依拠している点など、彼らの本への批判は出版当初からあがります。また、数年後に行われた調査では、彼らが挙げた企業の3分の1が低業績に陥ってしまいました。

そして2001年には、ピーターズ本人がデータの捏造を認め、『エクセレント・カンパニー』の主張の多くは、実績をあげているコンサルタントや著名な経営学者などとの対話の中から生まれたもので、結論ありきで書かれていたことを告白したのです。

3 組織文化の落とし穴

SF映画では、人々の考えや価値観を支配し、自由に操ろうとする悪の主人公が登場することがあります。組織の支配層にとって、組織メンバーが支配層の思いどおりに動くというのは、組織運営をやりやすい面がありますし、これまで述べてきたように、複雑な環境において人々が大きな枠を外れないで行動するためには必要な部分でもあります。

しかし、組織のメンバーがみな同じ方向を向くということは、良いことばかりではありません。また、組織をマネジメントすることができるといっても、自分たちに望ましい組織文化を自由に作れるわけでもないのです。

3-1 下位文化と対抗文化

組織文化は、ここまで説明してきたようにトップによって創られ、定着していくという側面もありますが、先に示したように、人々の日常の仕事生活の中での相互作用から自然発生的に創られる側面も持ちます。また、トップだけでなく、現場のリーダーやマネジャーの持つ価値や信

念もその部署や職場で共有されることで、部署や職場レベルでの組織文化が生まれてくることもあります。

　日本でも確かに日本の文化、つまり日本人の多くが共有する価値や信念はありますが、一方で日本の中で大阪や東京の文化のように、地域ごとに共有される価値や信念もあります。あるいは、若者文化というように、その時代の若者が持つ特有の価値観や信念もあります。

　このように考えれば、組織においても組織文化は一枚岩ではなく、複数の文化が形成されることがあります。このような1つの文化の下にある下位の文化を下位文化と呼びます。

　組織の中で典型的に起こる下位文化は、職能別組織における職能による下位文化です。たとえば、営業部門は営業目標の達成や市場における位置といった市場での目標を重要な指標だと考えることが多いですが、製造部門は技術や経済的なもの、つまり新しい技術の開発やコストダウンといったことを目標に置くことが多くあります。あるいは、営業部門や製造部門は短期的な目標を置きますが、研究開発部門は長期的な目標を置くことが多くあります。これはどれもその職種の持つ特徴やそれによる環境の見方によって形成されてくるものだと考えられます。

　明治維新から太平洋戦争の敗戦まで、日本は陸軍と海軍を持っていましたが、双方の価値観や信念は、同じ日本軍でありながら大きく異なっていました。また、先に挙げた若者文化のように、企業においても世代や階層によって考え方や価値観が異なることは少なくありませんし、それによって衝突が起こることもあるでしょう。

　あるいは、全体として文化の有り様は変わりなくても、ある階層の下位文化が消極的であることが、組織全体の業績に影響してしまうこともあります。たとえば、強いチームは補欠が強いとよくいわれます。それは補欠の能力が高いだけでなく、レギュラーの地位を脅かそうというモティベーションが高いことが、レギュラーのモティベーションを高めるからでもあります。ですから、レギュラーメンバーの価値観には変わりがなくても、補欠メンバーが常に向上をめざすような価値観を持っているのか、現状維持で構わないような価値観を持っているかによってチー

ムの業績が変わってしまうことがあるのです。

　下位文化には、企業の業績にも影響する看過できない下位文化もあります。端的にいえば、企業の組織文化に反対する文化です。つまり、組織のやり方や考え方にとかく反対するという文化です。これを対抗文化と呼びます。このような対抗文化は、マネジメント層にわからないように形成され、さまざまな形で生産性や効率性を妨げ、組織の成果に悪影響を及ぼします。

　たとえば、第3章で取り上げた科学的管理法のようなマネジメント手法は、次のようなメカニズムで対抗文化を形成させてしまいます。

　科学的に分析されたマニュアルに沿って働くことを要求する科学的管理法では、自己実現の感覚は減り、成功よりも失敗したことを強く意識させ、短期的な時間の見通しにさせていきます。そのことは、個人を、組織全体よりも自分を中心とした仕事を優先させるようにしていき、組織との葛藤や対立、敵意を生むようになります。組織のメンバーがこのような感情や意識を持つようになっていく結果、マネジメント層に敵対的なインフォーマルな対抗文化が形成されていくのです。

　このような対抗文化がやっかいな点は、組織が組織文化を強めれば強めるほど、自分たちの価値が脅かされるため、それに敵対する文化は強くなりがちであることです。また、マネジメント層は対抗文化の存在に気づかないため、自分たちが推進する組織文化が徹底できていないと考え、より組織文化のマネジメントを強めようとします。そのことはいっそう反発を招き、対抗文化を強くしていくことになってしまうのです。

　そのため、組織の管理体制を強化してもなかなか能率が上がらない場合には、このような対抗文化が形成されていることをマネジメント層は考えなければなりません。対抗文化が形成されているにもかかわらず、従来の管理を強化していけば、当然ながら、さらなる反発を受け、能率は下がってしまいます。

　もし対抗文化が形成され、能率が低下しているような場合には、たとえば、メンバーを意思決定に参加させたり、メンバーを信頼したりするような行動を通じて、メンバーの成長を促していくようなマネジメント

に転換するなど、別のアプローチで能率を上げていく必要があります。

3-2 変わることの難しさ

　組織文化のもう1つのデメリットは、組織文化が変わりにくい性質を持っていることに由来します。私たちの性格がなかなか変えられないのと同じように、組織文化は簡単には変わらないため、環境などの変化にすぐに適合するような文化を形成することが難しく、一時的に好ましくない文化で活動をしなくてはならない点です。

　たとえば、日本市場では技術的に性能が良い製品のほうが優れた製品であるという価値観で問題なく経営ができていても、アジア市場では性能的には新しくなくとも価格が安いほうが売れることがあります。逆にいえば、技術的・性能的に優れていても、安価でないために全く製品が売れないということが起こるのです。

　このようなとき、本来は技術開発部には技術性能よりまず価格が大事であるという価値観で開発を行ってもらう必要がありますが、このような価値観へと変えていくのは難しいことがあります。なぜなら、組織メンバーにとって組織文化は当たり前の価値観であるため、なかなか自分たちの文化が間違っていたと考えることに至らないからです。

　結果的に、強い組織文化を持っている組織では、たとえ環境が変化し、これまでの価値観や考え方では通用しなくても、新しい組織文化に対する抵抗が起こり、新しい組織文化を受け入れること、つまり組織文化が変わることが難しくなるのです。

　また、組織文化が変わるためには、新しい環境に適合した新しい価値観や考え方に気づく必要がありますが、強い組織文化を持つ組織では、このような新しい価値観や考え方が生まれにくく、そもそも新しい組織文化が生まれにくいともいえるのです。

　組織文化は、簡単に変わらない部分だからこそ、組織の強みであるわけですが、環境が変化し既存の組織文化が時代遅れになってしまったときには、かえって組織の弱みになってしまうのです。

　また、組織文化が変わりにくいことは、異なる組織文化を持つ組織が

協業するような場合に問題を引き起こすことがあります。たとえば、合併などでこれまでそれぞれ活動をしてきた２つ以上の異なる組織文化を持つ組織が一緒になった場合、新しい組織では２つの組織文化が共存することになります。２つの組織文化が親和的であればよいですが、２つの組織文化の間に葛藤が起こるとき、問題を抱えることになります。

　私たちは、なかなか自分たちが正しいと思っていることを素直に変えることができません。ゆえに、自分たちが間違っているのではなく、相手が間違っていると考えがちになり、そこに対立的な問題が起こります。これは、生産部門と営業部門といった異なる下位文化が形成されたケースでも起こります。

3-3　組織文化の個人への影響

　組織文化が強いことが、個人への悪い影響をもたらすこともあります。組織文化が強い組織では、すでにいる組織メンバーが、新しい組織メンバーと組織文化を共有しようと試みます。体育会系の部では、伝統ということで封建的な組織文化が強くあることが少なからずあります。このような組織文化を持つ部では、上下関係が厳しいため、新しく入ったメンバーは、すでにいる先輩メンバーに対して、礼儀正しさであったり、従順さであったりを求められます。

　このような封建的な組織文化は、必ずしも悪い効果だけをもたらすわけではありませんが、そうでない「部活文化」で活動してきた人々に対しては、強い葛藤をもたらし、活動へのモティベーションを著しく下げてしまいます。封建的で厳しい部活では、新人が多く辞めてしまったり、そもそもそれを知って入部しなくなることもあるでしょう。

　このように組織文化は、その価値観と異なる価値観を持った人々にとっては、とても居心地が良くないものとなってしまうのです。また、自分と異なる価値観に対して対立的にならなくても、このような組織文化に対して価値観を信じている「ふり」をすることもあります。このような人々は、組織の価値観を信じている人々に対して、冷笑的つまり冷ややかな目で日々の活動を行うこともあります。

このような人々が多くなってくれば、一見、みんなが組織の価値観を信じ、一丸となっているように見えて、実は全くそうでなかった、ということが起こっていることになります。こうなると、組織文化を共有する層とそうでない層の間に断絶が起こり、組織は十分に機能しなくなってしまいます。

　また、組織文化を共有することで、組織メンバーは強いモティベーションを持つことになります。これは、周囲も同じ価値観を持つことで、自分たちの行っていることの価値を強く感じ、より活動に動機づけられていくのです。そのため、強い組織文化を持つ組織では、しばしば熱狂的に組織の活動に動機づけられることがあります。

　もちろん、それは組織文化の利点でもありますが、一方で価値に対して熱狂的に動機づけられることは、限度がないためにメンバーが燃え尽きる可能性があり、熱狂的であればあるほど、持続的でないこともあります。

考えてみよう

日本企業によく見られる社歌や朝礼、スローガンなどは組織文化の浸透あるいは組織メンバーの行動においてどのような意味を持つでしょうか。考えてみましょう。

調べてみよう

企業における組織文化を浸透させる取組みには、どのようなものがあるでしょうか。組織文化を浸透させると考えられる企業のさまざまな取組みを調べ、その効果について考えてみましょう。

CHAPTER 7

より良い意思決定を行う

　組織は「2人以上の人々による、意識的に調整された諸活動、諸力の体系〔システム〕」だとすると、その人間による諸活動がどのようなものであるか、どのようなものにするのか、ということが重要になります。ここまでの章では、その考え方について述べてきました。

　しかし、最終的には組織の中の人々が何かを決めなければ、組織は活動していきません。ですから別の言い方をすれば、組織とは意思決定によって動きだすといえます。そう考えれば、組織においてより良い意思決定をすることが、より良い組織活動につながるともいえるのです。間違った意思決定の下で、多くのエネルギーを割いても、生産的ではありません。この章では、意思決定について考えていきます。

1 最適化による意思決定とバイアス

　選択肢の中から一番良いものを選ぶ、これが意思決定の基本的な考えであり、最適化による意思決定と呼ばれます。しかし、さまざまな理由から最適化による意思決定の実現は、現実には難しいことがほとんどです。その大きな理由の1つが情報にかかわるものです。

　私たちは最適な意思決定を行うためには、すべての情報を知ることが必要になりますが、意思決定にかかわる情報をすべて知ることは現実にはきわめて難しいことです。また、そればかりか偏りのない情報を得ることや偏りのない情報処理を行うことも同様に難しいことです。

1-1 組織における意思決定

　組織において良い意思決定はどのようにしたらできるのでしょうか。もし私たちが全知全能であったなら、次のような形で最も良い意思決定ができるはずです。

　まず、①意思決定の課題に対する案がすべて目の前にあり、②その選択肢は実施されるとどのような結果が起こるかも示されており、③意思決定をする私たちはその選択肢に一定の基準をもって順位をつけることができ、④そのうえで、最も好ましい結果をもたらす選択肢を選択します。

　ありうべき選択肢の中から最適な選択肢を選ぶという点で、最適化モデルと呼ばれます。これは間違いなく最も良い意思決定のあり方です。

　しかし、こうありたいと願ったとしても、現実の私たちはたとえ結婚や就職などの人生の最も大事な意思決定であっても、あるいは今日のランチメニューのような簡単な意思決定であっても、このような意思決定ができることはほとんどありません。なぜなら、私たちは全知全能ではないため、すべての選択肢を並べることもできなければ、その選択肢がもたらす結果を正しく予測することもできないからです。実際は、限られた情報の中で最適化モデルのように選択肢を選び、比較しながら限られた中での最適化を満たしていくことが普通です。

　ある程度制限された中での最適化モデルであっても、おおよその意思決定のプロセスは図7-1のように示すことができます。

　このプロセスにおいて重要な点は、問題の特定です。なぜなら、問題をきちんと特定しなければ、選択肢を評価する基準が定まらないからです。たとえば、車を購入するという問題を特定しても、それが何のために使われる車であるのかが特定されないと、実際の車の購入の意思決定は難しくなります。

　つまり、何にとって最適であるべきか、という点が明確にならないために、意思決定をする際の基準が決まらないのです。たとえば、通勤のために車が必要なのか、あるいは週末に家族でドライブに行くために必要なのか、その用途によって選ぶ車は異なってきます。問題が定まら

図7-1 意思決定のプロセス

出所：ロビンス（2014）p.94。

ず、基準も定まらなければ、当然ながら良い意思決定は望めなくなってしまいます。

1-2 ヒューリスティックスと意思決定におけるバイアス

また、最適化による意思決定は、たとえすべての選択肢を検討しなくても、探索や評価に時間がかかってしまいます。そのため、このような意思決定のプロセスにおいて、私たちはこのプロセスを簡単にするために、つまりは処理する情報を減らすために、ヒューリスティックス（［発見的］問題解決法）を用いることがあります。

たとえば、よく行くレストランであれば、この店ではこれを食べようと決めて、あまり考えずにメニューを選ぶことができます。これは、過去の経験から意思決定のプロセスを省略できるからです。

たとえ自分が初めて出くわす意思決定であっても、私たちは過去に同じような意思決定をしたことがある人に尋ねるなどして、ヒューリスティックスを用いようとすることもあります。たとえば車を初めて買うときには、車を買ったことのある人に尋ねることで、どのようなことに注目したらよいか、どのようなことは考えなくてよいかがわかり、意思決定のプロセスはより短く、正確になります。

ヒューリスティックスは、複雑で不確かで曖昧な情報を理解するときに役に立つのです。将棋の棋士は、1つの局面で何千通りもの指し手を読み、最善の手を選ぼうと考えます。最善の手を選ぼうと思えば、可能性のある指し手を1つ1つ検討していかなければなりません。将棋には持ち時間がありますから、こうなると、思考の処理速度が速い若い棋

士のほうがベテランの棋士よりも有利になります。

　しかし実際は、処理速度が速い若い棋士が常に勝つわけではありません。ベテランの棋士は、過去の経験から、最初から考える必要のない選択肢を削り、最初の段階で有効な指し手に絞って読んでいるそうです。もちろん、過去の経験から削った選択肢の中に有効な指し手があるかもしれませんが、このように経験から選択肢を絞ることで、処理速度の速い若手に対抗しているのです。

　しかし、このヒューリスティックスはいつでも信頼できるとは限りません。いつものつもりで簡単に決めて、後になってからあのとき、もう少し考えていればよかったという失敗をしたことはないでしょうか。なぜならヒューリスティックスは、過去の経験情報を処理して評価するときに、過ちとバイアスを伴うことがあるからです。

　このようなヒューリスティックスには2つの種類があります。1つは、便宜的なヒューリスティックス、もう1つは、類型的なヒューリスティックスです。

　便宜的なヒューリスティックスとは、身近にある特定の情報をもとに判断するようなヒューリスティックスです。たとえば、メニューを選ぶときに、「この前Aさんがここであのメニューを食べてすごくおいしいと言っていたな」という記憶から、そのメニューを選ぶようなことが便宜的なヒューリスティックスです。

　最近起こった出来事や印象的な出来事は、この便宜的なヒューリスティックスに用いられやすいことです。私たちは長期的な業績評価を決める際にも、ずいぶん前の行動よりも直近の行動を重視してしまう傾向がありますが、これも便宜的なヒューリスティックスが作用しているといえるかもしれません。

　類型的なヒューリスティックスは、過去のパターンに当てはめることで判断するヒューリスティックスです。たとえば、私の友人は、関西出身だという理由だけで、いろいろな歓迎会で盛り上げ役を勝手に命じられて、困ったと言っていたことがあります。その背景には、「関西の人は面白いから」というような類型があったからだと考えられますが、関

西にも当然盛り上げるのが得意な人もいれば、そうでない人もいます。

　ビジネスの世界でも、新しい製品の販売に関しても、過去に似たような製品があれば、それと重ね合わせてさまざまな判断をしてしまうことがあります。このようなヒューリスティックスを用いた意思決定は、過去の経験から情報処理を省略し、簡便にスピーディーに意思決定をすることができるという点で優れた方略ではありますが、一方で偏りが生じることもあり、時に無意識のうちに誤った意思決定をサポートしてしまうこともあるのです。

　もう1つ、意思決定の偏りを無意識に起こしてしまう要因として、コミットメントによるエスカレーション現象があります。これは、一連の意思決定を行うような際に起こりがちな現象です。コミットメントのエスカレーション現象とは、マイナスの情報があるにもかかわらず、前の意思決定に引っ張られて抜き差しならなくなってしまうことを指します。これは多くの人間が自分の意思決定の正しさを次の意思決定で明らかにしようと考えがちであることから起こります。

　たとえば、新規事業に投資してあまり成果が出ないにもかかわらず、その新規事業にさらに追加投資を行い、より多くの損失をこうむってしまうようなケースがあります。

　特に、リーダーやマネジャーにおいては、首尾一貫した行動や方針を持つことは有能であることの1つの要素であると考えるために、一貫した行動の正しさを示そうと冷静な判断なしに過去の意思決定を後押しするような意思決定を行ってしまうのです。もちろん、本当に優れたリーダーは、固執したほうがよいのか、そうでないほうがよいのかをきちんと見極めることができることはいうまでもありません。

　コミットメントによるエスカレーション現象は、個人においても起こります。たとえば、音楽や芸術、あるいは法律や会計などの特定の分野の専門性を磨くのに時間や金銭をかけてきた人は、それを活かさなければもったいないと考えがちです。

　もちろん、それぞれの分野で専門性を活かす仕事をしたいというのであれば問題ありませんが、学校などに通っている間にだんだんと当初の

やる気がなくなってきたり、別の分野に興味が出てきたりしているにもかかわらず、それまでの投資を無駄にしないために1つの分野に固執することは、大きなキャリアの不満を将来に抱えてしまうことにつながるかもしれません。

　このようなヒューリスティックスとコミットメントのエスカレーションの問題は、意思決定のさまざまな部分で起こってしまう偏り（バイアス）であるということができます。たとえば、便宜的なヒューリスティックスは、身近な情報や印象的な情報を高く評価してしまうという偏りにつながりやすいといえますし、類型的なヒューリスティックスは類型で捉えるがゆえに、似たような状況や情報を意思決定において取り上げがちになる偏りにつながりやすいといえます。

　また、コミットメントのエスカレーション問題は、過去の判断や過去の意思決定を否定する情報を受け入れにくい、あるいは過去に投資したコストにとらわれやすいというバイアスと関係しています。全知全能でない限り、すべての情報は入ってきませんが、限られた情報には偏りがあることが少なくありません。

　間違った情報、偏った情報をもとになされる意思決定は、当然ながら間違った、偏った意思決定につながります。あらかじめ情報に偏りがあることがわかっていればよいのですが、実際はさまざまなところに情報が偏る要素があるのです。

2 満足化による意思決定とプログラム

　私たちは日常の意思決定をすべて最適化モデルで行っているでしょうか。それ以外の意思決定のあり方はないのでしょうか。また、全知全能でないとすれば、どのような考え方で意思決定をすることが合理的だといえるでしょうか。

2-1 制約された合理性モデル

　その1つのモデルがジェームズ・マーチとハーバート・サイモンに

図7-2 制約された合理性モデル

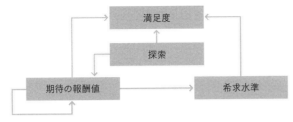

出所:マーチ／サイモン(1977)p.76。

よって示された「制約された合理性モデル」です。制約された合理性モデルでは、意思決定を行う人は、常に知識、学習能力、情報、記憶などの点で制約を受けていると考えます。

つまり、①意思決定のための代替案は限られたいくつかの代替案でしかなく、②ごく少数の代替案についてすらその将来の結果の一部を予想することしかできず、③その代替案の評価も、一貫した評価基準で正確に評価することはできず、必ずしも比較評価するための不変の評価基準を持っているわけではない、という状態になります。

では、このような中ではどのように意思決定がなされるのが合理的だというのでしょうか。最適化モデルが最適な意思決定をめざすのに対し、制約された合理性モデルでは、満足する意思決定を考えています。

制約された合理性モデルでは、意思決定に関する情報は限定的です。同時にすべての選択肢の比較ができませんから、選択肢の評価は逐次的に行っていきます。つまり、代替案ごとに意思決定が行われることになります。図7-2を用いて、説明していくことにします。

制約された合理性モデルでは、まず意思決定をすべき課題が発生すると解決案が探索されます。たとえば、ランチメニューを選ぶことを考えてみてください。メニューを見て、ラーメンに目が行くとします。それから、ラーメンが自分にもたらす期待される効用を考えることになります。つまりは十分におなかを満たすか、あるいは量が多すぎないか、値段はどうか、おいしそうかどうか、さまざまなことを考え、満足できれ

第7章 より良い意思決定を行う

ばラーメンを選ぶことになります。

　もし、いろいろ考えてラーメンでは満足できないとなれば、続いて別の選択肢を考えることになります。満足を得られない場合には、さらに新しい選択肢を探すことになります。そしてそれでも選択肢が見つからないときは満足の基準を下げることになります。もしラーメンに満足できなければ、メニューにある別の料理を選択肢として考えるか、満足するものがなければ、基準を下げてラーメンで満足すると考えるかということになります。こうして自分の満足の基準を満たす選択肢が見つかり、意思決定が行われるまでこのサイクルを回していくのです。

　すでにわかるとおり、この限定された合理性モデルでは、最適をめざして意思決定はされません。その代わりに満足が基準となります。そのため、この限定された合理性モデルは、満足化モデルとも呼ばれます。

　繰り返しになりますが、満足化モデルでは、選択肢に満足したところでその選択肢が選ばれ、意思決定がなされます。そのため、他により良い選択肢があったとしても、先に選ばれた選択肢が満足の基準を満たしていれば、その選択肢が選ばれることになります。つまり、限定された合理性モデルでは、その意思決定は探索に大きく依存することになります。

　つまり、選択肢をどのような観点から探索し、どのような方向で探索するかによって、選ばれる解が異なってくるのです。

Column　選択バイアス

　意思決定において合理的に振る舞おうと思っても特定の方向に偏ってしまうのは、意思決定におけるさまざまな偏りによることが少なくありません。つまり、合理的なプロセスを踏んでいたとしても、そこで検討される情報そのものが偏りのあるものであれば、当然ながら意思決定は歪んでしまいます。

　有名な次の逸話を紹介しましょう。第2次世界大戦中、アメリカは戦闘機の機能向上のため、帰還した戦闘機の弱い部分についての調査

を行い、データを集めていました。そのデータから軍部は敵の弾丸を多く受けている部分を補強すべきだと結論づけます。

これに対して、ドイツからアメリカに亡命していた統計学者であるエイブラハム・ワルドは、「それは違う、むしろ敵の弾丸を受けていないところこそ補強すべきだ」と言ったのです。なぜだかわかるでしょうか。

軍部が検討していたデータは、戦闘から帰還した戦闘機のデータでした。つまり、撃墜された戦闘機のデータは含まれていないのです。それを踏まえれば大事な部分、致命的な部分に被弾しなかったから帰還できたともいえますし、被弾したところは多少の被弾でも帰還できる部分だともいえるのです。

ですから、多く被弾したところを補強するのではなく、むしろ被弾していなかった場所こそが補強すべき場所だとワルドは喝破したのです。

このように検討するものとして、選んだ情報と選ばれなかった情報の間にある特性によって特定の誤差が生じる場合、その偏りを選択バイアスと呼んでいます。正しく意思決定をしているように見えて、検討する情報の段階で、すでに偏りが出ていることがあるのです。とはいえ、偏りのない情報を集めることは難しいこともあります。ですから、意思決定をする際には、集めた情報の特性についても考えることが重要になります。

2-2　適応行動としての制約された合理性モデル

また、最適モデルでは問題が発生したところから意思決定が始まると考えましたが、この満足化モデルから考えれば、現状と現状選ばれている選択肢が不満足であるときに、人（あるいは組織）は探索行動、つまり別の選択肢を探す行動を起こすことになります。このことを踏まえれば、限定された合理性モデルでは、単純に1つの意思決定の解決の仕方を考えるだけでなく、組織における適応についても考えることができるのです。

つまり、組織が現状や予測される将来の達成具合が、求める水準に至らないと考えれば、問題を知覚し、それを解決するために代替案を探す行動を始めることになります。達成具合と求める水準の間のギャップが大きければ大きいほど、探索活動は活発に行われるようになります。

そして、求める水準を超える成果をあげると考えられる案が発見されれば、それが実行に移され問題は解決することになるわけです。このようにして制約された合理性モデルをもとにして、企業が新しい環境に適応していくプロセスを説明することも可能になります。

少し意思決定の話からはそれますが、皆さんはこの限定された合理性モデルが、第3章で説明した人間関係論と少し異なることがわかるでしょうか。人間関係論では、人は職場や人間関係に満足していることでやる気が生まれ、生産性が高まるとされます。つまり、満足しているほど生産性が高まると考えているのです。

しかし、満足化による意思決定に基づく考え方では、不満足こそ行動の源泉になります。求める水準を高く持ち、現状に満足しないことこそが、より高い生産性への第一歩になるわけです。つまり不満足こそ、高い生産性の要因になると考えるのです。

話を戻して、このように制約された合理性による意思決定の中で、より合理的な組織にするにはどのようにすればよいでしょうか。そのことを考える前に、組織活動における意思決定のタイプについて考えたいと思います。

組織活動における意思決定は、大きく2つに分けることができます。1つは、「何をすべきか」ということを決める目標決定にかかわる意思決定（価値判断の意思決定問題）であり、もう1つは「どのようにすべきか」ということを決める手段の選択にかかわる意思決定（事実判断の意思決定問題）です。

これまでの話からわかるように、組織では一般的には何をすべきかという価値による意思決定はより組織の上層部、どのようにすべきかという手段による意思決定は、より現場レベルで行われることになりますし、そうでなければ良い組織とはいえません。

このうち、価値による意思決定は組織の目標やポリシーにかかわる意思決定ですから、しっかりと考慮したうえで意思決定がなされるべきですが、手段による意思決定は同じようなことが組織で繰り返し起こることもあります。その際に、いちいち満足化原理によって考えるよりは、あらかじめ組織として決めておくほうが組織活動はスムーズに進みますし、統一的な行動をとることができます。

　たとえば消防署では、火事の通報が入ってから出動し、消火活動を行うまでの活動はプログラム化されています。つまり、火事の通報が入ってからいちいち対応を探索し、決定していくのではなく、あらかじめ定まったやり方によって活動をしています。消防署のメンバーは、手続きや活動の手順、役割分担やルールなどいくつかのパターンを事前に把握し、その中から適切な活動を選択し、組織活動を行っていきます。そしてそのための訓練を繰り返し行っています。つまり、事前に意思決定の範囲を狭くし、スムーズな組織活動を行うことで、迅速な消火活動にあたっているわけです。

　さまざまな料理を選ぶことができるレストランでは、どうしてもメニューを選ぶことに時間がかかってしまいますが、メニューが２つしかなければ、それほど時間がかかることはありません。組織は繰り返し行われるような意思決定においては、ある程度活動のレパートリーを定め、その中から意思決定を行わせることで、意思決定における探索と選択のプロセスを短縮化させることができるのです。

　つまり、制約された合理性による意思決定から考えれば、組織はプログラムや手続き、活動の手順などをできる限りルーティン（日々のお決まりの手順や作業）化し、できる限り意思決定を単純化していくことが合理的ということになるのです。

3　曖昧さの中での意思決定

　ここまで説明してきた最適化による意思決定であっても、満足化による意思決定であっても、問題があり、それを解決するという形で意思決

定が行われていました。そして、それがより合理的になるように、さまざまな組織的な取り組みがなされる必要があると考えてきたわけです。しかし、実際の社会はもっと多義的で曖昧で不確実であることも多くあります。

　たとえば、私たちは本当に合理的な結果だけを求めて活動をするでしょうか。あるいは自分たちが何を望んでいるか、どこをめざしているかということを明確に理解しているでしょうか。そのような曖昧さの中で、私たちはこれまで示してきたような意思決定を行っているのです。

　たとえば、ランチタイムに、何を食べたいかわからず、考えているうちにどんどん変わってしまう、おいしいものも食べたいし、1人で静かに食べたいということも少なくありません。あるいは、たまたま廊下で一緒になった友人たちに連れられて食べた、というように、ランチは何にしようかという問いから探索する前に食べるものが決まってしまうこともあります。つまり、意思決定を行うためのさまざまな状況は実際には曖昧なことも少なくなく、そうなると、本当にここまで見てきたような合理的な意思決定ができるのかがわからなくなってしまうのです。

3-1　組織における曖昧さ

　このような組織を取り巻く曖昧さには4つのものがあります。それらは、意図の曖昧さ、理解の曖昧さ、歴史の曖昧さ、そして組織の曖昧さです。

　意図の曖昧さというのは、組織の目的や好みが複数の、矛盾する、一貫性のない、不明瞭である状態をいいます。こうなると、意思決定をするための最適、あるいは満足に基づいて意思決定するのが難しくなってしまいます。

　理解の曖昧さとは、何かを行った時に起こる結果が曖昧であることを指します。よく知らないメニューは、おいしいかもしれないしそうでないかもしれず、その効用が事前にはわかりません。あるいは、人の育成はさまざまな要素でなされるものですし、すぐに結果が出るわけではないので、いったい何が効果的であるのかはわかりません。

3つ目は、歴史の曖昧さです。過去に起こったことでも何が起こったのか、なぜ起こったのか、たとえ自分がやったことでもはっきりとはわからないことがあります。なぜ自分は受験に失敗してしまったのか、なぜあの商品は大ヒットしたのか、多少の説明はできますが、本当のところはなかなかわからないことがほとんどです。

4つ目の組織の曖昧さとは、組織における意思決定において、それに参加する人やその関与の度合いがバラバラであり、全員が同じ方向に向いているかどうか曖昧であることを指します。会社であっても、仕事に打ち込んでいる人もいれば家族第一の人もいます。また、意思決定を行う場に常に全員がいるとも限りません。

このように、実際の組織における意思決定は曖昧さの中で行われ、そこでは1つの意思決定がなされると、そのために1つの問題が解決されるということではなく、1つの意思決定はいくつかの問題の解決になるときもあれば、何の問題の解決にもならないときもあるということができます。

たとえば、みんなで行く旅行の目的地を決めるという機会は、場所を決める機会だけでなく、良い関係を改めて築く機会でもあるし、誰がこの仲間でリーダーシップをとるのかに気づく機会でもありますし、あるいは仲間うちの約束事を確認する機会でもあるのです。

3-2　意思決定のゴミ箱モデル

では、このような曖昧な状況において、何かしらの意思決定が行われているとすれば、その意思決定というのは、どのようになされるのでしょうか。

ここまで述べてきたような曖昧さでの意思決定を「意思決定のゴミ箱モデル」と呼び、ゴミ箱モデルが該当する組織は「組織化された無秩序」状態の組織と呼ばれます。そこでは自分たちがどのような組織であるべきかという認識が組織メンバー間でバラバラであり、どのように組織活動がなされているのかがほとんど把握されておらず、さまざまな活動において役割が不明確で、メンバーがそれぞれ勝手に活動を行ってい

るような組織ということができます。

　このような組織は、それぞれの組織メンバーが独自で動くような、専門職による組織、たとえば大学などの教育組織、研究所、さまざまなイシューを扱うことになる官公庁などで見られますが、程度によっては通常の経営組織でも、このような状態になることはあるでしょう。

　意思決定のゴミ箱モデルでは、意思決定の問題、解、意思決定を行う参加者、選択する機会がバラバラに存在し、独立していると考えます。これまでの２つの意思決定のメカニズムにおいては、意思決定をする人は決められており、問題の認識から探索、解の提示、そして最適あるいは満足な解を選択する機会へと意思決定のプロセスは進んでいきます。

　しかしゴミ箱モデルでは、これらはすべてバラバラに存在します。ですから、ゴミ箱モデルでは意思決定は必ずしも問題の解決につながるとは限らず、意思決定は偶然に依存することになります。少し具体的に考えてみます。

　たとえば、友達同士で旅行に行くケースを考えましょう。ゴミ箱モデルにおいては、さまざまな問題がこの組織に存在しています。夏休みにどこかへみんなで旅行しようという問題だけでなく、今度の飲み会はどこでいつやろうかといった問題、あるいは組織全員に共通した問題ではなく、仲間のうち数人あるいは１人が持っている問題、たとえば今度のテストの対策はどうするか、そろそろ引越しをしたほうがよいだろうか、といったメンバーの関心があることです。

　また、解も組織の中で独立してたくさん存在しています。図書館に良い勉強スペースがあるとか、北海道はラーメンがおいしいとか、新しい店が駅前にできたとか、おおよそ組織の中にあるさまざまなアイディアや考えなどは、解の候補であり、問題と結びつくのを待っているのです。

　このような状態で、場が持たれるとします。たとえば、食堂で休み時間にたまたま仲間の何人かが集まったとします。誰かが、夏休みに旅行に行くんだったらそろそろ行く所を決めないと、いい所がなくなっちゃうよ、と言い、それじゃ決めようかということで、北海道はラーメンが

図7-3 意思決定のゴミ箱モデル

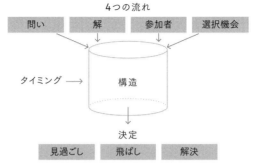

出所：渡辺(2007)p.90。

おいしいという話が旅行の行く先という問題とくっついて、夏に北海道へラーメンを食べに行くという意思決定が行われることになります。

このような経緯ですから、もし違う人が違う場所で話をしていたら、全く違う行く先になったかもしれませんし、また今度決めようとなることもあるでしょう。あるいは、そもそも夏休みの旅行先を決めようという問いかけすら起こらないかもしれません。

ゴミ箱モデルによる意思決定では、問いと解と参加者と選択機会はバラバラに存在し、その意思決定はタイミングに依存するため、必ずしも同じ状況で同じものになると限りません。問いと解と参加者と選択機会があたかもゴミ箱に無秩序に投げ込まれていき、それが何かのタイミングによって結びつき、何らかの決定がなされることから、ゴミ箱モデルと呼ばれます（図7-3）。

3-3 ゴミ箱モデルによる決定

すでに述べたように、ゴミ箱モデルによる意思決定では、解が示されることもありますが、必ずしも問題が解決するとは限りません。ゴミ箱モデルによる意思決定では、見過ごしや飛ばしといった決定がなされることも多くあります。見過ごしは、問題にそもそも注意が払われなかったり、他の問題を決める場に途中から変わってしまったりという決定を

指します。

　また飛ばしとは、問題を解決せずに先送りすることを指します。ゴミ箱モデルのような形で意思決定が行われている組織というのはあまり健全な印象を受けませんし、確かに出される意思決定も必ずしも合理的な解とはいえません。ですから組織は組織化された無秩序の状態を脱する必要があります。

　しかし一方で、ゴミ箱モデルはどんなに不確実で曖昧な状態であっても、何らかの意思決定が組織ではなされることを示してもいるのです。不確実で曖昧な状況では、問いが定まったとしても、なかなか合理的な解を探し出すことが難しいことが少なくありません。そのために延々と（満足あるいは最適な）解を探すことになるよりは、たとえ満足なあるいは最適な解ではなくとも、決定を行い、先へ進めることが大事なこともあります。意思決定を行い、行動を起こしながら、より良い解へ向かっていくことのほうが、組織にとっては良いこともあります。

4　グループダイナミクス

　ここまで1人で行う意思決定と複数の人で行う意思決定をあまり区別せずに考えてきました。しかし、個人で行う意思決定と集団で行う意思決定はずいぶん違います。1人でランチをとる店を決めるときと、みんなで決めるときでは、そのプロセスは大いに異なるのではないでしょうか。それは満足化であれ、最適化であれ、1人にとってのものと集団にとってのものでは異なってしまうからです。

　また、集団での意思決定では、最適化モデルや制約された合理性モデルの意思決定のプロセスとは異なる要素が影響してきます。ここでは、集団の意思決定の持つ特徴について考えていきましょう。

4-1　個人の意思決定と集団の意思決定

　まず、個人で行う意思決定と集団で行う意思決定の違いについて考えてみます。2つの意思決定はどちらが優れているというわけではありま

せん。それぞれに良さと問題があり、それは表裏の関係にあります。つまり、個人で行う意思決定の良さは、集団の意思決定の問題点でもあり、個人で行う意思決定の問題点は、集団の意思決定の良さでもあるのです。集団の意思決定の良さは3つあります。

1つは、集団での意思決定は参加する人が多いため、意思決定にかかわる知識や情報が必然的に多くなることが挙げられます。当然ながら知識や情報が多く集まることは、より良い意思決定につながると考えられます。

2つ目に、集団の意思決定では、解決策が広い視野から示されることが挙げられます。集団は多様な価値観を持った個人の集合です。さまざまな背景や専門を持った人が集まるほど、同じ問題に対して多様な視点からの解決策がもたらされることになります。

3つ目の良さは、決定された解決策が組織に受け入れられやすいということです。これは、多様な視点からの解決策が検討されることと、多くのメンバーによって、合意された意思決定であるからだといえます。反対にいえば、個人の意思決定の問題は、知識や情報が狭く、限定的な視点からの解決策になりがちであり、そのため、その解決策が他の組織メンバーから反対される可能性が高くなることといえます。

次に、集団の意思決定の問題点を考えましょう。集団の意思決定の問題点は、時間がかかるということです。集団のメンバーから知識や情報を集め、多様な解決策を検討し、合意することには時間がかかります。それは参加するメンバーの価値観に距離があればあるほど時間がかかることになります。そのため、合意を得るために意思決定のプロセスで妥協が生じやすく、結果的に平凡で中途半端な解決になってしまうことがあります。

一方で、反対に特定の人や少数の集団内グループが支配的になった結果、多様な解決策が出されるという集団の意思決定の良さが活かされないままに意思決定が行われてしまう場合があります。これも、多様な人の合意を得ることが難しいことから起こる結果です。

そして、責任の所在がわかりにくくなってしまうことです。多くの人

の意見や考えを反映した意思決定ほど、その傾向が強くなってしまいます。つまり、当事者意識が薄れてしまうのです。そして反対に考えれば、個人の意思決定の良さは、意思決定のスピードが速いこと、首尾一貫した考えの下に意思決定がされること、責任が明確になることが挙げられます。

4-2 グループシンク

　さて、改めて個人の意思決定と集団の意思決定ではどちらが優れているのでしょうか。スピードという点では個人の意思決定に分がありそうですが、より良い解決策を見つけるという点では、集団の意思決定のほうが異なる視点や多様な知識や情報を用いることができるという点で優れていそうです。

　しかし、「船頭多くして船山に上る」ということわざがあるように、集団ゆえに愚かな意思決定をしてしまうことがあります。たとえば、会議や話し合いで、異なる意見があっても口にできない雰囲気だったり、終了間際に議論したことが、何となく結論になってしまったりすることはないでしょうか。

　同じメンバーからなる集団であっても、集団はある状態に陥ると、このように、集団の多様な意見を黙殺したり、少数意見を軽視したりする傾向があり、そのことが誤った意思決定をもたらしてしまうことがあります。この状態をグループシンク（集団浅慮）と呼びます。

　グループシンクは、集団のある種の症状ですから、同じ集団であってもきちんとした意思決定ができる状態のときとグループシンクの状態のときがあります。集団がグループシンクの状態に陥っていると、以下の4つの兆候を示すといわれています。

- 集団のメンバーが支配的な予測や考えに反対する意見をもっともらしい理屈で説き伏せようとすること
- 多数派が望む結論に向かうように、支配的なグループが反対派や懐疑派の人々に圧力をかけること

・全員一致に見せかけるために、多少反対の意見や懐疑的な意見を持っていても、異議や疑いを述べず、むしろ懸念を小さく見積もってしまうこと
・メンバーの沈黙が全員一致の合図だと考えること

　このような兆候を示す集団、つまりグループシンクに陥っている集団では、まず、解決策を考えるための情報収集が不十分であったり、その情報の評価に偏りが出ることがあります。
　たとえば、チームが勝てない理由は、練習不足に原因があるにもかかわらず、作戦に問題があるのではないかという先入観を持っている集団では、作戦面の問題にばかり目が行き、そもそも練習内容や密度といった情報には、あまり注意を払わなくなってしまうことがあります。その結果、解決策は偏り、選択肢は少なくなります。
　また、グループシンクの症状に陥った集団では、それらの選択肢に対しても十分な評価がなされないまま、特に好ましい選択肢に対しては、リスクについての検討があまりなされないままに、意思決定が行われてしまいます。
　会議でも、何となく大勢が決まり、結論が見えてくると、その結論についてサポートする意見ばかりが集まり、反対する意見は軽視されたり、新しいアイディアはあまり検討されなかったりすることがあります。そして、それを誰も問題だと考えることもなく意思決定がされてしまうことがあります。これもグループシンクの状態といえます。
　グループシンクの状態に陥っている集団では、多様な意見が出るべきであるにもかかわらず、偏向した情報と評価によって、きわめて偏った案が十分な検討もなされずに意思決定がされてしまいます。当然ながら、これらの状態では意思決定を歪め、たとえ集団での意思決定であっても愚かな意思決定につながってしまうのです。
　では、集団がどのような状況にあるとき、グループシンクに陥りやすいのでしょうか。グループシンクに陥りやすい集団の特徴としては、集団のまとまりが良いこと、リーダーの価値観に偏りがあること、外部か

ら孤立していること、時間的なプレッシャーがあること、そして集団にはっきりとした意思決定の手続きがないことが挙げられます。

集団のまとまりが良いことは、確かに良いことですが、価値観が近いということは、裏を返せば特定の価値観に縛られやすいということでもあります。特に自分たちが有能な集団であると考える集団は、他者や他の集団を軽んじることになり、グループシンクに陥りやすくなります。

また、まとまりがあることで、異なる意見が出しにくい状況が作られやすいといえます。意思決定の際には、リーダーが中心的な役割を果たすことから、リーダーの価値観に偏りがあることは、偏りのある情報収集や評価になりやすく、グループシンクに陥りやすいといえます。

外部から孤立していることや時間的プレッシャーがあることは、情報収集に制限が生じてしまうことや偏った意見を是正することができにくいことから、やはりグループシンクに陥りやすい状況であるといえます。

経営組織における重要な意思決定は、大規模な投資など極秘に進めなければならないことが多く、また投資のタイミングなどの時間的制約も多く、それだけグループシンクに陥りやすいといえます。日常的にも、会議の時間の終わり近くでほぼ結論が出ている段階で、たとえ重要な指摘であっても、これまでの議論をひっくり返すような意見を発言することには躊躇することがあるでしょう。

最後に、はっきりとした意思決定の手続きがないことも、グループシンクに陥りやすくなります。事前に決められた意思決定の手続きがないことは、メンバーの発言がないことをリーダーが全員一致と判断してしまったり、反対意見があってもその意見を取り上げる公式な手続きがないことから、支配的な意見がそのまま全体の意見になってしまい、誤った意思決定が正されることなく集団の意思決定として取り上げられてしまうのです。

4-3 グループシフトと集団圧力

集団の意思決定には、他にも個人の意思決定には見られない集団特有の特徴があります。その1つが、集団の意思決定は、その集団の議論

のプロセスの中で作り上げられた支配的な意思決定の規範を反映するというものです。そのため、保守的なタイプの集団では、より慎重な意思決定になり、攻撃的なタイプの集団はよりリスクを冒すような意思決定になりがちです。これをグループシフト（集団傾向）、また、特にリスクをとる意思決定に寄りやすいことから、リスキーシフトと呼びます。

重大な相談を集団で持ちかけられたときと個人で持ちかけられたとき、私たちは同じようなアドバイスをするでしょうか。たとえば、医学部で音楽活動もしている友人から「せっかく医学部に入ったけど、やっぱりずっとやってきた音楽で生きていきたい。ミュージシャンになりたいので医学部をやめて、音楽の道一本でいきたいと思うけど、どうだろうか」と相談されたら、どう答えるでしょうか。

仮に、ミュージシャンになれる可能性が10%以下から80%くらいまでの間であるとしたら、何パーセントくらいの可能性なら支持するでしょうか。実際の実験では、集団によるアドバイスは個人のアドバイスよりも可能性が低い場合でも支持するという結果が示されました。

私たちの経験からもわかるように、集団で意思決定をする際には、その責任が分散されるために、時に思い切った結論を選ぶときがあります。また、お互いをよく知れば知るほど、大胆で向こう見ずになり、極端な決定に対しても支持をしてしまうことがあるのです。

集団で議論を行う際には、気づかないうちに集団の中に規範ができていきます。たとえば、戦略的な会議では、消極的あるいは保守的な考えは後ろ向きな考えだと捉えられがちですし、組織変革に関する議論では、現状維持するという保守的な意見は、自然と敬遠されてしまいます。つまり、議論の中である方向での規範が出来上がってしまうのです。

このような規範は意思決定の際においても反映され、戦略的な会議ではリスクをとるような、組織変革の議論ではより抜本的な変革が決定されがちになるのです。

集団の意思決定において考えておかなければならない集団の特性は、他にもあります。集団の中では、支配的な意見と異なる意見は、たとえそれが正しいと信じていても、なかなか発言するのが難しく、大勢と

同じような意見を言ってしまうことは経験上わかると思います。集団には、メンバーに同様の態度あるいは行動、意見を持つように期待する圧力がかかりがちになります。これを集団圧力あるいは同調圧力と呼びます。

たとえば、目的地までの道を探しているときに、自分以外のみんながこちらだと言えば、たとえそうではないのではないかと思っていても、黙ってみんなの意見に従ってしまうことはないでしょうか。このときに自分が間違っていたのではないかと思えば、それを私的受容と呼び、自分の考えへの確信が変わらないけれども、みんなに同調することは追従と呼びます。

集団の圧力は、目に見えるようなケースもありますが、基本的にはメンバーそれぞれが認識するものです。そのため実際にはそのような圧力がなくとも、追従してしまうときもあります。たとえば、道を探しているときに、ある人がさしたる確信もなく「こっちじゃないか」と言ったとき、他の人も追従してしまい、最初に言った人も「自信なく言ったけれど、みんながこちらだと言うなら間違いないかな」というように反対に追従し、結果的に誰も正しいとは思っていない道へ進んでいくという結果になってしまうこともあります。

実際は、誰もその意思決定を強く支持する人がいないにもかかわらず、お互いが追従する結果、その案に決定してしまうということが起こってしまうのです。

このような集団圧力は、1人でも集団と異なる意見を言うと、その圧力が弱まることがわかっています。私たちは集団の圧力に屈して、追従あるいは私的受容をしてしまう傾向があるのですが、1人でも自分の意見への味方、あるいは集団の大勢的な意見への反対者が出ると、自分の意見が言いやすくなるのです。これも経験上わかることではないでしょうか。

集団での意思決定は、多様な知識や意見、あるいは見方が示されること、あるいは多様な意見から新しい考えが出てくることから、組織活動において重要な意味を持ちます。しかし、集団は集団であるがゆえの問

題点もはらんでいます。

　それらの問題を避けるためには、やはりリーダーの存在が重要になると考えられます。偏りのない価値観でリーダーが振る舞い、少数派の意見に耳を傾けたり、支配的な考えに対しても批判的な評価がなされるように議論をリードしたりする工夫によって、集団が陥りがちな問題を回避できるのです。

> **考えてみよう**
>
> 日常的な意思決定におけるヒューリスティックスには、どのようなものがあるか、考えてみましょう。また、そのヒューリスティックスを用いることで起こる問題には、どのようなものが考えられるでしょうか。
>
> **調べてみよう**
>
> 政府でも企業でも、誤った意思決定をしたケースを取り上げ、そこでどのような情報をもとに意思決定がなされていたかを調べてください。情報の観点から見て、誤った意思決定に至った原因はどこにあるかを考えてみてください。

CHAPTER 8

環境と折り合う

　組織は、何もない真空状態で活動しているわけではありません。組織の外には、同じような活動をしている組織もあれば、自分たちの組織活動にかかわるさまざまな組織や人々もいます。

　たとえば、パスワークを高め、華麗なパス回しで得点するようなチームづくりをしていたサッカーチームがあったとします。ある日、突然ルールが変更になり、パスは4回以上つなげてはならない、というようなルールができたとしたら、このチームの組織能力を高める努力は、ほとんど無になってしまいます。

　あるいは、恐竜はその体の大きさから一時期、地球を支配していたといわれます。餌となる植物が豊富な時代であれば、草食動物は肉食動物に食べられないように体を大きくすることが、生き残るためには重要でした。しかし、さまざまな理由で環境が変化し、餌となる植物が減れば、巨大化した草食動物は燃費の悪い自動車と同じで、自分の体を維持する分の植物を得ることすら難しくなってしまいます。これらの例と同様に、組織においても自分たちの周りの環境を踏まえて考える必要があります。

1 オープンシステムとしての組織

　官僚制組織や科学的管理法をはじめとして、これまでの考え方においては、組織は組織だけで完結していると考えられていました。そのうえで、自分たちの組織をどれだけ効率的に設計できるか、どれだけ組織メンバーの力を引き出すか、といったことが目的となっていました。

しかしながら、組織の外に目を向ければ、組織は環境の中に身を置いていることがわかります。組織の中には、環境から遮断され自給自足で活動を行える組織もあります。このような組織は、クローズド（閉じられた）システムとしての組織と呼ばれ、もっぱら組織内に目を向けて組織活動をしていけば問題ありません。官僚制組織も科学的管理法も、組織はクローズドシステムとして捉えていました。

　一方、組織の外側から資源をインプットし、再び環境にアウトプットしている組織や環境の影響を受け、環境によって自分たちの活動が制約されるような組織をオープン（開かれた）システムとしての組織と呼びます。オープンシステムの組織においては、環境を無視して自分たちだけを考えていては、組織の力が最大限に活かせるわけではないことがわかると思います。この章からは、環境の中の組織という観点から組織の力を大きくすることについて考えていきたいと思います。

　まず、企業組織の環境にはどのようなものがあるでしょうか。とても簡単にいえば、組織における環境とは、組織の外側にあるものすべてということになります。逆にいえば、第1章で述べたようにどこまでを組織と考えるかということによるのです。以下では、このような組織の境界の内と外という考え方ではなく、一般に企業組織が影響を受ける環境にはどのようなものがあるか、という点から考えていきます。

1-1　組織における環境

　図8-1は組織を取り巻く環境を示したものです。組織の成果に影響する外部環境の要素には、経済、グローバル、政治・法律、社会文化、テクノロジー、人口構成があります。

　経済の要素とは、株式市場の状況や景気の状況など自分の組織にまつわるマクロの経済状況です。外食産業などは、景気が悪いと外食を控える人が増えるために、一般には業績が停滞しがちになります。あるいは、株式市場が活況であれば、企業は比較的容易に資金を金融市場から調達できるかもしれません。

　グローバルの要素とは、世界経済や他国の状況にかかわる要素です。

図8-1　外部環境の要素

出所：ロビンス(2014)p.40。

　海外にも拠点を持っていたり、海外市場をターゲットにしていたりする企業にとっては、世界の政治経済の状況は組織の業績に大きな影響を与える要因になります。海外の工場が台風や地震のような自然災害で大きな被害を受けることもあります。グローバルレベルでの自然災害も、組織の環境になりうる要素であるといえます。

　政治や法律も、当然ながら企業の業績に影響を与えます。たとえば、薬は国が認可しなくては売ることができません。国の認可に時間がかかれば、その分企業は成果を得ることができません。あるいは、新しい法律によって新しいビジネスが生まれることもあります。

　ホンダは1970年代初頭までアメリカ市場で苦戦していましたが、大気汚染を減じるために設けられたマスキー法に適合したエンジンをアメリカの自動車会社に先駆けて開発したことから、技術力が認められ、アメリカ市場での成功につなげました。

　社会文化には、その社会の価値やトレンド、ライフスタイル、趣向が含まれます。ブームの流行り廃りなど、社会文化にかかわる要素が企業の業績に影響を与えることはわかるでしょう。

　科学技術の進展や技術革新といったテクノロジーも、近年の企業においては重要な環境になっています。企業の製品を支えている重要な技術が新しい技術にとって代われば、企業組織にとっては存続につながる深

第8章　環境と折り合う　　173

刻な問題になります。

　人口構成とは、社会の年齢構造や教育水準、所得や家族構成など人口の特性が示す傾向を指します。少子化や高齢化といった人口構成が変化してくれば、当然ながら企業組織はそれに対応する必要があります。それは製品だけでなく、高齢化に伴って退職年齢を引き上げることになれば、当然ながら企業の人件費に影響を与えることになります。

1-2　組織か市場か──取引費用の考え方

　私たちが環境とうまく折り合っていかなければいけない理由は、環境が不確実だからです。自然災害が絶対に起こらない、テクノロジーの変化が全く起こらない、といったように、環境の不確実性がゼロであれば、環境によって組織が影響を受けることはほとんどありません。

　では、企業組織は、これらの環境とどのように折り合っていけばよいのでしょうか。そのことを考える前に、まず組織はどのようにして環境と折り合うことになるのかについて考えてみます。先に挙げた6つの環境のカテゴリに含まれる要因は、主に2つの形で組織とかかわることになります。

　1つは、社会的な仕組みや制度としてかかわります。法律や社会制度はもちろんのこと、少子高齢化などその国や社会の状況、国の文化や国民性も人々の行動を制限するものとして、社会的な仕組みや制度に含まれます。これらの社会的な仕組みや制度は、主として間接的に組織に影響を与えます。

　2つ目は、市場です。企業組織は基本的には市場を通して環境とかかわります。たとえば製品の材料を必要とするときには原材料市場において、組織を運営する資金を調達するときには金融市場において、労働者が必要なときには労働市場で、そして製品を売るときには製品市場において、市場を通して環境とかかわることになります。

　そして、その市場の向こう側にいて市場を通して組織とかかわっているのが、さまざまな利害者集団になります。利害関係者（ステークホルダー）は、「企業と直接的かつ強度に依存し合っている他者」と定義さ

図8-2　市場と利害者集団

金融市場（資金調達）	労働市場（労働力の調達）	政府 （課税・規制・保護など） 各種業界団体
・株主 ・金融機関 ・競合他社	・潜在的被雇用者 ・人材派遣会社 ・地域社会 ・労働組合 ・競合他社	

原材料市場（原材料の確保）	製品市場（製品の販売）
・サプライヤー ・商社・流通業者 ・競合他社	・顧客 ・流通業者 ・競合他社

出所：稲葉ほか（2010）p.255。

れます。

　具体的には、顧客、競合他社、株主、金融機関、サプライヤー、労働者、政府、業界団体や消費者団体などが挙げられます。そして製品市場においては、企業組織は顧客あるいは競合他社とかかわり、金融市場では投資家や株主、銀行などとかかわるといったように、それぞれの市場と組織は関係を持つことになります（図8-2）。

　制度や仕組みに比べて、市場環境は組織に直接的に影響あるいはかかわりがあること、そして、制度や仕組みが市場環境に影響を与えることになることが多いため、組織が環境を考慮する場合には、まずこの市場環境との関係を考えることになります。

　改めていえば、これらの市場や利害関係者が不確実であることから、組織はさまざまな形で環境とかかわる必要が出てくるのです。

　では、組織と環境はどのようにかかわればよいのでしょうか。組織の外側が環境であるという観点から見れば、どこに組織と環境の線引きをするのか、ということが環境とかかわる考え方の1つです。

　この根本にあるのが、取引費用です。これからの話は、第2章でも触れた話ですが、取引費用という考え方でいま一度捉えることにしましょう。

すでに述べたように、組織は市場で利害関係者と取引をすることで、インプットやアウトプットを行います。その際には取引にコストがかかります。

　たとえば、第7章で述べたように、より良い意思決定をするためには、探索する費用や評価する費用がかかります。あるいは、取引をすることが決まったとしても、それがきちんと履行されるためのコストがかかります。このように取引における費用がかかるのであれば、市場での取引に委ねるのではなく、組織内部に入れてしまうということも考えられます。

　たとえば、ジャムを作る企業にとってイチゴやブルーベリーはとても重要な原材料になりますし、その出来栄えはジャムの品質に大きな影響を与えることになるでしょう。もしジャムの原材料であるイチゴやブルーベリーを農家から毎回必要量を買い入れる取引をする場合には、どのようなコストを考えなければならないでしょうか。

　そもそもジャムを作るためには、多くのイチゴやブルーベリーが必要になります。企業が大きくなり、製造量が多くなればなるほど、その確保が難しくなります。また、天候が不順でこれらの果実が不作になれば、価格は上がるかもしれません。そうすればジャム製造にかかるコストは上がってしまいます。あるいは、見た目は良いイチゴであっても、農薬などを黙って農家が使っているかもしれません。もしそのようなことが後からわかれば、企業は大きな損害をこうむることになります。そのためには、きちんと生産経過を見ていかなければならず、費用がかさみます。であるならば、自社でイチゴを作るほうが費用はかからないかもしれません。

　このように市場での取引にかかる費用と組織内でまかなう費用の関係によって、前者の費用が低ければ市場から調達し、後者の費用のほうが低ければ組織の内部でまかなう、つまり内部化するという選択をとるのが合理的になります。

1-3　取引費用を決めるもの

　では、このような費用は、どのような要因によって引き起こされるのでしょうか。その要因は大きくは2つあります。1つは人的要因、もう1つは環境要因です。

　人的要因には制約された合理性と機会主義があり、環境要因には不確実性と少数性があります。人的要因の1つの制約された合理性は、人や組織は限られた範囲でしか情報や知識を得ることができず、また情報処理も、限られた中での情報処理になることを指します。

　一方、機会主義とはその時々で自分に有利なものを選んでいく考え方を指します。これらは程度の差はあるものの、私たち人間が持っている特性といえます。

　環境要因の不確実性とは、環境に関する確定した情報が少ないことを指し、少数性とは取引可能な相手が少ない状況を指します。制約された合理性の下で環境が不確実なとき、情報の収集や取引がきちんとなされるかに関して、大きなコストがかかることになります。つまり、取引にかかるコストが大きくなるわけです。

　たとえば、すでに何度も行っているレストランで食べるときよりも、初めて行くレストランのほうがより慎重にメニューを選んだりしないでしょうか。あるいは、事前に調べてそのレストランの得意な料理についての情報を得ておくかもしれません。これが原材料や部品であったとしたら、契約の後にきちんと依頼したものが納品されるかどうかを監視する必要もあるでしょう。

　このように下調べをしたり現地でじかに考えたりする費用、あるいは監視するための費用など、取引にかかる環境が不確実になるほど、取引にかかる費用が大きくなります。

　一方、取引する相手が少数であると、相手は機会主義的に行動しやすくなります。なぜなら取引できるのが自分だけ、あるいはごく少数だと考えれば、他の相手との取引のしづらさから、たとえ取引において不当に高い価格を提示されたり、質の悪い製品を売られたりする可能性があったとしても、他の取引相手を探すのが難しいからです。

そのため、取引相手が少数しかいない場合には、取引相手が機会主義的な行動をとらないようにきちんと見極める必要性が、そうでないときに比べて高くなります。

　このように、人間の制約された合理性や機会主義の特性を前提に考えると、不確実性が高いことや少数の取引相手しかいないことは、取引費用を大きくします。そして、このように取引費用が大きくなるときには、市場で取引するよりも組織の一部でまかなうほうが費用がかからないため、市場において解決するのではなく、内部化によって解決することになります。

　つまり、取引費用がかかる場合には、内部化という方法を用いて、環境との関係を解決することになるわけです。お餅を製造・販売する企業が、餅米を自社で生産するようになることや、コンビニエンスストアが商品を自社開発するのも、こういった取引費用によるものと考えることができます。

> Column　中間組織
>
> 　取引費用を踏まえると、組織は相手の組織が騙すことをしないかどうかを監視するコストを含めて、取引にかかわるコストがそれを内部化したときのコストよりも小さければ、市場取引を行い、大きければ内部化、つまり組織として組み込んでしまうと考えています。
>
> 　しかし、私たちが活動している社会では、市場取引と組織という2つのあり方の間にある、いわば市場取引でも組織でもないようなグレーゾーンの組織との関係もあります。これを中間組織と呼びます。中間組織はいわば、市場取引の良さと組織の良さの両方を得るために生まれた関係のあり方といえます。
>
> 　このような中間組織の特徴は、2つの点から考えることができます。1つは、物事を決める原理、もう1つはメンバーシップの原理です。
>
> 　市場取引では、物事を決める原理は価格であり、取引をする当事者それぞれの利益の最大化のための自由な交換が原理となります。相互

のメンバーシップのあり方は参入も退出も当事者の自由になります。

一方、組織では、物事を決める原理は共通の利害の最大化、あるいはパワー関係によって決まります。メンバーシップのあり方は、固定的で継続的なものになります。ですから中間組織では、物事を決める原理は価格であり、相互の利益の最大化やパワー関係でもありますし、メンバーシップのあり方は自由でありつつも、固定的で継続的なものになります。

ですから、この中間組織のあり方も一様ではありません。より市場取引に近いものから、組織に近いものもあります。具体的には、長期取引やパートナーシップ、あるいは戦略提携のような形があります。

組織は、常に新しい相手と取引をしているわけではありません。同じ組織と継続的取引をすることも少なくありませんし、そのほうが取引の費用として良いときもあります。そこでスポットでの市場取引は反復的な取引になり、やがて長期取引になります。

そして、お互いにとってその取引が重要であれば、安定的な取引としての契約を結ぶことになり、パートナーシップあるいは組織同士が戦略的に結びつく提携へと続くことになります。

2 組織のコンティンジェンシー理論

続いて、環境と組織の関係について見ていくことにします。組織か市場か、という選択をとることができたとしても、依然として組織の外側には環境があります。環境との付き合い方のもう1つは、環境に適合することです。つまり、自分たちの都合で合理的に組織形態を考えるのではなく、環境に見合った組織形態を考えることです。

たとえば、環境が安定的でほとんど長期的に変化がないような組織においては、標準化を進めることでより合理的になると考えられますが、しばしば環境が変わる場合には、標準化をすれば、すぐにそれとは異なる方法が求められることになり、以前のままで活動していても、環境が変わるごとに標準化を行っていては、無駄が多くなってしまいます。

サッカーではセットプレーなど、ある程度決まった形で行える場合には、フォーメーションをあらかじめきちんと決めることで得点の確率を上げることができますが、通常のプレーにおいては環境は目まぐるしく変わりますから、いちいち誰にパスを出して、誰がシュートを打つのか、といったように、フォーメーションを決めておくのは無駄が多すぎます。そのため、どのようなプレーをするかは、大まかな指示を除けば現場の選手に任せているのが通常です。

2-1　環境の不確実性

　先の節でも述べたように、組織が環境や組織内部の情報を処理し、最適な意思決定を行うことで活動していくのだとすれば、環境が不確実であればあるほど、有効な意思決定をするために処理すべき情報が増えるため、情報処理に負担がかかります。このような組織の情報処理の負荷を決める環境の不確実性は2つの点によって決まります。1つは環境の複雑性、もう1つは環境の安定性です。

　環境の複雑性とは、組織の活動にかかわる環境要因の数の多さや、それぞれの要因の間の類似性、要因の間の相互作用関係のことを指します。考慮しなくてはならない環境要因の数が多く、それぞれの要因の間に類似性がなく、さらにそれらの要因の相互に関係があるとき、環境の複雑性は高くなります。要因の間に相互に関係があるときには、ある環境の変化は時間とともに環境全体に波及していくと考えられ、1つの変化が環境全体でどのような変化につながるのかを知るためには、当然多くの量の情報を処理しなくてはならなくなります。

　たとえば、国内で原材料を調達していた企業が海外からも調達することになれば、日本だけでなく調達先の国の状況も、さまざまな意思決定においては考慮する必要があります。調達先を海外にも広げるということは、それだけ環境が複雑になったといえるわけです。

　2つ目の環境の安定性は、環境変化のスピードとその予測可能性を指します。IT産業のように技術開発のスピードが速い産業では、環境の変化も速いスピードで起こります。一方で、たとえば醤油や酢の製造と

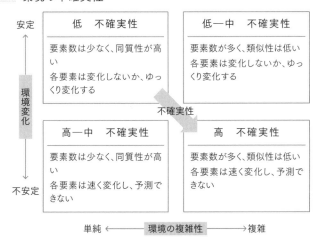

図8-3 環境の不確実性

出所:桑田・田尾(2010)p.83。

いった、生活に根づき、製法の革新もそれほど見込まれない伝統的な産業においては、環境の変化は比較的遅いと考えることができます。

また、同じ産業であっても性能競争や価格競争が起こっている時期では、環境の変化のスピードが速くともその予測はある程度つきますが、企業の周りで技術革新がさまざまに起こるような時期では、近い未来にどのような変化が起こるか予測しづらくなります。このような予測可能性も、環境の安定性を左右します。

図8-3のように、環境の複雑性と環境変化の2つの軸で環境の不確実性を表現すると、左上から右下に向かって、つまり環境の複雑性が低く、安定している状態から、環境の複雑性が高まり、不安定になるにつれ、環境の不確実性が高くなると考えることができます。

そして、この環境の不確実性が高まるほど、組織は情報処理に負担がかかることになります。当然ながら、情報処理に負担がかかることは、誤った意思決定や時間のかかる意思決定という点で、組織の意思決定に問題をきたすことになります。

2-2　機械的組織と有機的組織

　翻って、官僚制組織を考えてみましょう。官僚制組織においては、組織はあらかじめ決められた規則に沿って行動することで、効率的な組織活動を行っていました。官僚制組織の議論では、組織は環境を考慮しないクローズドなシステムと捉えられていましたから、環境が変化することは考えられていません。

　環境が一定であれば、最初に決めた一番良いやり方をみんなが繰り返していくことで、効率的に組織は活動することができます。しかし、環境が不確実で一定でないときには、規則を決めて活動していくやり方は、それに対応するために膨大な情報収集と処理を行わなければなりません。

　では、情報処理に負担がかかるような環境の不確実性が高いときには、組織はどのように振る舞えばよいのでしょうか。つまりは、どのような組織であればよいのでしょうか。答えに行く前に少し考えてください。この問いは、1つのメッセージを含んでいますが、それは何でしょうか。

　それは、不確実性の高い環境に適した組織と、そうでない組織があるということです。これは別の言い方をすれば、唯一最善の組織は存在しないことを意味しています。このような条件次第で最善の組織が変わるという考え方をコンティンジェンシー理論と呼びます。

　環境の不確実性の高低によって、それに適する組織は、どのように定まるのでしょうか。ここでは、組織の形態と部門間の分化と統合のあり方から環境との関係を考えることにします。

　第2章で述べたように、環境の不確実性に影響を受けるのは組織における規則やルールなど標準化、責任と権限の関係による事前の調整です。なぜなら、環境が変わることによって、それまでの事前の調整がうまくいかなくなり、それを再度定めるために組織には負担がかかるからです。

　このような事前に決められた規則や、責任と権限のような事前の調整の程度を、公式化の程度と呼びます。環境が安定している場合、組織の

図8-4　機械的組織と有機的組織

機械的組織	有機的組織
・厳格な階層関係 ・固定された職務 ・多くの規則 ・定型化された情報伝達ルート ・意思決定を行う権限の集権 ・縦長の構造	・協調（垂直および水平の両方） ・融通の利く職務 ・少ない規則 ・形式ばらない情報伝達手段 ・意思決定を行う権限の分権 ・平らな構造

出所：ロビンス(2014)p.192。

　公式化が進んでいるほど、組織は迅速に適切な対応ができることになります。このような組織では、階層関係がきちんと定められ、それぞれの役割も明確になっています。また、意思決定はトップマネジメントに集められることになります。つまり、集権的な組織になります。このような組織を機械的組織と呼びます。

　一方で、組織にはもう1つのあり方があります。それは機械的組織と反対に、公式化の程度は低く、分権の程度が高い組織です。このような組織では、階層関係も曖昧で調整も随時関連する者同士で行われます。このような組織を有機的組織と呼びます（図8-4）。

　情報処理という観点から考えると、環境の不確実性が低いとき、つまり環境が安定的で複雑なときには、機械的組織のほうが効率的に処理が行われるために有効だと考えることができます。一方、環境の不確実性が高いとき、つまり環境が不安定で複雑なときには環境に合わせた素早い対応や変化が必要となるため、柔軟な構造を持つ有機的な組織のほうが有効だと考えることができるのです。

　環境は組織に1つしかないと考えることもできますが、そうともいえません。第1節で述べたように、組織は原材料市場や労働市場、金融市場、販売市場など、さまざまな市場において環境と向き合っていま

す。大きな組織であればあるほど、これらの環境に個別の部門が向き合うことになります。それぞれの環境が不確実であればあるほど、組織は、より部門を細分化して、その対応を行うことになります。なぜなら環境を一括に捉えるより、分化したほうがより有効に対処できるからです。

　一方で、分化すればするほど、それを統合する必要が出てきます。なぜなら分化すればするほど、それぞれの部門は専門化し、部門間での意見の相違と対立が起こりやすくなるからです。意見の対立を避けるためには、調整・統合をする必要があります。ですから、高度に分化した組織では同様に高度に統合する仕組みが必要になるのです。具体的には、部門間の調整をすることを職務とするリエゾン役を設けたり、部門をまたぐチームや部署が設けられたりといったことです。

　これらのことを考えれば、環境の不確実性が大きいとき、あるいは組織が向き合うそれぞれの市場の多様性が大きいときには、高度に分化した組織が有効であり、さらにはそれらの高度に分化した組織を統合する仕組みを持つ組織が有効であるといえるのです。

　逆に、環境の不確実性が低く、それぞれの市場の間にあまり差がないような状況においては、高度に分化する必要はなく、そのため、それに対応するような統合の仕組みも不要になります。また、高度に分化することは、かえって迅速な対応を妨げてしまう可能性があります。つまり、環境の不確実性が高いときには、組織の分化と統合のレベルが高いほうが有効であり、環境の不確実性が低いときには、組織の分化と統合のレベルが低いほうが有効であることが考えられます。

　このように環境と組織が適合するときが最も有効であるというコンティンジェンシー理論の考え方は、環境と折り合うためには、環境を踏まえて組織のあり方を考える必要があることを示唆しています。より具体的にいえば、環境の不確実性の高さによって組織形態や分化と統合のあり方を変えていく必要があるというわけです。

3 組織の同型化

　ここまで環境を実際にかかわる市場として主に捉えてきました。しかし最初に述べたように、環境には市場のように実際に組織がかかわるものもありますが、一方で法律や文化など、社会に根差すさまざまな仕組みや制度があります。もちろん、市場もその仕組みや制度に根差していますので、市場の中にもこのような仕組みや制度は潜んでいます。

　このような仕組みや制度は、単なる仕組みや制度としてだけでなく、そこに価値や意味も含まれるときがあります。たとえば、江戸時代の士農工商という制度は単純に江戸社会に住む人々を4つの階層に分けるだけでなく、そこに住む人々の上下関係や見方、行動にも影響を与えていました。たとえば武士は偉い存在であり、他の階層の人々は武士に対して恭しく卑屈に接することになり、武士は尊大に振る舞うことになりました。

　このような広い共同体にある一般化された社会の規範や世論、あるいは法律やそれを作って運用する機関、業界団体、メディア、教育制度など、価値や意味を含んださまざまな制度を制度的環境と呼びます（さらに考えていけば、市場も制度に含まれると考えることもできますが、ここでは市場は制度に含まないものと考えていきます）。

3-1　制度的環境の影響

　この制度的環境は、市場における取引とは異なる形で組織にさまざまな影響を与えます。特に、法律や認証制度、資格など社会にあるさまざまな分類のシステムを制度的規則と呼びます。たとえば、特許という法律があるために、組織は自分たちが開発した新しい技術や方法を他社が許可なく使うことを制限することができる一方で、他社の持っている特許を使用したくとも使用することができず、組織的な活動を制限されることになります。

　あるいは、たとえばJIS（日本工業規格）マークという表示があるために、消費者はその商品が一定以上の品質基準をクリアしたものだと知

ることができますが、組織はJISマークを得るために、登録認証機関が要求するさまざまな基準に対して応えていかなければならない、という活動を強いられることになります。

　また、制度的規則は公式的な規則だけとは限りません。風評被害といわれるように、〇〇産の野菜は農薬が多く体に悪い、といった風評が定着してしまえば、その野菜を使っている企業組織は、たとえそれが正しくなくとも、何らかの対応をしなくてはならないでしょう。

　企業がさまざまな業界団体に所属することや認証を受けることなどは、もちろん業界団体に所属することで得られる情報や、認証によって自分たちの品質を確認するといった目的もありますが、一方で自分たちがきちんとした企業組織であることの正当性を得るといった目的も持っています。正当性を得ることが組織にとって有益であると考えれば、このように、制度的規則に従うことは組織の目的を達成するための合理的な手続きであるといえます。

　また、制度的規則は、特定の個人あるいは組織の裁量を超えて存在し、正当なものとして認知されて広く採用されていること、あるいは政府など、それらのことを決める権利を持つ集団や組織によって維持され守られていることから、社会に広く浸透している信念でもあります。その点では、そうであると信じられている神話のような存在ともいえます。そう考えれば、正当性を得るために制度的規則に従うというよりは、その制度の中に入っていくことは自然と、その正当性を持った制度的規則に従うことになるといえるかもしれません。

　たとえば、病院には受付があり、各診療科があります。診療科は内科、外科、消化器科など、どの病院でもほとんど同じように分類されます。また、医師や看護師、薬剤師や技師は、所定の正当な資格を持つ人でなくてはいけません。どの病院でもカルテが用意され、薬をもらうときには処方をしてもらわなければいけません。このような組織構造や手続きは、「ここはちゃんとしている病院だな」と患者に安心感を与えてくれます。

　別の言い方をすれば、病院におけるさまざまな制度、医師や看護師な

ど専門家は適切な資格を持った人であることや、見知った診療科があること、あるいは手続きが他と変わらないことは、その組織が正当で合理的であることを伝えるものであるといえ、組織はそれを示すためにこのような組織構造をとっているともいえるのです。

つまり、制度的環境が提供する制度的規則は、合理化された神話として存在するために、組織はさまざまな活動においてこの自分たちの組織の周りにある制度的規則に対応・適合し、自然と制度の中での正当性を確保していくことになるのです。

このように、環境を制度的環境という立場から見ると、制度的環境に適合した組織は、その環境において正当性を確保し、生存することができると考えることができますし、その環境において正当性を確保できなければ、その制度的な環境において組織の存続を危うくしてしまうことになるのです。

明治維新の後、新政府はいち早く憲法の制定、そして刑法や民法などの法律の整備、議会の開会をめざします。当初の明治政府は明治維新に功労のあった薩摩藩や長州藩出身の人物を中心に政治が進められ、ある種特定の人々が政治を動かしていたといわれます。

そうであるならば、なぜ彼らは自分たちの権限が制限されるような憲法や議会を作ろうとしたのでしょうか。それは、特定の人が好き勝手に政治を行えるような国家は、近代国家として欧米の諸国に認められないためです。別の言い方をすれば、西欧諸国に国家と認められ、その中に入るためには、このような憲法や議会などの仕組みを持つことが当然とされていたのです。

結果として、実際の内情はどうであれ、憲法があり、さまざまな法律ができ、議会が開かれているという制度的な整備がなされることで、日本は近代国家として欧米を中心とした諸外国に認められることになったのです。

3-2　3つの制度的同型化

このような制度的規則は、同じような環境にいる組織に等しく影響を

与え、それぞれの組織が制度に対応する行動をとることになります。また、同じような環境にいる組織が制度的規則を形成することもあるかもしれません。このような、集合体として制度的営みが認識されている領域を構成する組織群を組織フィールドと呼びます。たとえば、文部科学省、国公立大学、私立大学、受験生、予備校などは、同じ組織フィールドを構成する組織といえるでしょう。

　このような組織フィールドでは、同型化と呼ばれる、組織を必ずしも能率的にするわけではないが、組織構造を類似したものにするプロセスが起こります。同型化には、競争的同型化と制度的同型化の2つがあります。

　競争的同型化とは、主に市場の競争の下で起こる合理性の下での組織構造や手続きの採用による同型化です。つまり、それぞれの組織が競争に打ち勝つために、合理的に活動しようとした結果、同じような組織構造や手続きになるようなケースです。このような競争的同型化は、組織フィールドの初期の段階において起こるといわれます。

　一方、制度的同型化には強制的、規範的、模倣的の3つのタイプがあります。強制的同型化とは、自分たちが依存する他の組織や社会全体からの文化的期待などによって生ずる公式、あるいは非公式の圧力によって同型化されることをいいます。

　たとえば、法律や規制によって政府は、組織に対して同一の組織構造や手続きを用意するように圧力をかけることがあります。あるいは、世論も同じように組織に圧力をかけることがあります。法律で最低賃金が定められていますが、これによって企業組織はこれを下回る賃金で人を雇うことはできなくなっています。また、親会社が子会社に自分たちに準じるような手続きの方法をとるように圧力をかけるケースも、この強制的同型化といえます。

　規範的同型化は、主に専門職化することから生じる同型化です。専門職化とは、専門的教育による知識に基づく資格によって正当化される専門職のコミュニティの成長を意味します。この専門職化によって、同じ専門職である人々の間でネットワークができ、そのネットワークによっ

て、さまざまな組織規範が組織間を横断して伝わるようになります。そして、それらの組織規範が組織内の専門従事者を通じて、組織に導入されることで、同じ組織フィールドの組織が同型化していくことになります。

たとえば、動物園では近年、猿なら猿の仲間といったように分類学上に近い動物たちをまとめて展示する分類展示からアフリカエリアやアジアエリアといったように地理的に近い動物をまとめて展示する地理学展示へと変わってきました。最近ではサバンナ地域など同じ環境で生息する動物を1カ所に展示する生態展示や、旭山動物園（北海道旭川市）に代表されるように、動物の特徴的な行動を見せる行動展示へと展示方法は変遷してきましたが、1つの展示方法が生まれると、その展示方法が支配的になり、全国の動物園がそのような展示方法になっていきます。これは動物園を管理する専門家の横のネットワークで、これらの新しい展示方法が共有されていくからだと考えることができます。

模倣的同型化は、組織の中で手段と目的の関係が曖昧であったり、組織の技術がよく理解されていなかったり、目標が曖昧なとき、あるいは環境が不確実であるときに、組織フィールドの組織間で模倣行動が促され、模倣的同型化が起こります。組織は、他の成功している組織やすでに正当性を有する組織をモデルとして模倣することによって、不確実なものに対処しようと考えます。

人事は流行に従うといわれます。成果主義やメンター制度、さまざまなキャリア支援の施策、採用におけるインターンシップや面接方法など、ある施策ややり方が取り上げられると多くの企業が横並びでそのやり方を導入していき、多くの企業で同じ時期に新しい同種の人事施策が導入されるケースが多くあります。

組織フィールドは産業や企業規模などによって、さまざまに規定される可能性はありますが、日本という労働市場においては同型化が結果として起こっているといえます。これらの同型化が、就職協定など政府や経済団体の指示によって、採用の時期や方法が横並びになるとすれば、これは強制的同型化といえます。

また、人事担当者が人事担当者同士の情報交換などによって新しい有効な施策の情報を得て、それを自社でも行うことで起こっているのであれば、これは規範的同型化といえるでしょう。成果主義人事施策の導入やその後の修正は、このような形であったと考えることができるかもしれません。一方、労働市場が大きく変わる中、大企業や産業におけるリーダー企業を模倣することによって施策が類似してくるのであれば、これは模倣的同型化ということができます。

　制度として環境を捉えた場合、環境とは自分たちの組織構造や仕組みに影響を与えるものとして捉えられます。環境との折り合い方は環境に適合した組織を選択するという形ではなく、制度的規則による環境からの期待に応えていく必要に迫られます。一方で組織は制度的環境からの期待に応えることで正当性を得ることができます。そして組織は正当性を得ることで、その制度的環境においてより生存の可能性を高めていくことになります。

4 組織エコロジー論──組織団体群における環境

　コンティンジェンシー理論では、組織は環境に合わせて適合することが重要であることがいわれました。つまり、環境が変わったのであるならば、それに合わせて組織構造を変えていく必要があるということです。

　しかし、本当に組織は環境に合わせて適宜組織構造を変えることができるのでしょうか。私たちも状況に合わせて態度や行動を変えることが大事だといわれますが、そう簡単に自分のタイプを変えることができるでしょうか。

　また、先の節では組織フィールドという視点から環境と組織との関係を見てきました。つまり、制度的環境が1つの組織に与える影響について考えてきたのです。しかし、同じ組織フィールドにいる組織はそれぞれが等しく、組織群として環境からの影響を受けることもあります。

　たとえば、恐竜は環境の変化によって絶滅したといわれていますが、

これは環境が個別の恐竜に影響を与えていたと同時に、恐竜という種に影響を与えているとも考えることができます。同様に、産業や地域においても、環境は等しく同じような特性を持っている企業組織に影響を与えると考えることができます。

このように環境が種に対して圧力をかけ、新しい種の誕生や盛衰、絶滅によってさまざまな種からなる企業組織の生態系を説明する考え方を組織エコロジー論と呼んでいます。

組織エコロジー論では、組織が環境に応じて簡単に組織形態を変えられない状況を組織慣性という点から説明します。組織慣性とは、組織自身を変化させる能力が低く、生まれながらに持つ「組織形態」という特性は、簡単に変えられないことを指します。この組織形態とは、単に組織の構造だけを指すのではなく、行動パターンやその組織を特徴づける価値観なども含むものです。

たとえば、病院には総合病院、個人病院、あるいはガン専門や小児医療専門などの特定病院があります。また、大学には総合大学、工業や商業に特化した単科大学があります。これらの病院や大学は同じ病院または大学であっても、行動のパターンや考え方、価値観が異なります。また、より細かい識別の仕方もあるかもしれませんが、これらの違いが組織形態の違いと考えます。

最も一般的な組織形態の違いは、スペシャリストとジェネラリストの違いです。特定病院と総合病院、単科大学と総合大学、あるいは軽自動車を中心に製造する自動車メーカーと軽自動車から大型車まで製造する自動車メーカーなどが、このスペシャリストとジェネラリストの違いといえるでしょう。

一般には、環境が不確実なときには多様性を持つジェネラリストの組織のほうが生き残りやすく、スペシャリストは環境の変化に強くないといわれます。つまり、スペシャリストは安定的な環境において強いと考えられるのです。しかし、不安定であっても頻繁に変化するような環境には適応するといわれます。これは変化の期間が短いので、自分たちに不利な環境であっても、それを乗り越えるまで我慢することが可能にな

るからです。

　先に述べたように、組織エコロジー論では、このような組織形態を組織は環境において、簡単に変えることができないと考えています。それは組織慣性があるからです。では、なぜ組織慣性が生まれるのでしょうか。その理由には内的制約と外的制約があります。

　内的制約には、以下の4つがあります。

　1つ目は、組織が今の状況のために設備投資などの大きな投資をしているため、組織形態を変えることで埋没コストが発生してしまうからです。

　2つ目に、意思決定者は現在の組織形態において能率的に業務が行えるようにデザインされているために、今の業務にかかわる情報は入ってきやすいが、新しい変革のための情報が入りにくくなっているためです。

　3つ目に、組織形態を変えるとなると、組織内部の人々の既得権益などの再配分が行われることになります。それによって今までパワーがあった人はパワーを失うことが考えられます。そうなると政治的な抵抗に遭ってしまうため、組織形態が変わりにくいのです。

　4つ目に、歴史や伝統があるために、なかなか変わりにくいことが挙げられます。組織形態を変えることは、場合によってはこれまでの組織の過去を否定することにつながりかねません。組織の歴史や伝統は新たな変革において、どうしても障害になってしまうのです。

　一方で外的制約としては、2つのことが考えられます。

　1つは、組織形態が変わること、つまり今いる領域からの離脱や新しい領域への参入に障壁があることです。新市場への参入障壁が高かったり、今の領域から離脱するためのコストがかかったりすると、組織形態を変えることによる利益は小さくなってしまい、組織にとって現状維持への強い誘因になってしまうのです。

　もう1つの制約は、組織形態を変えることで、正当性を失うことがあるからです。たとえば、公立大学では学部教育をやめてしまえば、公的な補助金を得ることが難しくなってしまうため、簡単にやめることが

できません。

　この組織慣性の根本には、組織の持つ信頼性と説明責任の能力が影響しています。信頼性とは、組織が一定の品質を繰り返し生産できる能力を指し、説明責任とは、組織が自分の活動を合理的に説明できる能力を指します。当たり前ではありますが、社会においては信頼性の高い成果を示して、自分の活動をきちんと合理的に説明できる組織が、生き残る確率を上げることになります。味が安定せず、何が入っているかが示されないような食品を消費者は買いません。そのような食品を作る組織は、遠からず環境によって淘汰されてしまいます。特に、医療や食品などのリスクを伴う場合や教育などでは、このような説明責任はより重視されます。

　このような信頼性と説明責任は、組織形態が日々継続して同様の活動をすることによって培われます。しかし、継続して同じ組織形態が続くことは、変化への抵抗を生んでしまいます。つまり、生き残るために信頼性と説明責任を高めることが、組織慣性を強くすることになっているのです。

　組織エコロジー論の観点から考えると、環境と折り合うことについて、実は個別の組織にあまりできることはありません。なぜなら、変幻自在に組織を変えることができないと考えるからです。組織エコロジー論は、恐竜と同様に、変化する環境に淘汰されずに生き残りたいと考えても、組織慣性がある限り、なかなかそれはかなわないことを示しています。

　組織エコロジー論では、個別の組織ではなく環境と組織（個体）群との関係を見ていきます。その中で、個体群の変化には「変異の創造→形態の淘汰→形態の保持」という3つの段階があることが考えられています。

　変異の創造の段階では、意図的あるいは偶然に新しい組織形態が生み出され、個体群の中の組織に多様性が生まれます。たとえば、1950年代に登場した回転寿司は、お客さんの目の前を寿司が流れ、好きな寿司が載った皿をお客さん自らが取って、その皿の枚数で会計をする方式で

安い寿司を提供するという、当時のお寿司屋さんにはない新しいタイプの店であり、これまでの外食産業あるいは寿司業界に新しい形態をもたらしました。

　続いて、形態の淘汰の段階では、特定の組織形態が淘汰されることになります。ここでは環境に適合した組織形態、つまり十分に組織が維持できる資源を獲得できる居場所を見つけた組織が選択されることになります。回転寿司の仕組みは、これまでにない新しいものですが、安価に寿司を食べたい、食べたい寿司が自分で選んで食べられるといった消費者のニーズをつかみ、うまく環境に適合したのです。形態の保持の段階は、選択された形態が再生や複製によって維持されることです。そして回転寿司は、いくつかの回転寿司の仕組みにかかわる特許が切れるのと同時に、同じような形態の寿司屋さんが一気に全国的に広まることになりました。

　組織エコロジー論の観点では、環境は折り合うものでなく、環境に選択されるかどうかが重要になります。あるいは組織内での小さな変異をうまく捉え、新しい形態で環境に適合していくこと、つまり、いかに組織を変えていくことができるかが重要になってくるのです。

考えてみよう

1970年代に日本に入ってきたハンバーガーをはじめとするファストフードは、結果的に日本の食品業界の環境をどのように変えたと考えることができるでしょうか。

調べてみよう

企業を1社取り上げ、事業内容などを調べたうえで、その企業の組織の業績に影響を与える環境にはどのようなものがあるか、図8-2をもとに分類してみましょう。

CHAPTER 9

個々人の成長を促す

　ここまでの章では、すでに組織が持っている能力をより有効に使うという観点から、組織の力を大きくすることを考えてきました。たとえば、個人の持っている能力を100パーセント引き出すためにモティベーションの理論があり、集団や組織の中の個人が持つさまざまな情報や考えを活かすために集団の意思決定の理論がありました。

　しかし、そもそも組織の中の人々や組織の持つ潜在的な力が大きくなることも、組織の力を大きくする大事なアプローチです。この章では、個人が仕事の中で成長するプロセス、あるいは仕事生活を豊かにするプロセスであるキャリアについて考えることにします。

1 キャリアとは何か

　改めてキャリアとは、過去、現在、未来の仕事の連なりのことをいいます。ですから、これまでの自分の仕事の来歴と現在の仕事、そして未来の仕事をつなげていくことが、キャリアを考えることになります。そのため、仕事を始めて間もない人にとっては、キャリアを考えることは未来を考えることになりますし、一方、もうすぐ仕事人生が終わろうとしている人にとってみれば、キャリアを考えるということは過去を考えることになるのです。

1-1　キャリア論の射程

　ただし、キャリアが捉えようとしていることは、仕事のことだけとは限りません。家庭や趣味など仕事以外の自分の生活もキャリアを考える

図9-1 ライフキャリア・レインボー

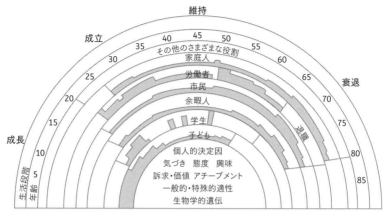

出所:渡辺・ハー(2001)p.83。

うえでは重要になってきます。なぜなら、仕事と生活は簡単に切り離すことができないからです。

たとえば、図9-1は1950年代に活躍したアメリカの教育学者のドナルド・スーパーによるライフキャリア・レインボーと呼ばれる図です。彼は、キャリアを仕事だけではなく、生涯全体のものとして考えました。そして、誕生から死までの間に数多くの役割があり、その役割相互の重なり合いをこの図で示しました。この図では、具体的な役割の種類として、①子ども、②学生、③余暇人、④市民、⑤労働者、⑥家庭人、⑦その他の7つを挙げました。

もちろん、仕事人生ということを考えれば、職業人としての役割が最も注目されますが、これらの役割も、他の役割とのバランスや相互作用によって変化していきます。たとえば、職業人として仕事に熱を入れすぎれば、家庭人としてあるいは親としての役割を果たすことができなくなってしまうかもしれません。あるいは、MBAなどの社会人教育を受け、一時的に学生に戻ることで職業人と学生の2つの役割を担うことになります。このときに学生としての勉強が忙しく、職業人として十分に役割を果たせなくなってしまうこともあるでしょう。

このような観点からすれば、キャリアを考えるとは、さまざまな生涯にわたる役割のバランスをどのようにとっていくかを考えることでもあります。また、それぞれの役割は勤める組織や家族を含む社会との相互作用によって定まっていきます。子どもが生まれれば、親としての役割が始まりますし、管理職や責任のある仕事を任されることで職業人としての役割が大きくなっていきます。そして、さまざまな役割の果たし方が、その人の自分らしさということになるのです。
　キャリアを考えることの意義は、自分の仕事人生をより良いものにすることです。逆にいえば、自分の仕事人生をより良くしたいと考えるからこそ、人はキャリアについて考えるのです。これは決して組織にとっても悪いことではありません。
　なぜなら、自分の仕事人生を充実させようと思う人は、仕事に対するモティベーションが高いからです。また、仕事人生を充実させようと思う人は、仕事に対する取り組み方だけでなく、特定の仕事に対する向上心も高くなり、自分の仕事にかかわる知識やスキルを自ら習得するなど、仕事の能力を高めることに積極的になります。そのことは組織にとっても大いにプラスということができます。ですから、キャリアを考えてもらうことによって、組織の力を大きくすることができるといえるのです。
　しかしそれでも、仕事人生を終えようとする人がキャリアを考えることにはあまり意味がないのではないかと思うかもしれません。そういうわけではありません。第2節で述べることになりますが、キャリアを考えることで、社会や自分の組織、あるいは専門集団における自分の役割を理解するようになります。たとえば、現役生活が終わろうとしているスポーツ選手が、後進の指導の道を考えるように、定年間近の人であってもキャリアを考え、自分の来た道を改めて考えることで、その後の人生を有意義に過ごすことができます。
　このような点は、一見経営組織には無用のものと考えがちですし、組織の力を大きくすることにそれほど寄与しないと考えがちですが、仕事人生を終えようとしている人が、これまでの自分の仕事生活に満足して

いることは、そこで働く若い人にとっても励みになることは間違いありません。

ベテランの選手がみんな、用なしのような扱いを受けて失意のうちに去っていくチームよりも、ベテラン選手が新しい役割を得て前向きに去っていくチームのほうが、若い選手はチームに対してあるいは自身の仕事に対しても、前向きに取り組むことができるでしょう。

1-2　組織内キャリア

本書のテーマは組織論ですから、この章ではキャリアに関しても、個人としてのキャリアというよりも組織内キャリアについて触れることにしましょう。つまり、1つの組織に属して仕事をする人のキャリアということになります。第2章でも述べたように、組織に参加する人々は、組織の目標とは別に個人の目標も持ちます。組織に対する貢献に応じた誘因があるために、個人は組織の目標に向かって活動を行うわけです。ですから、本来キャリアはその個人が責任を持って考えるべき問題です。

しかし、実際の組織と個人の関係は、長期的になることも少なくありません。また、組織は組織の事情で有効に働いている人を使いたいという望みもあります。ですから、時に個人のキャリアに対する考えと組織のその人に対する処遇との間で折り合いがつかないこともあります。このようなときにでも、しっかりとキャリアを考えることは、その後に後悔を生むようなことがなく、前向きに仕事をすることにつながるのです。

さて、キャリアには、外的キャリアと内的キャリアの2つがあります。外的キャリアとは、いわゆる職歴と呼ばれるものです。たとえば入社以来1つの組織にいる人であれば、入社して営業職を5年した後に、人事部に行き、人事部に10年いた後に営業部長に戻って今に至る、というような履歴書などに書かれる具体的な仕事と職位の履歴で、目で見ることができます。もちろん、営業部や人事部の中での仕事内容をより細かく捉えることもできます。

図9-2 キャリアコーン・モデル

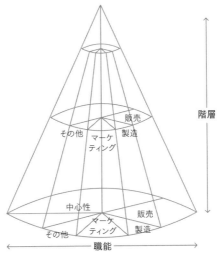

出所:シャイン(1991)p.41。

　図9-2は、このような外的キャリアを捉えるキャリアコーン・モデルと呼ばれるものです。この図に従えば、外的なキャリアは3つの軸で捉えることができます。それらは、職能、階層、そして中心性です。職能とは経理や営業といった仕事の種類を指し、階層とは組織内での権限の強さを指します。中心性は少しわかりにくい軸ですが、組織の中核との距離で、中心に近いほど中心性の程度が大きくなります。このような中心性は、たとえば組織の秘密事項にアクセスすることができるか、といったことによってわかるとされています。

　ですから、階層が上がっていけば、必然的に中心性の軸も徐々に中心に近くなってきます。しかし階層を上がるだけでなく、たとえ階層が下位にあったとしても、中心性が高いことはあります。たとえば、社長秘書という仕事はその仕事柄、組織の重要な情報を得る機会が増えることになり、階層としては高くなくとも、中心性は高い仕事ということができます。

　一方、内的キャリアは、その人の自分自身のキャリアの認識です。つまり、自分の過去あるいは将来の仕事の連なりをどのように捉えるのか

第9章　個々人の成長を促す　201

ということです。より具体的には、自分の仕事人生はうまくいっているのか、仕事生活における自分らしさとは何か、将来どのような仕事を行おうと考えているか、といった客観的に捉えられない自分の主観的な仕事生活にまつわる認識のことを意味します。すぐにわかるとおり、内的キャリアは外的キャリアに影響を受けます。

たとえば、組織の中で1つの職種のみのキャリアを歩む人はストレートキャリア、さまざまなキャリアを歩む人はジグザグキャリアと呼びますが、ストレートキャリアの人はその職種の専門性が自身のキャリアの自己イメージに強く影響するでしょう。しかし、ジグザグキャリアの場合には、なかなか専門性における自己イメージができにくいことになります。

しかし、影響は受けるものの、外的キャリアと内的キャリアとは独立のものです。一見ジグザグキャリアであっても、その中に何らかの一貫性を見つけることもできるかもしれませんし、キャリアに対する満足という点では、外的キャリアはあまり関係ないかもしれません。

たとえば、さまざまなポジションをやってきたスポーツ選手は、外的な（ポジションの）キャリアはジグザグかもしれませんが、チームの必要に応じてさまざまなポジションをこなすというユーティリティプレイヤーとしての自己イメージは一貫していることもあります。

すでにわかるように、外的キャリアは組織に属している限り、組織側にイニシアティブがあることが多いといえます。もちろん、組織に自分の希望職種などを伝えることもできますが、職位や中心性まではなかなか希望することはできないでしょう。

一方、内的キャリアはその人の主観的な捉え方ですから、基本的にはその人次第、あるいは外的キャリアの変化のような起こる現象に対して、どのようにその人が捉えるかということに依存します。この両方のキャリアの側面、特に内的キャリアの観点からキャリアを見ていかないと、より良いキャリアを理解することはできないのです。つまりキャリアとは、仕事以外の自分や家庭、そして仕事における外的キャリアと内的キャリアの相互作用によって彩られているといえるのです。

2 キャリアの適合

　組織で働く人が、より良いキャリアを歩むということは、基本的には組織にメリットをもたらすと考えることができます。そして外的キャリアも、その捉え方次第だとするならば、いったいどのようにキャリアを考えればよいのでしょうか。

2-1　キャリアにおける3つの問い

　1つの考え方は、自分はどのようなキャリアを歩みたいと思っているのか、自分に向いている仕事は何かということを認識することです。当たり前のことですが、与えられた仕事をするだけでは、なかなかこのようなことを認識することはできません。前出のエドガー・シャインは、キャリアを考えるうえで必要な次の3つの問いを示しました。

①自分は何が得意か
②自分はいったい何をやりたいのか
③どのようなことをやっている自分なら、意味を感じ、社会に役立っていると実感できるか

　シンプルにいえば、できること、やりたいこと、やるべきことは何か、の3つということになります。1つ目の問いは、自分の能力や才能に関する自己イメージ、2つ目の問いは自分の動機や欲求に関する自己イメージ、3つ目の問いは自分の意味や価値に関する自己イメージということになります。

　これら3つの問いを考えることが、キャリアを考えることの1つの基盤となるというわけです。これらの問いは、なかなか答えが出るものではありません。スポーツ選手で、若いうちから特殊な技ができたり、世界大会で活躍するなど、はっきりわかる形で秀でたものがあるような人もいるかもしれませんが、たいていの人はそうではありません。たとえばプログラミングが得意だといっても、自分よりうまくプログラミン

グができる人はたくさんいるとなれば、本当に得意といってよいのかと思うかもしれません。

　そういう点では、どの問いも絶対的なものはなく、相対的なものですし、あくまでそれは自分の主観的なものになります。もちろん、それは自分の過去の経験から思うものでもありますし、他者からいわれて気づくこともあります。

　また、能力や才能、あるいは動機や欲求については自己イメージを持ちやすいかもしれませんが、意味や価値はなかなか自己イメージを持ちにくいものです。しかしながら、得意でそれをやっていることが好きであっても、価値が見出せない仕事ということがあります。たとえば、格闘技が好きで、格闘家としてのセンスがある人でも、相手を痛めつけることには抵抗がある、あるいは相手を倒すことでファイトマネーをもらうことにはどうしても疑問を感じるという人もいれば、ノックアウトして観客を喜ばせることにショーマンとしての価値があると考える人もいます。

　これはどちらが正しいわけではなく、価値観や意味です。前者は長期的に続ける仕事として格闘家を選ぶことはどこかで葛藤を抱えることになりますが、後者の人にとってみれば格闘家は意義のある仕事ということになるのです。

　就職活動のときには、自分は人を助ける仕事がしたい、だから看護師になるといったように、キャリアを考えるときに、多くの人がこの問いのうちの１つにだけ着目しがちです。キャリアを考える３つの問いは、この３つを並行的に考えることが大事だということを示しています。

　たとえば、語学が得意だから語学を活かした仕事に就きたいと考える人も、翻訳家をめざすのと外資系企業で働くのとでは異なります。その際には他の２つの問いが重要になってきます。あるいはすでに仕事経験を積んでいる人も、この３つの問いを考えることは意味があります。

2-2　キャリアアンカー

　この3つの問いに基づいて、シャインはキャリアアンカーという概念を示しています。キャリアアンカーのアンカーとは船の錨を指します。つまり、錨を下ろした船のように自分の（外的）キャリアがゆらゆらと動いたとしても、アンカーがあることで、その周りをゆらゆらと動くことになります。アンカーがなければ、船は風や波次第でどこへ流されてしまうかわかりません。このようなキャリアにおけるアンカーは「自覚された才能と動機と価値の型」と定義されます。つまり、先の3つの問いに関しては、すべての人がバラバラではなく、大まかにいくつかのタイプに分かれるということです。

　このキャリアアンカーは大きく8つのタイプに分かれるとされます。

　技術・専門能力
　管理能力
　自律と独立
　保障と安定
　起業家的創造性
　奉仕・社会貢献
　純粋な挑戦
　ライフスタイルの調和

　それぞれのタイプについて説明しましょう。
　まず、技術・専門能力とは、特定の仕事に対して才能を持ち、高い意欲を持つ人です。このキャリアアンカーを持つ人は、自分の能力を発揮し、問題を解決することに充実感を覚えます。ですから、技術・専門能力をキャリアアンカーに持つ人は、仕事が挑戦的であることや、そもそも能力や才能を活かせる仕事であることを望みます。その分野は問わないものの、いわゆる職人的に働くことをキャリアの中で大事にしたいと考えている人といえます。
　次に、管理能力のキャリアアンカーを持つ人は、専門的な仕事に特化

するのを良いとは思っておらず、組織の階段を上り、責任ある地位に就きたいという願望をキャリアにおいて持つ人です。この管理能力は一見、出世主義のように見えますが、そうではありません。管理能力がキャリアアンカーの人は、重い責任のある仕事や、みんなをまとめるような総合的な仕事を求めます。つまり、1人だけではできないような課題を自分がリーダーシップをとり、多くの人を束ねて解決しようと考える人といえます。このような人は、リーダーシップを発揮する機会や所属する組織の成功に貢献できる機会を望みます。

　3つ目の自律と独立をキャリアアンカーに持つ人は、仕事内容よりも自分のやり方、自分のペース、自分の納得する仕事の標準を重要だと考える人です。ですから、このキャリアアンカーの人は組織の中での仕事生活は得てして制約の多い非合理的なものであると感じやすい人です。

　仕事のやり方やペースが自由であることがキャリアにおいて重要であるため、専門分野の範囲内で明確に線を引き、時間を区切って仕事をすることを好み、目標が示されるものの、それを成し遂げる手段は任されるような仕事のあり方を望みます。シャーロック・ホームズをはじめとする、小説に出てくるような探偵はこのような自律と独立のキャリアアンカーの人にはぴったりかもしれません。

　4つ目のキャリアアンカーは、保障と安定です。安定性というケースもあります。保障と安定がキャリアアンカーである人は、安全で確実と感じられ、将来の出来事を予測することができ、しかも、うまくいっていると知りつつゆったりとした気持ちで仕事がしたいという欲求を持っています。つまり、仕事において挑戦的であることや先が見えないようなハラハラドキドキするような仕事のあり方を好まず、能力の範囲内で余裕を持って仕事をしたいということです。このキャリアアンカーの人は、職務上の挑戦といったことよりも、給与や作業の条件などの外発的な報酬にこだわります。また、保障ならびに安定という点で、終身雇用の組織、レイオフをしない組織、さらには退職時の諸制度が整っている組織などで働くことがよいと考えている人です。

　5つ目は、起業家的創造性と呼ばれるキャリアアンカーです。新しい

製品やサービスを開発したりというように新しい事業を起こす欲求が高い人です。起業家というと自律的で独立心が旺盛なイメージがありますが、とにかく新しいことを試してみたいという欲求があります。多くの起業家にはビジネスで大きな成功を収めても、また新しいビジネスを始める人がいるように、起業家的創造性をキャリアアンカーに持つ人は、創造する欲求が強いが飽きっぽく、休みなく新しい創造に挑戦し続けることを求めます。企業組織の中でも、新業態や新規事業あるいは新しい店舗の立ち上げなどを多くキャリアの中で担当する人がいますが、望んでそのような仕事に就く人は、このようなキャリアアンカーを持つ人かもしれません。

6つ目は、奉仕・社会貢献のキャリアアンカーです。キャリアを考える3つの問いの最後に自分の価値や意義に関する質問がありましたが、奉仕や社会貢献のキャリアアンカーを持つ人は、能力や動機よりもこの価値や意義にキャリアが方向づけられている人といえます。ですから、自分の大事にしている中心的な価値観を仕事の中で具体化したいという考えを強く持つ人といえます。典型的には、医療や看護、社会福祉事業や教育といったような大義につながりやすく、社会や人々に奉仕する仕事が望ましいと考えます。また、たとえ企業組織の中のメンバーであっても、このキャリアアンカーを持つ人は企業組織を超えた大義のために身を奉じるのが特徴です。たとえば、製薬会社に属していても、自分の仕事はより多くの患者を治すことだ、という価値観を大事にして仕事をするケースがこれにあたるといえます。

7つ目は、純粋な挑戦と呼ばれるキャリアアンカーです。純粋な挑戦をキャリアアンカーに持つ人は、仕事の中で何事にも、あるいは誰にでも打ち勝つことができるということを強く感じていることが特徴です。不可能と思える障害を克服することや、解決不能と思われてきた問題を解決することが大事だと考えます。そのため、過去に他の人も手がけてうまくいっているような仕事は、新奇な仕事であっても彼らの欲求を満たしません。他の人にはできなかったこと、あるいは誰もやったことがないことというのが彼らには重要であり、仕事において自己を試す機会

がないと退屈を感じてしまいます。仕事でも難しい局面にぶつかると、がぜん燃える人がいますが、そのような人は、このキャリアアンカーを持つ人かもしれません。

　8つ目のキャリアアンカーは、ライフスタイルの調和と呼ばれます。個人の欲求、家族の欲求、仕事における欲求のどれもそれなりに満たしたいと考える人です。つまり、仕事のために自分の（仕事以外で）やりたいと考えていることや、家族が自分に求めることを諦めたり、家族や自分の欲求のために仕事をおろそかにするといったように、仕事と生活のどちらかを重視すること、どちらかを犠牲にすることを望みません。仕事と生活の両方で充実感を感じるようにキャリアを歩んでいこうと考えているのが、このキャリアアンカーを持つ人の特徴です。

　近年、ワークライフバランスという考え方が注目されていますが、ライフスタイルの統合のキャリアアンカーを持つ人にとって重要な考え方といえます。住む地域を限定するエリア社員といった処遇が最近は見受けられますが、これは、このアンカーを持つ人にとっても、有効な施策であるといえるでしょう。

2-3　キャリアアンカーを自ら知ること

　キャリアアンカーは、働き始めの頃はあまり安定しないといわれます。つまり、仕事生活において何が重要かということの自覚があまり安定しないということでもあります。しかし、だんだんとキャリアを重ねるに従って、最終的に1つに集約されるといわれます。このような特徴を持つキャリアアンカーを自覚し、認識することによって、組織の中でさまざまな外的キャリアの変化があっても、自分のキャリアがぶれることがなくなります。

　また、大きな外的キャリアの変化が自分のキャリアアンカーから大きく離れるときには、異動に対して抵抗したり、あるいは組織を離れることを考えるということになります。自分のよりどころをきちんと認識しているからこそ、外的キャリアの変化の、自分のキャリアへの影響をきちんと捉えることができるのです。

たとえば、研究職に従事する管理能力のキャリアアンカーを持つ人は、研究職を離れる外的キャリアの変化は自身のキャリアの逸脱ではありません。なぜなら、研究職だけでなく他の職種を経験することで、将来的に管理者やリーダーになったときにより良い能力を身につける可能性があると考えることができるからです。

　しかし一方で、技術・専門能力のキャリアアンカーを持つ研究者が、研究職の管理者に昇進したときには、もしかしたら自身のキャリアから逸脱してしまう可能性もあります。そう考えると、この異動はその人のキャリアにおいて大きな影響を与える異動であるといえます。

　キャリアアンカーに限らず、自分がどのような仕事をしていきたいのか、あるいはどのような仕事に向いているのか、どのような仕事にやりがいを感じるのかを理解することは、より良いキャリアを歩むうえで重要なことです。自身のキャリアのイメージを持つことで、外的なジグザグキャリアでも、内的には一貫していることがあるからです。

　しかし一方で、このように自分のキャリアイメージを持つことがキャリアにとってマイナスになることもあることを忘れてはいけません。それは、このようなキャリアの適合の考え方においては、個人の成長や変化があまり考慮されていないこと、そして適合する仕事が漏れなく誰にでも見つかる可能性があるとは限らないこともあります。

　そのため大事なことは、キャリアのイメージを持ち、それとぴったり適合する仕事を探すだけでなく、多少ぴったりではなくともうまく与えられた環境や状況に合わせて仕事をしていくことです。キャリアアンカーをはじめとするキャリアの自己イメージはぴったり適合する仕事を探すというよりは、むしろ自覚したうえで今の仕事を肯定的に捉えるために用いられる必要があります。

3 キャリアの発達論

　組織において組織のメンバーが成長し、高い成果を出してもらうことは、組織の力を大きくするうえで重要な点です。しかし、人は組織生活

の中で起こるさまざまなつまずきによって、モチベーションを低下させたり、成長を鈍くさせたりしてしまいます。たとえば、プロスポーツ選手でも、ケガによって将来を嘱望されながらも十分に活躍できずに、その世界を去っていく人はいます。

図9-3は、仕事における年齢と成果の一般的な関係を示したものです。年齢は人によって異なってきますが、仕事を始めて年齢を重ねるに従って、仕事の成果は上がっていきます。しかしながら、中年期を迎えるとその成果には違いが出てきます。ある人はさらに成長し続け能力を上げ、成果を出し続け、ある人はそれを維持するにとどまります。また、ある人は成長が停滞し、そのまま成果が下降していくかもしれません。

もちろん能力が落ち、成果が出せなければ若い人にどんどん代わっていくという考え方もありますが、組織生活の最後まで成長をしてもらおうと考えるのであれば、組織やそこで働く個人は、キャリア上でのつまずきをなくしていくことが必要です。またそもそも、仕事をする人々、特に組織の中でキャリアを発展させていく人々は、どのように自身のキャリアを歩んでいくのでしょうか。ここでは、キャリアの段階モデルと呼ばれるモデルから考えていくことにします。

キャリアの発達モデルでは、この図にあるように、キャリアが年齢ごとに段階を踏んでいくと考えています。そしてその段階ごとにさまざまなキャリア上の課題があると考えます。この段階は大きく7つに分かれます。

最初は、組織に入る前で、探索する段階です。ここでの課題は、何より自分の仕事をする準備を整えることです。そのために教育訓練を受けたり、あるいはちょっとした仕事経験をしたりすることで、自分の能力を高めていく必要があります。また、そもそも自分がどのような仕事に関心があるのかを自覚する必要もあります。もちろん、仕事をするということに対する心構えもできている必要があります。

そのうえで2番目の段階では、仕事を実際に選び、その世界に入っていく段階です。仕事を選ぶ段階では、まず自分の就きたい仕事と、企

図9-3 キャリア発達モデル

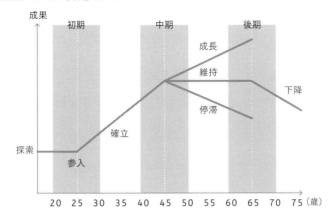

業組織の要求をうまく調整する必要があります。これは就職活動やその中での採用活動によって調整されることになります。

また組織参入後には、現実の仕事世界との調整が求められます。第10章で述べるように、組織参入後、社会化プロセスを経て、組織の一員となりますが、その中で人間関係の構築や仕事の習得、組織や職場の規範の受容など組織の一員となるための課題がこの段階にはあります。「3日、3カ月、3年」などといわれるように、この時期のキャリア課題をうまくこなせないことが、離職などのキャリアにおける成長の停滞をもたらしてしまうのです。

3番目の段階は、初期キャリアにおける確立の段階です。この段階では、ある程度仕事を行えるようになってきています。この時期は、一人前の仕事ができるようになり、日々の仕事をこなすだけでなく、将来のことが見えてきます。そのため、最も大きなキャリア課題は、転職の可能性を考えることです。この組織に居続けて昇進のために能力を形成するか、それとも他の組織へと移るかを考える時期になります。

4番目の段階は、中期キャリアの段階です。この時期には、自分自身の専門性も確立され、組織においても責任のある仕事を任されるようになり、自分のアイデンティティがしっかりと確立されます。そのうえ

で、自分の生涯にわたる長期的なキャリアを考えると同時に、改めて自分の適性や専門分野を考える時期になります。

中期キャリアの後半になると、中年期の危機と呼ばれるキャリアの危機を迎えることになります。年齢を重ねるに従い、同じようなやり方では成果が若いときほど向上しなくなり、後ろからは若い後輩たちが追いかけてくるのを感じることになります。一方で、中年期に差し掛かり、自分の組織内での位置づけや将来の展望が見えてくる時期でもあります。

その中で、仕事における夢と現実の間の調整が必要となります。つまり、若い時に描いた野心や将来像と現状の評価がなされ、その間にギャップがあれば、それを調整することが求められるのです。この時期に、現状を受容し、今の能力を維持するケースもあれば、仕事へのやる気を失うケースもあります。また、改めて自己変革を行い、新しい役割を受容し、さらなる発達をめざすケースもあります。年齢により仕事成果の衰えや仕事人生の残り時間の認識は、誰にでも起こります。これと向き合うのが、この時期の課題になります。

中年期の危機を超え、キャリアは後期に入っていきます。この時期は、専門人としてのキャリア（非リーダーとしてのキャリア）と管理者やリーダーとしてのキャリアとでは、やや異なる課題が起こります。専門人は専門的能力を深化させ、自身の技術的な有用性を確保するという課題と同時に、徐々に自分の組織や職場における重要性が低下することを受容しなくてはなりません。

一方、リーダーとして後期キャリアを迎える人は、広い視野と現実的な考え方を求められます。またその中で、部下の育成や他者の努力を統合するなど、自己中心の考え方から組織中心の考え方へと変えることが求められます。また役割から、高い責任と権限を受け入れ、長期的・中核的な問題に関与し、取り組むことが課題になります。

キャリアの最終盤では、いかに組織と仕事生活から離脱するかが課題になります。自身の権限や責任が減少していくことを受容すること、あるいは減退する仕事能力と共存しながら仕事を進めていくことが課題に

なります。そのうえで、仕事以外での満足の発見や退職後の新しい生活への適応が課題となります。

このように、年齢とともに進展するキャリアの各段階では、キャリア上の課題がさまざまにあります。これらは、組織で仕事をする人が多く直面する課題でもあります。キャリアの段階説ではこれらの課題と向き合い、自分なりにその課題と折り合うことが良いキャリアにつながると考えます。

逆にいえば、これらの課題でつまずくことは、その人の仕事へのモティベーションや能力の発揮にとって悪い影響を与えることが考えられます。組織はこのようなキャリアの各段階での課題を踏まえ、組織メンバーをサポートすることで、良いキャリアの発達を促せるといえます。

4 偶然を活かすキャリア

さてここまで、自分のキャリアのよりどころを考えること、あるいはキャリアの段階による課題を認識すること、これらのことから良いキャリアを歩むこと、良い仕事上の成長を果たすことを考えてきました。しかし、実際の仕事人生は自分の思ったとおりには進みません。特に組織の中でキャリアを歩む場合には、組織の要請は異動という形で、時に唐突にキャリアの変更を求めてくることがあります。

また、仕事生活の中ではさまざまな偶然が自分のキャリアに影響を与えることがあります。たとえば、プロスポーツの世界では、レギュラー選手がケガをしたために急遽抜擢された選手が活躍してそのままレギュラーになることは珍しくありません。

天皇の料理番と呼ばれ、日本の西洋料理の普及に献身した秋山徳蔵は、たまたま食べたカツレツに感動したことから西洋料理の料理人になることを決めたといいます。もし秋山がそのときにカツレツを食べなければ、彼は料理の世界には足を踏み入れなかったかもしれません。

このようにキャリアは、さまざまな偶然に彩られているとも考えることができます。そして、良き偶然を捉えることで自身を良い方向へと成

長させ、良きキャリアを歩むことを可能にすると考えることもできます。しかし、どのようにしてその良き偶然を得ればよいのでしょうか。

良き偶然を得るためには、ただ待っているだけではなく、良いキャリアにつながる偶然を起こすことが重要になります。これを計画された偶発性と呼びます。

計画された偶発性には、2つの考え方があります。1つは、探索が偶然の機会を生み出すということ、もう1つは能力が機会をものにするということです。つまり、良き偶然を手にするためには、機会を生むことと同時に、その機会を活かす能力が必要だということです。そのうえで、計画された偶発性の考え方では、5つのことを大事に考えます。それらは、好奇心、永続性、柔軟性、楽観性、そしてリスクテイクです。

好奇心は、さまざまなことに関心を向けることです。特定の方向だけに関心を向けていれば、偶然は起こりにくくなります。仲の良いグループがいて、楽しいからといってその仲間とばかり会っていては、なかなか新しいことは起こりません。探索の方向は、自分がすでに関心を持っているものばかりではなく、さまざまなことに向けられる必要があります。

また、偶発性を生む探索を根気よく続けることが重要です。良き偶然は1度や2度で起こるとは限りません。1度や2度の探索活動で諦めることなく、永続的に探索を行うことが良き偶然を生む可能性を高めてくれるのです。

また、起こる機会を柔軟に、そして楽観的に捉えることも重要です。自分の価値観やこれまでの考え方にとらわれることなく機会を捉えなければ、なかなか良き偶然にはつながりません。また、その機会に対して良い方向につながると考えることも大事です。どちらも、目の前にある機会を活かすためには必要な考え方だといえます。

最後に、リスクをとることが重要だと考えます。たとえその機会をものにできたり、良い方向に行く可能性が低くとも、そのリスクをとらなければ良き偶然はつかめません。レギュラー選手がケガをして巡ってきた機会に、「良い結果を出せなかったら、二軍に落とされてしまうから

この機会は諦める」というような態度では、いつまで経ってもキャリアは開けていかないでしょう。

　企業組織においても、良き上司に出会ったり、面白い仕事に出合ったりすることでキャリアにおける良き偶然を得ることがあります。これらの偶然の多くは、異動によってもたらされます。最初の配属やこれまでと異なる部署への異動、あるいは異なる地域への異動など、企業組織においては予期せぬ異動があります。このような異動は新しい上司や同僚、職場、あるいは仕事といった偶然をもたらします。

　組織で働く多くの人のキャリアを決定づけているのは、人事異動ではないでしょうか。組織のどのポジションに誰を就けるのか、ということは、組織の力を有効に使うために重要な意思決定ですが、そのことが新たな偶然を呼ぶことを考える必要があります。

5　新しいキャリア

　ここまで組織の中のキャリアについて考えてきました。つまり組織の枠内でのキャリアを前提に考えてきたわけです。しかしすべての人が組織に属し、組織の中でキャリアを歩むわけではありません。転職のようにキャリアの途中で他の組織に移ることも、決して珍しいことではありません。

　また、仕事をする国や地域、職種にこだわらずにキャリアを歩む人も多く出てきています。企業組織においても、自分の組織だけでキャリアを歩む人だけで構成されるのではなく、さまざまなキャリアの考え方を持って組織に参加する人がいます。このような人は、キャリアにおいてどのような特徴を持った人なのでしょうか。

　組織や産業、あるいは専門性や国など、これまで境界とされてきたものをあたかも何もないかのように歩むキャリアを、文字どおり境界なきキャリアということで、バウンダリレス・キャリアと呼びます。このようなバウンダリレス・キャリアを志向するためには、3つの知ることに関する能力が重要になります。それらは、Knowing-Why、Knowing-

How、Knowing-Whom に基づく能力です。

　Knowing-Why は自身のアイデンティティ、何を成功と考えるかといった心理的成功、価値観にかかわり、自分がなぜそのようなキャリアを歩もうと考えるかについての理由や、その価値を理解することを指します。そもそもなぜ、さまざまな境界を越えてキャリアを歩もうとするのかということを理解していなければ、その場その場でやりたい仕事をした結果、結果的にさまざまな境界を越えて仕事をしてきた人と変わりがなくなってしまいます。

　次に、Knowing-How は自分の専門能力や知識、技術にかかわる仕事能力です。組織をはじめさまざまな境界を越えてキャリアを歩もうと考えている人にとって、自分がどのような専門能力や知識、技術を持っているかを知らなければ、自分を仕事の中で活かすことができませんし、仕事を得ることもままならないかもしれません。

　Knowing-Whom は、人的ネットワークの理解、つまり自分自身がどのようなつながりを持っているかを知ることです。さまざまな境界を越えてキャリアを歩むためには、特定の境界の枠内のネットワークにとどまらず、自分特有のネットワークを持つことが必要になります。それはさまざまなネットワークから得られる利便が境界を越えてキャリアを歩むためには、有力な資源になるからです。もし、自分のネットワークが組織や専門世界だけの限られた範囲内に収まるのであれば、その境界を越えてキャリアを歩むことは、なかなか難しくなります。

　このような境界のないキャリアは、これまでの組織内のキャリアを歩むことと、どのように異なるのでしょうか。その違いは表9-1にあるように、いくつかの点で示されます。

　たとえば、バウンダリレス・キャリアでは、成功や目的は主観的なもので、個人の意味づけによって決まります。一方、組織内でのキャリアを前提とした伝統的なキャリアでは、成功や目的は、たとえばより高い地位あるいは報酬の多寡、といったように、外的なものによって定まることが多いと考えられます。

　また、キャリアのイニシアティブをとる主体も異なります。バウンダ

表9-1　バウンダリレス・キャリアと伝統的キャリアの違い

	バウンダリレス・キャリア	伝統的キャリア
成功の基準	主観的	客観的あるいは規範的
キャリアのイニシアティブ	個人	組織と個人
キャリアの方向	複数の方向への成長	垂直的昇進

リレス・キャリアでは、自分のキャリアを主導するのは自分自身です。自分自身が動かなければ自分のキャリアは変わっていきません。

　一方、伝統的キャリアでは、基本的には組織内での異動という形で組織がそのイニシアティブをとります。また、伝統的なキャリアがキャリアの発展を垂直方向のみで想定しているのに対し、バウンダリレス・キャリアでは、さまざまな方向への発展の可能性を含んでいます。

　成功の基準が主観的ですから、権限や影響力などが強くなるような組織の上位に立つことに限らず、専門性を追求し知識や能力が高まること、あるいはそもそも仕事が楽しいことなど、さまざまな形でのキャリアの発展を考えうるのです。

　このようなバウンダリレス・キャリアの価値観に基づいてキャリアを歩んでいる人にとって、組織は自分自身の活動を制限するものにはなりません。そこは資源が集まる場であり、その場におけるプロジェクトをベースに仕事をこなし、キャリアを歩んでいくことになります。

　たとえば、俳優は映画やテレビドラマ、舞台の演目ごとにキャスティングされ、それが終われば、また別の映画やドラマで仕事をしていきます。その中で、名脇役やお母さん役といったように、自分のアイデンティティを持ちながら、作品を渡り歩いてキャリアを発展させていきます。人によっては、俳優から政治家といったように、芸能界という枠を超えてキャリアを歩む人もいます。

　このような人々にとって組織は、従来の経営組織に属してキャリアを歩む人々の組織とは全く異なります。たとえば、このようなキャリア観を持つ人に、昇進や昇給のようなインセンティブはあまり意味をなしま

せん。組織の力をより大きくするためには、このような長期的なキャリアの考え方についても考慮に入れたうえで活動をする必要があります。

> Column　プロティアン・キャリア
>
> 　伝統的なキャリアの考え方に対して、バウンダリレス・キャリア以外にもいくつかの考え方がキャリア論では示されています。そのうちの1つが、ボストン大学教授のダグラス・T・ホールによるプロティアン・キャリアという考え方です。
>
> 　プロティアン・キャリアは、ギリシア神話に登場するプロテウスに由来します。プロテウスは海の神ですが、何にでも変身できるという能力を持っています。このことから、プロティアン・キャリアは、変幻自在のキャリアと呼ばれます。
>
> 　プロティアン・キャリアでは、伝統的キャリアとは異なり、地位や収入ではなく個人的な価値に基づく心理的成功を重視するキャリアであることが特徴であり、やはり組織ではなく個人によって主導されるキャリアです。
>
> 　このプロティアン・キャリアにおいて重要になる能力が、アダプタビリティとアイデンティティです。アダプタビリティは、変化する環境に対して学び、適応する意欲と能力を意味し、アイデンティティは自身の欲求や動機、能力、価値、関心などの明確な自己イメージ、自己認識があることを指します。プロティアン・キャリアではこの両者があることが大事だと考えます。
>
> 　たとえば、アダプタビリティだけがある場合、変化する状況には、その都度うまく対応できるかもしれませんが、それではカメレオンのように変化に対応するだけで、良きキャリアを歩めなくなってしまいます。
>
> 　一方、アイデンティティだけがあっても、変化に対して麻痺的・防御的になり、自己イメージを守るために回避的な行動をとりがちになってしまいます。変わりゆく環境の中で、柔軟に振る舞いながら自

分のキャリアを確立するには、アダプタビリティとアイデンティティの両方が必要となるのです。

　バウンダリレス・キャリアやプロティアン・キャリアは伝統的なキャリアの考え方に対して生まれたものですが、必ずしも組織内キャリアを歩むことと相反するものではありません。1つの組織でキャリアを歩むにしてもプロティアン・キャリア志向でキャリアを歩むこともありますし、専門という境界にこだわらないというようにバウンダリレス・キャリア志向を持つこともできます。

　改めてこれら新しいキャリアの見方の特徴は、自分で自分のキャリアを舵取りするという意識が明確な点です。別の言い方をすれば、自分で自分のキャリアの責任をとるという意識が明確であるともいえます。

> 考えてみよう
>
> 会社組織あるいは上司が個人を成長させるためには、どのようなことが重要になると考えられるでしょうか。
>
> 調べてみよう
>
> シャインの、キャリアを考える3つの問いに従って、自分のキャリアについて自己分析をしてみましょう。

CHAPTER 10

新たなことを学ぶ

　第9章では、キャリア論から個人の成長に関して考えてきました。個人が新しい情報を得て、学び、知識を得るのと同じように、組織も新しい情報を得て、学び、知識を得ていく必要があります。また別の言い方をすれば、そもそも組織が人の営みの集合体である以上、組織には日々たくさんの情報や知識が集まることになります。そして、それらの情報や知識を組織が有効に使えるかどうかという点は、組織にとって重要になります。

　私たちは、先人たちの経験から得られた知識や情報のうえで生活をしています。もし先人たちの知識がなければ、私たちは動物と同様に、生まれるたびに常に原始時代の生活からスタートしなくてはなりません。過去の人々が培ってきた知識や情報のもとに、生活がスタートしているために、私たちは発展することができるといえます。

　企業組織においても、もし組織の先人たちが仕事人生の間にようやく得られた知識や情報が次へ伝えられなければ、新しく入った人々は、また同じことの繰り返しになってしまいます。組織にとって新しいことを学び、それを次へとつなげていくことが組織のより良い発展につながると考えることができるのです。この章では、組織における学習について考えていきます。

1 個人の学習

　では、いったい人はどのように学習をしていくのでしょうか。仕事の中ではOJT（On the Job Training）とOff-JT（Off the Job Training）

の大きく2つによって学習が行われていると考えられています。OJTは仕事をしながら学ぶことを指し、Off-JTは仕事を離れて研修や自己学習などを通して学ぶことを指します。

このうちOJTには3つの学習が含まれます。それらは行動や経験からの学習、模倣からの学習、そして指導による学習です。ここでは、仕事において、より重要だとされる行動や経験からの学習と模倣からの学習の2つの学習モデルをもとに個人の学習について考えていきます。

1-1　経験による学習

スポーツでも音楽でも仕事でも同じですが、実際に経験することは大きな学習の機会になります。しかし、同じような経験をしても、その学習の成果は人によって異なります。能力などその人に備わっている違いにもよりますが、多くは図10-1に示すような経験による学習のサイクルがうまく回っているかどうかの違いとも考えることができます。経験学習のサイクルは、この図に見られるように「具体的経験→内省的観察→抽象的概念化→能動的実験」の順で行われます。

まず、具体的経験は学習する本人が他者やさまざまな事物に働きかけることで起こる相互作用を意味します。学習者自身が働きかけることがまずは大事になりますし、それこそが経験であるといえます。

ただし、どのような経験でもよいわけではありません。ここで重要になるのは、この経験の質です。学習を呼び起こす経験は、学習する人の能力を超えてこなさなければならない挑戦的、あるいは新規の業務や職務です。日々繰り返していることや慣れていることは、学習を引き起こす経験にはならないのです。

仕事の世界では最初のうちこそ、どの仕事も挑戦的で新しい仕事ではありますが、慣れるに従って仕事の挑戦や新規性の度合いは減ってくるのが普通です。ですから、学習の観点から考えれば、異動をしたり昇進をしたりすることは、学習をする良い機会を生み出しているのだと考えることができるのです。

次の段階は、内省的観察です。内省的観察は、学習者が仕事の現場を

図10-1　経験による学習と成長

出所：Kolb(1984)p.21より作成。

離れて自分の行動や経験、出来事の意味を多様な観点から振り返り、意味づけることを指します。このような内省的観察を行ううえで重要なことは、未来志向であることと、相互作用を伴うことです。未来志向であるということは、次はこうしよう、といったように、単に振り返るだけではなく次からの行動につなげようとすることです。このような志向がなければ、内省を行ったとしても、それは学習にはなかなかつながりにくく、いわゆる「反省だけなら猿でもできる」といった状態になってしまいます。

そして相互作用を伴うというのは、自分1人だけで内省的観察を行うのではなく、上司からのフィードバックや同僚との対話などを通じた観察が有効であるということです。内省的観察の重要性がこれまで自分が考えてもいなかったような視点を得ることと考えれば、他者からの視点によるフィードバックや対話が重要であるのは自然なことです。

3番目の段階は、抽象的概念化と呼ばれます。これは経験を一般化したり概念化したりすることを指します。あるいは、経験を他の状況でも使えるようにルール化することやルーティンを自ら作ることを指します。この段階を経ない経験は、全く同じ状況でしか使えない知識になってしまうため、ルールやルーティンといったさまざまな状況でも使える形に経験を変換する必要があるのです。

たとえば、初めて作る料理を失敗してしまったときに、内省を通して塩が多かったことや火を入れすぎたことが原因だとわかったときに、次に作るときは塩加減や火加減に気をつけようと考えるのにとどまらず、

料理においては塩加減や火加減が重要であること、あるいは塩加減は最初にきつくしないことや適切な火加減をきちんと理解しておくことが大事だと考えることが、この抽象的概念化という段階になります。

最後の段階は、能動的実験です。これは抽象的概念化によって生まれたルールやルーティンを実際に試してみる段階です。ただ頭の中で結論づけるだけでなく、次の行動において実験的に新しいルールやルーティンを実践することでさらなる学習が生まれます。そして、この能動的実験は、新たな具体的経験となり、再び学習のサイクルに入ることになります。

経験による学習の最も重要な点は、経験を経験のままにしておかないということになります。組織の中ではさまざまな出来事を経験することになりますが、成功した経験であれ、失敗した経験であれ、この経験をそのままにしておけば、人々の学習はなかなか進みません。学習は個人によってなされるものでもありますが、組織における学習を促進するためには、内省を促したり、マネジャーがフィードバックをしたり、みんなで対話するようなこと、あるいは、それを次に活かすような機会、といったことが組織においては必要になると考えられるのです。

1-2　社会的学習理論

人は直接経験だけで学習するわけではありません。見よう見まね、また「門前の小僧習わぬ経を読む」というように、人の行動を観察することで学習することもあります。つまり模倣による学習です。これはモデリング学習とも呼ばれるように、お手本やモデルを参照することで学習をすることを指します。

このように、人は観察を通して学ぶことができるとする考え方を社会的学習理論と呼びます。社会的学習理論では、手本となる他者の存在が重要になります。この手本が人に及ぼす影響は注意過程、保持過程、運動再生過程、強化過程の4つのプロセスによって決まるとされています。

まず注意過程は、手本となる人に注意を払うプロセスです。このとき

人は魅力的で、繰り返し観察ができ、さらに重要あるいは自分に似ていると思われる手本に対して最も影響を受けるとされています。子どもは親の鏡といわれますが、子どもにとって親は（魅力的かどうかは置いておいて）、繰り返し観察ができ、自分に似ている存在です。そのため、親を手本にさまざまなことを真似て行動をすると考えられるのです。

次に、保持過程は、手本の記憶に関するプロセスです。もし手本を簡単に観察することができなくなった際に、どれだけその手本を思い出せるかによって手本の影響が決まります。

運動再生過程は、自分で手本を思い出しながら真似してみるプロセスです。このプロセスでは自分で実際にやってみて、それがどれくらいできるかを自分なりに明らかにすることになります。モデリング学習においては、真似をしてまずやってみるということが大事になるのです。

最後に、強化過程は、見返りや褒美があることによって、その手本とした行動をやってみようという気持ちになるプロセスです。どんな模倣でも繰り返しやらなければ、なかなか手本どおりにはできません。手本と同じようにやれることで見返りがあったり、褒美をもらえたりすることで、人はそれを繰り返し行うことになります。

模倣による学習は、必ずしも新しいことを生み出すわけではありません。むしろ、すでに組織の中にその行動ができている人がいなければ、模倣やモデリング学習は生まれません。そのことから考えればモデリング学習は、組織に新しいことをもたらす学習とはいえない側面を持っています。しかし、組織にとって新しいことを生み出す学習はもちろん重要ですが、新しく入ってきた人が一人前になる場面など、組織の中のエキスパートを真似て、そのレベルまで組織メンバーの能力を伸ばす学習も重要です。

また、新しい知識や能力の学習は、一人前に仕事の知識や能力がついた後に初めて生まれるものでもあります。そのためには基盤となる知識や能力が必要であり、そのためにも組織の中に模範がいればそれを真似ていくことが、知識や能力の早い習熟には必要です。その点でも、組織は経験による学習とともにモデリング学習を促進していくことで、組織

の力を大きくすることができるといえるのです。

2 社会化プロセス

　先に述べたように、組織のメンバーが最も学習しなくてはいけない時期は、組織に入ってしばらくの間です。プロスポーツの世界では時に、チームに入っていきなりチームの主軸として活躍ができる選手もいますが、企業組織においてはきわめて特殊な能力や技術にかかわる仕事以外では、このようなことは稀です。

　しかし、だからといって、個人任せで知識や能力が十分に身につくのを待つのは時間がかかるものです。他の組織メンバーと同様に給料を払っているのであれば、いち早く組織に貢献できるレベルの能力や知識をつけてもらうことが組織にとっては重要になります。

　また、能力や知識をつけてもらうとともに、うまく組織になじんでもらうことです。ですから、たとえ能力や知識がついたとしても、すぐに辞めてもらっては困ります。なぜなら、仕事ができてもできなくても新人に組織は給与を払っていますし、そもそも採用する段階においてコストがかかっているからです。

　このようにさまざまに学ぶことがある新人の時期を社会化プロセスと呼びます。一般的には組織社会化は、「組織への参加者が組織の一員になるために組織の規範・価値・行動様式を受け入れ、職務遂行に必要な技能を習得し、組織に適応していくプロセス」と定義されます。

2-1　新人が学ぶこと

　では、新人が組織に入って学ばなければならないことにはどのようなことがあるでしょうか。定義からわかるように、新人が学ばなければならないことは、仕事にまつわることと組織にまつわることです。それぞれについて主なものを挙げてみましょう。

　まず、仕事にまつわるものとして挙げられるのは、仕事をするための知識やスキルです。たとえば仕事で使われる専門用語がわからなければ

仕事が進みませんし、先輩や上司の言っていることもわからないでしょう。

　このような専門用語には、その業界や職種で用いられる用語もあれば、その組織特有の用語もあります。たとえば、警察では現場に残された犯人の足跡のことを「下足痕」「げそ」と呼びますが、これも業界用語の1つですし、これがわからなければ捜査に支障をきたしてしまいます。

　もちろん、仕事における知識やスキルも重要です。サービス業であれば商品の知識や接客の仕方、生産現場であれば機械の動かし方や生産の手順など、さまざまなレベルの知識と仕事をするスキルが必要になります。これらを経験学習やモデリング学習、あるいはマニュアルなどの伝聞や指導によって学習する必要があります。

　あるいは、競合他社や取引相手、顧客、支店、子会社などの仕事の外的環境やネットワークについても学ぶ必要があります。自分たちの担当している顧客や取引相手と自社のこれまでの関係や支店間、子会社間の関係なども仕事を進めるうえでは重要な知識になります。

　たとえば、創業当時から付き合いのある取引会社は、時には助けたり助けてもらったりする関係であることが少なくありません。それを知らずに、そのときの交渉を行えば、場合によっては長年の関係を壊し、大きな損害を自社に与えてしまうことにつながるかもしれません。

　一方、組織についても学ぶことが少なくありません。組織について学ぶことの第1は、職場の上司や同僚の名前や地位、あるいは人柄や性格です。あるいは職場の中の人間関係もそうかもしれません。職場の上司や先輩の名前を覚えなければ、組織で仕事生活を送れませんし、仕事をするうえでは上司や同僚の人柄や性格も学ぶべき必要のあるものです。

　あるいは、組織において物事がどのように決まるのか、発言力があるのは誰か、といったことを学ぶのも仕事をするうえでは重要です。組織や職場の中では、公式的な地位は低くても発言力があったり、影響力がある人がいます。誰が力を持っているのか、あるいは誰と誰が近しい関

係にあり、誰と誰が敵対関係にあるのかなど、あまり知りたいことではなくても仕事をしていくうえで、これらのことは必然的に学んでいくことになります。

　また、組織や職場において評価される、あるいは罰せられる行動などの評価基準や評価方法についても学ぶ必要があります。たとえば、組織によっては会議の場では上司や年齢が高い人がまず発言し、若い人は発言すべきではないという暗黙のルールがあるでしょうし、反対に若い人から積極的に発言しなければいけないという考えを持っている組織もあるでしょう。このような組織や仕事における暗黙のルールは自然に学べるものではなく、失敗をしたり、教えてもらったりすることで学ぶものが多いのが特徴です。

　また、職場でうまく仕事をするためには、組織や職場における自分の役割を学ぶ必要があります。言い換えれば、周囲から自分が何を求められているのか、どのような役割を果たすことを期待されているのかということを学ぶのです。

　たとえば、新人であれば、まずは先輩のサポート役という役割を果たさなければならないかもしれません。そのときは、先輩の仕事がはかどるように書類をまとめることや準備を手伝うことなどを積極的にこなすことが求められるでしょう。

　一方で、職場や組織によっては、新人だからこそいろいろな意見を言ってほしいというケースもあります。新人は組織に染まっていない存在でもあります。そのため、組織や職場では新しいアイディアやこれまでと異なる視点を新人に提供してもらいたいと考える場合もあります。このような場合には積極的に意見を言うことが求められるでしょう。このように、組織や職場において、新人の役割は異なります。新人はいち早く、自分が求められている役割は何かを学ぶ必要があると同時に、自分の役割を見出していくことも求められているのです。

　また、社会化プロセスで学ぶべきものとしては、組織の戦略や組織全体の構造など組織の全貌にかかわるものもあります。これらは会社案内などに書かれている経営理念や組織図だけでなく、その戦略の意図や

具体的に実行される計画、あるいは組織図上の部門の役割や連携関係など、書かれていない情報も学ぶことが必要になります。

しかしながら、これらのことを新人が学ぶのは簡単ではありません。それは、新人がアクセスできる情報が限られているからです。組織の戦略やその意図、あるいは組織図上に書かれていない部門の役割や関係などは、しかるべき立場やポジションにいなければわからないことがあります。そのため、このような組織の全貌にかかわるようなことに関しては、実際は社会化プロセスの間だけでなく、徐々に学んでいくような性格を持っていることもあります。

2-2　組織における適応

組織における社会化プロセスでは、さまざまなことを学ぶことになりますが、学ぶだけではなく、それを通して組織に適応していくことが重要になります。しかし、新たなことを学ぶことが、かえって組織への適応を妨げてしまうことがあります。

たとえば、デザインの仕事をしたいと思って入った会社で、デザインの仕事ができるのは10年くらい経ってからで、しばらくは営業の仕事をしなくてはいけないという人事上の慣習があることを知ったらどう思うでしょうか。あるいは、想像以上に職場の和を重んじ、会議では年長者の意見が尊重され、新人はほとんど自分の意見が言えないような考えが支配的な組織であることを知ったら、どう思うでしょうか。

ほとんどの新人は組織に入る前に、その組織に対する期待を持ちます。その組織に入るということは、多かれ少なかれ自分が入りたい会社ややりたい仕事であるわけですから、その期待はポジティブなものであることがほとんどです。しかし組織は、外から見る場合と中に入ってから見る場合では異なることが少なくありません。人間関係でも、軽い付き合いのときにはわからなかったことが、深く付き合うにつれ、わかってくることが少なくありません。

そのため、入る前の期待と入った後の現実の間にはギャップができることになります。これをリアリティショックと呼びます。組織に入る前

にはポジティブな期待を持つことが多いため、多くのリアリティショックは組織や仕事に対する幻滅感につながります。そして、このリアリティショックは新しく入った組織メンバーにさまざまな影響を与えます。

　リアリティショックを経験することで、組織や仕事への適応が遅れてしまうことがあります。なぜなら現実の組織や仕事に対して違和感を持つことで、仕事におけるさまざまな経験に対して前向きに捉えることができなくなってしまうからです。

　たとえば、職場や組織、仕事であれ、リアリティショックを受けると、新しい仕事を与えられても自分はこんな仕事をするためにこの会社に入ったわけではないというように、その仕事経験を先のキャリアに活かそうと考えることができにくくなってしまいます。そのため、社会化プロセスにおける学習の進み具合も遅くなってしまいます。

　また、違和感があることで、組織の仲間との距離にも影響を与え、うまく組織になじめない状況を作り出してしまうことがあります。結果として、仕事へのモティベーションも、会社への所属感も仲間との良い関係も持てなくなってしまい、最終的には組織を離れることにつながってしまうこともあります。

　しかしながら、リアリティショックを回避することは、実際には難しいことがあります。なぜなら、組織や仕事で起こるすべてのことを正確に伝えることが難しいことや、同じ組織であっても仕事の内容や職場の雰囲気が異なることがあるからです。また、採用活動において嘘をつくことはないものの、積極的にネガティブな情報を流す組織はあまりありません。

　また、厳しい現実を事前に伝えたからといって、それが良いというわけではありません。厳しい現実の姿を入ってくる人に伝えることは、確かに現実に近い期待を持つことになり、リアリティショックを軽減することにつながるといえますが、そのことによって、その会社に入ることを敬遠する人も増える可能性もあります。

3 実践共同体

　では、組織の中で学習はどこでどのように起こるのでしょうか。もう少しいえば、より良い学習は組織のどこでどのように起こるものなのでしょうか。経験による学習や模倣によるモデリング学習を踏まえれば、それは人々が集まるところで起こると考えられます。

　ここまで見てきたように、学習は個人の頭の中で完結するものとはいえません。私たちは一見、学習は自分1人でできるものだと考えがちですが、モデルとなる先輩や上司がいること、仕事経験を学習につなげるための周囲からのフィードバック、あるいは直接的な指導やアドバイスなど、学習は周囲の人々との相互作用のプロセスによって成り立つものでもあります。

　もう少しいえば、学習が新しい知識や気づきによってもたらされるとするならば、自分の外側のものや人との相互作用によって初めて学習は起こると考えることができるのです。そう考えれば、学習というのは、社会的なプロセスの1つだと捉えることができますし、組織において学習を促すには、より良い社会的な学びの仕組みを作ることが大事なのです。

　たとえば、スポーツチームやオーケストラでは、練習に参加して自分の技術を磨くことも上達において重要なことですが、練習後や練習中に先輩やより上級者のアドバイスを聞き、そのプレーや演奏を見ることも上達につながります。あるいは、同じようなレベルの者同士で情報交換をしたり、お互い教え合ったりすることも同様です。

　このような教え合う関係や場ができているチームとそうでないチームでは、学習の観点から見て、組織の力が大きく異なってくると考えることができます。個々人の学ぼうとする意欲を高めるだけでなく、組織内外でこのような学習の場を作ることが、組織において学習を促すためには重要になるのです。

3-1　実践共同体とは何か

　学習の場は、さまざまな形で作ることができます。たとえば、職場における朝礼もそこでアドバイスをもらうことや、モデルとなるような人の活動を知ることで学習につながるかもしれません。あるいは、個々人が独立で仕事をしていくのではなく、同じ場を共有しながら一緒に仕事を進めていくことも、そこでさまざまな学びが生まれるのであれば、1つの社会的な学習の仕組みということができるかもしれません。これらの仕組みは、日常的な業務の中において生まれるのはもちろんですが、異業種交流の場など、業務の外においても生まれます。

　そして、このような社会的な学習の仕組みの中の基本的な要素が実践共同体と呼ばれるものです。実践共同体は3つのことで特徴づけられます。それらは、協働の感覚、相互依存の関係性、レパートリーの共有です。

　協働の感覚とは、自分たちの共同体がどのような価値を持ち、どのような目的で活動しているかをきちんとメンバーが理解していることを指します。

　相互依存の関係性は、メンバー間の関係が一方通行の関係でなく双方向であり、互いに依存的な関係であることです。つまり、共同体のメンバーがお互いにとって必要な存在である状態であるほど、学習はより行われることになります。お互いが共同体にとって必要であるからこそ、教え合い、学び合いが起こりやすくなるのです。

　そして、実践共同体では、共同体が長期的に続いていくうちに、特定の言語や儀式、ルーティンなどのレパートリーが生まれます。その共同体特有のレパートリーを持っていることも実践共同体の特徴といえます。ですから、一度限りの集まりでは、このような特徴が作られることはほとんどありませんから、実践共同体とはいえませんし、役割が固定化し、お互いがコミュニケーションをしないような職場も実践共同体とはいえません。

3-2 実践共同体における学び

　私たちは、組織内外のこのような実践共同体での活動を通して学習をしていくと考えられるのです。たとえば、組織の中のプロジェクトチームも職場も、会社の外の交流会も学校も部活も実践共同体といえます。私たちは、この実践共同体にメンバーとして参加しながら活動をし、だんだんとそこでの役割を変えながら、実践共同体の活動に関与していくことになります。

　たとえば、仕事においても新人は、いきなり大きな仕事を託されることはほとんどありません。先輩について一緒に仕事をしたり、先輩や上司の仕事のサポートをしたりします。また1人で仕事をするにしてもその職場のメインの仕事ではなく、小さめの仕事をするのが普通でしょう。

　しかし、社会化プロセスを経て、仕事ができると認められると徐々に大きな仕事を任されるようになります。あるいは後輩が入ってくれば、指導役を任されることもあるかもしれません。そして、先輩たちが職場を離れていくに従って、大きな仕事を任され、職場の中心的な存在となっていきます。

　そのプロセスにおいては、知識や能力を習得するだけでなく、職場の活動の理解や自分自身の役割の認識も学習し、変わっていきます。つまり、実際の仕事の場面では、その人の実践共同体への参加の形が変わることと、その人の行動とそれを通しての実践共同体の理解、そして自分自身の役割認識などが連動して同時的に変化していきます。その中でより実践に根差した知識や能力、技術を習得していくことになります。

　このようなプロセスを、正統的周辺参加（メンバーシップを持ったコアではない仕事への参画）から十全的参加のプロセスと呼びます。正統的周辺参加の段階は、メインの仕事をするわけではありませんが、先輩の仕事を手伝ったり、サポートなどをしたりすることを通して、あるいは仕事中のちょっとした先輩の言葉などを通して、さまざまなことを学ぶことになります。

　そして立場が変わり、また別のことを学ぶことになれば、この実践共

同体に参加していくプロセスそのものを学習と捉えることができ、このような学習を状況的学習と呼びます。ですから、逆にいえば、状況的学習が起こりえない一度限りの集まりや、教える側と教えられる側の関係が固定化しているような場（たとえば学校であっても講義形式の授業の場）は、やはり実践共同体とはいえないのです。

業務外の交流会や勉強会においても、継続的に活動をしていく中で、黙って他人の意見を聞いている段階から、だんだんと発言をしたり、自分が情報を提供する側に回ったりするようになります。このプロセスが学習になるわけです。

このように考えれば、単にOJTで経験を積ませることや、本を読ませたり自己学習を促したりするだけでなく、このような場を作ることで学習を促すことができますし、職場が実践共同体の色彩を強めるほど、そこで働く人の学びが促進されることになります。また、職場内外の集団を学習が発生する実践共同体であると考えることで、さまざまな学習を促す方法を考えることができるのです。

4 知識創造理論

このような組織活動にかかわる知識には2つの種類があります。それは形式知と暗黙知です。

形式知とは、言葉や図表や数式によって表現された知識のことを指し、言葉や図表や数式を通して人に伝える知識です。たとえば、機械の操作マニュアルや製品の設計図は形式知にあたるものです。

暗黙知は、経験や勘に基づく知識で言葉などで表現するのが難しい知識のことです。自転車の乗り方は言葉や図表によって表現することも可能ですが、一方で身体的なコツや勘のようなものもあり、これを形式知に対して暗黙知と呼びます。仕事経験の中から人々は、この暗黙知を得ていきます。つまり、仕事におけるちょっとしたコツやノウハウ、勘のようなものが個々人の中に溜まっていき、それが営業であれ、製造であれ、それぞれの人の仕事の成果を高めていくことになります。たとえ

図10-2 SECIモデル

出所:野中・竹内(1996)p.93。

ば、トップレベルのセールスマンや技術者は、経験からこのような暗黙知をたくさん持ち、それによって高い成果をあげているわけです。

では、このような知識はどのようにして組織の知識となるのでしょうか。経営組織論において知識という資源に着目した野中郁次郎らが提唱した知識創造理論によれば、組織の中での知識の関係は図10-2のようになっているとされ、その4つのプロセスの頭文字からSECI（セキ）モデルと呼ばれます。

まず知識を得るのは、個人です。個人がさまざまな仕事経験の中から勘やコツ、ノウハウのようなものを体得します。ふわっとしたオムレツを焼く勘や特殊な機械の微調整の仕方、あるいは事務業務なら仕事のスムーズな進め方など、仕事をしていくうちに得ていく暗黙の知識があります。これを伝える段階が、共同化（Socialization）の段階です。

人々はこの暗黙知を習得するために先輩や熟練者の真似をしたり、パターンを覚えながら、経験の中でその知識を習得していきます。そしてオムレツを上手に焼いたり、機械の微調整の仕方やスムーズな仕事の進め方などを覚えていくことになります。同種の経験を通じて、1人の暗黙知が多くの人の暗黙知になっていきます。

やがて、それらの暗黙知はちょっとしたコツ、たとえば卵を落としたらジュッと音がするくらいのタイミングでフライパンに卵を入れると

第10章 新たなことを学ぶ

か、いつもより少し高い音がするときは機械の調子が悪いときだとか、ちょっとしたコツや勘がさまざまな方法で形式知化されることになります。

　この段階を暗黙知が形式知へと変換される表出化（Externalization）と呼びます。そもそも言葉などでは表現できないものを形式知へと変換することになるため、メタファーやアナロジーなどを使って「○○のように」「○○みたいな感じで」といったように、知識を表出化することになります。

　これらの表出化され、形式知となった断片的な知識を体系化していくのが、次の段階である連結化（Combination）の段階です。たとえば詳細なレシピには、単に材料と手順だけでなくさまざまなおいしく作るコツが書かれています。このようなレシピは断片的な知識（材料、手順、途中のコツなど）が体系化されたものといえます。そして、これら体系化された形式知は、組織メンバーに伝えられ、それをもとに仕事経験が積み重ねられ、形式知が暗黙知になります。

　オムレツも、詳細なコツの書かれたレシピだけでは上手に焼けるわけではありません。そのレシピの下で何度か作っていくうちに上手にオムレツが焼けるようになっていきます。そして、そこからさらに経験を積むことで、その人なりの新しいコツや勘が生まれていくことになります。この段階が形式知から暗黙知に変わる内面化（Internalization）の段階です。

　組織の中での知識がこのように回り、知識を組織メンバーで共有していくことが組織の力を大きくすることにつながると考えるならば、組織の力を大きくするためには、この知識創造のサイクルをより多く回していくことが大事になります。

　たとえば、新しい組織メンバーが早く知識を身につけられるようにマニュアルを整備することや、仕事経験を積ませること、あるいは各組織メンバーが持っているさまざまな知識を情報技術などを使って共有することなど、知識を創造し、増幅するマネジメントを行うことで、組織の力は大きくなると考えることができます。

5　組織学習

　知識創造の理論では、組織の中で組織メンバーが知識を作り出し、それが組織の中に広まり、組織の知として定着することで組織の力を大きくしようと考えています。それらの知識は形式知として、あるいは、みんなが共有する暗黙知として組織に蓄積されることになります。そして、それが組織の力となります。

5-1　組織ルーティン

　このような組織に蓄積されているものは、知識だけではありません。組織独特の文化や、それに根差した行動規範、第7章で触れたヒューリスティックスなども組織特有のものがあれば、それらも組織の力になるものです。これらは組織メンバー特有の行動を生むことになります。

　たとえば、老舗旅館の魅力の1つは、おもてなしの接客態度です。従業員や旅館のちょっとした気遣いがお客さんを喜ばせ、リピーターを生んでいます。このようなおもてなしは、旅館の中のマニュアルや手順などから生まれますし、旅館の持つ文化や行動規範などからも生まれてきます。そして、このようなマニュアルや手順、文化や行動規範こそ、組織の持つ行動プログラムであり、組織の力の源泉といえます。

　この組織特有の行動プログラムとも呼べるものを組織ルーティンと呼びます。組織はこの組織ルーティンを駆使して組織活動を行っているわけです。そして当然ですが、この組織ルーティンのレパートリーが多い組織ほど、組織の力が高いとなります。一流の人は引き出しが多いなどといわれますが、組織の能力もこの引き出しの多さに依存するわけです。

5-2　組織における2つの学習

　しかし、このような組織の引き出しは、いつまでも有効に働くわけではありません。したがって、組織は常に組織ルーティンを見直し、書き換えていく必要があります。このようなプロセスを組織学習と呼びま

す。知識創造が、どちらかというと既存の知識に新しい知識が足されることを重視することに対して、組織学習では知識が増えることもそうですが、知識が更新されることにも焦点を当てています。

　より具体的に言えば、組織学習には2つの学習のレベルがあるとされます。低次の学習には、単純に新しいやり方や知識を得ることや、シングルループ学習と呼ばれる学習が含まれます。たとえば、車の運転の仕方を学んだり、新しい知識を得ることは低次の学習の1つです。

　また、シングルループ学習とは、結果を見ながらこれまでのやり方を修正していくような学習を指します。たとえば、大学の講義に出てノートを取って、復習することで単位は得られると考えていたとすれば、もし思ったような成績が出ないときは、ノートの取り方を変えたり、復習の時間を増やしたりして成績を上げようと考えます。それがシングルループ学習です。

　高次の学習には、そもそもこれまでの考え方を改めるようなダブルループ学習や、第2段階学習と呼ばれるような学習が含まれます。ダブルループ学習は、同様に講義の例で考えると、勉強のやり方を変えたり、回答の書き方を勉強したりするような、これまでの勉強と成績の関係のあり方を変えるような学習や、そもそも成績を考えるのではなく、講義で新しい知識をしっかり身につけることを重視するように考え方を変えるような学習を指します。このようにダブルループ学習は、自分のこれまでの行動の前提となっていたような価値や目標、あるいは認知枠組みの変化を伴う学習といえます。

　また、そのような学習が結果を出すことによって、今までの考え方に則って行動を修正するだけでなく、そもそも自分の考え方や、やり方そのものが間違っていることがあること、そして、その前提を変えることで大きく成果をあげることができることを学びます。つまり、学習することを学習するわけです。これを第2段階学習と呼びます。

　2つの学習は、組織の中の学習であってもその性格は異なるため、同時には起こりにくいと考えられます。また、2つの学習は組織発展において大きく異なる作用をもたらします。低次の学習は、組織の根本的な

あり方や価値を塗り替えるものではないため、組織自身の漸次的な変化につながりますが、高次の学習は組織の価値やこれまでの常識を塗り替えることになるために、組織にとっては革新的な変化をもたらすことになります。

一方で、低次の学習は高次の学習に比べて、組織の中で促進される傾向が強いことも示されています。これは高次の学習は過去の組織のやり方を大きく否定することもあるからだと考えられます。このことは、組織の発展においては組織慣性が働きやすく、革新的な変化が起こりにくいことの理由と考えることもできます。

5-3　組織の学習サイクル

では、このような組織学習とはどのように起こるのでしょうか。組織が学習するといっても、実際に学習するのは組織メンバーである個人です。もちろん、組織メンバーが個々に学習していることを組織学習とは呼びませんから、知識創造と同様に、個人の学習が組織の学習へとつながることが組織学習ということになります。これらを踏まえると、組織学習はシンプルには、図10-3のようなプロセスで起こるとされます。

まず、個人が自分のこれまでの考え方（信念）や知識を修正するところから始まります。これは、失敗やより成果をあげることをきっかけにして、新たな情報や知識を得たり、あるいは自分なりに工夫をすることによって起こります。そこで個人の信念や知識の修正が行われます。この学習により、個人の行動を当然ながら変えることになります。これら個人の行動の変化が、組織レベルでの行動の変化をもたらします。

そして、組織全体が新しい行動を展開することが、ある環境でのより良い成果に結びつくことになれば、組織の中の個人の信念は強化されることになります。もし良い成果に結びつかなかったり、かえって悪い成果につながってしまった場合には、その新しい信念は棄却されて、また新しい信念が生まれるきっかけとなるのです。

しかし、この組織学習のサイクルは現実にはなかなかこのように順調にいきません。実際には、これらのサイクルの途中が切断され、このサ

図10-3 完全な組織学習サイクル

出所:マーチ/オルセン(1976)p.7。

イクルが回らないケースが少なくないのです。このような不完全な学習サイクルには4つのパターンがあります。

　まず、個人の信念が個人の行動につながらないケースは、役割制約的な学習と呼ばれます。組織が整備され、安定的に活動をする時期においては、さまざまな規則や組織ルーティンが個人の行動を制約します。たとえば、ルールや手順を守らないと罰則がある場合や、他の人はルールを守っているようなケースです。このような場合には、個人としては現在のルールやルーティンよりも良いものがあったとしても、なかなか行動として実行することができません。

　2つ目の不完全な学習は、迷信的学習です。これは組織の行動と環境の変化の間に断絶があるケースです。組織の行動は環境の変化によって変化するばかりではありません。環境は組織の行動とは無関係に変化することも少なくありません。

　たとえば、景気が良くなっている時期に新製品を投入し売れた場合、実際は景気が良くなったおかげで製品が売れたにもかかわらず、新製品を投入したという組織行動が製品が売れたという環境の変化をもたらしたと考えてしまうことがあります。このような間違った理解は、新製品を出せば売れるという誤った信念が形成、つまり、誤った学習が起こることにつながってしまうことがあります。

　3つ目の不完全な学習は、傍観者的学習です。これは組織学習のサイクルのうち、個人の行動が組織の行動につながらないケースです。組織の規模が大きくなれば、部署間や職場間に壁ができることが少なくありません。また専門化が進むほど、組織全体に注意が払われなくなり、組

織メンバーは自分に近しい領域にのみ注意を向ける傾向ができていきます。このような状態においては、たとえ誤った信念を正し、個人が行動を変えたとしても、実際にはなかなか組織全体にその行動が波及していきません。

4つ目の不完全な学習は、環境の反応と個人の信念の間の断絶が起こる曖昧さの下での学習です。これは個々人が環境の変化をうまく認識できずに、結果として個人の信念が修正されないケースを意味します。

環境はいつもわかりやすい形で示されているわけではありません。たとえば、お客が誰一人来ないとか、たくさんのクレームが来ている、といったような状況になれば、ほとんどの人が自分たちの行動に何らかの問題があったのではないかと気づくことになります。しかし、このようにはっきりとした結果が示されることばかりではありません。

また、環境の変化はお客さんや売上げ、といったわかりやすい形で組織の前に示されているわけでもありません。売上げやお客さんの数ではないところに環境の変化が潜んでいることもあります。たとえば、売上げは落ちていなくても、実際は新規顧客がほとんど来ず、リピーターばかりしか来ないこともあるかもしれません。

組織にはルーティンがあることから、どうしてもこれまで注目していた情報に注目が行き、新しい、これまで注目してこなかったような情報には目が行きにくいものです。結果として、環境の変化が個人の信念につながらないということを引き起こしてしまうことがあるのです。

5-4　学びほぐし

このように考えてくると、組織学習においてもう1つ大事な要素があることがわかります。それは学びほぐし（アンラーニング）と呼ばれる行為です。より有効な組織学習を行うためには、学ぶサイクルを回すだけではなく、学びほぐすサイクルも回す必要があります。つまり、これまで自分あるいは組織が正しいと思っていることを見直し、再び再構築することです。

哲学者の鶴見俊輔は、この学びほぐしを「型どおりにセーターを編

み、ほどいて元の毛糸に戻し、自分の体に合わせて編み直すこと」と説明しています。この説明からわかるとおり、この学びほぐしは忘れるということ、あるいは、これまでのやり方を否定することとは、やや異なります。

自分がこれまで身につけてきた知識や価値観など、学習してきたことをいったん客観的に見つめ直し、新しい知識を含めてふるいにかけたうえで、再び自分の知識や価値として学ぼうとすることです。組織が発展していくためには、新たに組織が学習することが必要になります。また環境の変化が起これば、それと折り合うためにも自らが変革していく必要もあります。

しかし、一方で組織は日常の活動の中で組織ルーティンを確立していきますし、ある組織特有のルーティンが組織の力でもあり、成功や良い結果を得ることにつながると考えることもできます。そのため、組織学習は難しいものになりがちなのです。つまり、組織は成果を出せば出すほど、年数が経てば経つほど頑固になってしまうのです。そのためにも組織の中で学びのサイクルを回すことと同時に、学びほぐしを行うことが重要になるのです。

Column　副業と越境学習

プロボノという言葉を聞いたことがあるでしょうか。プロボノの語源は「公共の善のために」を意味するラテン語からきています。専門知識を持つ人が、自分の知識や経験を活かしてボランティアで活動を行うことやその活動をする人をプロボノと呼びます。

もともとは弁護士による無料法律相談といった法律にかかわる職業の人がボランティアで活動したことが最初といわれ、今では法律の専門家にかかわらず、本業の知識や経験を活かしてボランティア活動をすることやそれに参加する人をプロボノと呼び、地域活性化など、さまざまな領域において、広い意味でのプロボノによる活動が進んでいます。

このプロボノは、本業で培われた専門能力や経験を活かして活動するため、これまで本業の組織は、ボランティアであってもこのような活動をあまり認めてきませんでした。なぜなら、ボランティア活動にエネルギーや時間を費やされて、本業に支障をきたしてしまっては問題が残ると考えていたからです。

　たとえば、週末にボランティア活動を頑張ることで、月曜日にはクタクタになって本業の仕事をするようでは、給料を払っている会社としては問題だと考えるのは自然なことです。サッカー選手に高給を払っているクラブチームが、国代表の試合に多く招集されることに良い顔をしないのも、そこでケガをされてクラブチームのプレーに影響が出てしまっては困るからです。

　しかし、近年このプロボノ活動が見直されています。このような活動を通じて自分の強みを認識したり、さまざまな人と活動することで考え方や意識が変わったり、そもそも仕事の能力が高まったりすることがあり、むしろ本業に良い影響を与えると考えられるようになってきたからです。つまり、プロボノ活動を通じてスキルや能力がアップする可能性があるからです。

　プロボノ活動が仕事能力を高めるために有効な機会になることがあります。それほど規模が大きくない企業にとって、社員にとって成長のための有益な経験を企業内で提供できないことがあります。

　たとえば、システムエンジニアにとって、さまざまな組織をまたがるシステムを構築する機会は、能力開発には有益ですが、若い人はなかなかそのような機会には恵まれません。そこでプロボノ活動を通してこのような経験をしてもらおうと考えるのです。つまり、成長や能力開発に有益な資源を外部で調達しようというわけです。

考えてみよう

知識や情報が共有されれば、自然と学びは進むのでしょうか。職場やグループで学び合いが進むには、知識や情報の共有以外にどのようなものが必要でしょうか。そして、それはどのようにマネジメントできるでしょうか。

調べてみよう

初心者に自転車の乗り方や楽器の演奏の仕方などを教えるには、どのような方法があるでしょうか。それぞれの学び方にどのようなものがあるかを調べてみましょう。

CHAPTER 11

外の力を活かす

　第8章で述べたように、組織は環境の中で活動を行っています。また、環境によって組織は影響を受けます。しかし、環境は組織にとって影響を受けるだけの存在ではありません。特に環境の中でも他の組織との関係は、組織に力をもたらしてくれることがあります。

　たとえば、自社が持っていない技術を他の企業から得ることによって短期間に製品開発につなげることも可能になります。自分たちの組織だけで十分に目標が達成できれば、それに越したことはありませんが、現在の企業組織の環境において、自分たちだけで十分である企業組織はほとんどないでしょう。製品が複雑になったり、市場が広範かつ多様になったりしている現在、他の組織の力を自分たちの組織の力にすることができるのであれば、組織としては有効な方法であるといえるでしょう。しかし一方で、他の組織も同様のことを考えていると思えば、自分たちの力を他の組織に使われてしまうことも考えなければなりません。

　この章では、自分たち以外の、外の力を組織に取り込むという観点から、組織間の関係について考えていきます。

1 資源依存パースペクティブ

　組織活動を行ううえでは、自分たちと異なる目的を持つ他の組織の影響はなるべく受けたくはありません。しかし、どうしても他の組織の力を借りなければ、目的が達成できないことも少なくありません。もちろん、これは他の組織にとっても同様のことです。

　このような組織と組織の関係は、資源の依存関係で成り立っていると

考えることができます。つまり、ある組織が自分たちに必要な資源を持ち、一方で自分たちが他の組織が必要としている資源を持っているということです。

　しかしこの関係は、常に均衡がとれているわけではありません。自分たちはAという組織の持つ資源を必要としていても、Aは、自分たちが持っている資源を特に必要としていないこともあります。たとえば、資金繰りで困っている企業は、しばしば銀行から借入れを必要とします。銀行は資金を貸す代わりに、企業経営に指図をしてくることがあります。もし資金を貸した企業が貸倒れになってしまえば、銀行は損害をこうむるからです。

　これらの指図は、人件費を削ることや人員の削減など、企業からすると受け入れにくいことも少なくありません。しかし、それが資金を融通してもらう条件だとすれば、企業はその指図を引き受けざるをえません。つまり、銀行の資源に依存しているために、銀行の影響力を受け入れざるをえないわけです。

　組織間の関係（あるいは組織内の関係）をこのような資源の依存関係で捉えていく考え方を資源依存パースペクティブと呼びます。資源依存パースペクティブの根本にある考え方は、相手に対する依存度が高いと相手に対するパワーが小さくなり、反対に、依存度が低いとパワーが大きくなるというものです。

1-1　資源の依存度の要因

　このような資源の依存度は、大きく3つの要因によって決まります。それらは、資源の重要性（資源の相対的な取引量と必要性）、資源の配分と使用に関する自由裁量、資源コントロールの集中です。

　まず資源の重要性は、依存する側にとってのその資源の重要性を指します。もちろん、資源が重要であればあるほど、相手に対する依存度は高まり、相手からの影響力は強いものになります。

　このうち資源の重要性には、少し触れたように2つの次元があります。

1つは、その資源の相対的な取引量です。これは、自分たちが取引している資源に占める特定の資源の割合を指します。これが大きいと、資源の重要性が高くなります。たとえば、パン屋さんにとって、小麦粉の相対的な取引量は高くなります。なぜなら、パン屋さんの商品はほとんどパンであり、パンを作るには小麦粉が不可欠だからです。ですから、パン屋さんは小麦粉を卸す業者に対して依存度が高くなり、業者が小麦粉の値段を高くするといっても受け入れなければならないかもしれません。小麦粉を仕入れられなければ自分たちの商品が全く作れなくなってしまうからです。しかしもし、パン屋さんがスープや惣菜なども手がけるようになれば、それらにはあまり小麦粉を使用しませんから、小麦粉の相対的な取引量は減ってくることになります。

　たとえば、このような状況で同じように小麦粉の値段を高くするといわれても、スープや惣菜で売上げを維持できると考えられれば、その要求に対して強い態度で臨むことができます。依存度が低くなっているために、影響力を受けなくて済むのです。このような相対的な取引量は、組織の事業が単一か多様かによっても変わってきます。

　資源の重要性のもう1つの次元は、資源の緊要性です。これは組織の生存や存続につながる資源の重要性です。もちろん、資源の相対的な取引量が多ければ、資源の緊要性も高いことが考えられますが、資源の相対的な取引量が少なくても、資源の緊要性が高いケースもあります。たとえば、機械を扱う工場などにとっては、電力は操業に欠かせない資源です。電気が止められてしまえば、操業ができなくなってしまいます。しかし、工場において電力は必ずしも相対的な取引量が多い資源ではありません。また、緊要性はその状況によって異なることがあります。

　資源の重要性においては、単にその資源が手に入るかどうかという点だけではなく、その資源が安定的かつ確実に手に入るかどうかも大事な点です。もし自分の組織にとって重要な資源が必要なときに安定的に入手できないとするならば、その組織の活動に大きな支障が生じます。

　たとえば、最近は土に埋めておくと土に返るような生物由来のプラスチックもありますが、産業で用いられるプラスチックの大部分は石油由

来のものです。しかし、日本では石油をとることができず、主に中東の国から石油を輸入して調達することになります。1970年代にオイルショックが起こったように、さまざまな国際的な要因によって石油の価格は上がったり、輸入量が制限されたりします。それにより、食品の容器などプラスチック製品を製造する企業は、主たる原料が手に入らないため、価格を上げたり、製造する量を調整したりしなくてはならず、それは組織活動に大きな影響を及ぼすことになります。

　このように、組織の活動を行うために重要な資源を見極め、その資源を安定的に確実に手に入れることが、まずは組織の活動を行うためには大切になります。

　資源の依存度を決める2つ目の要因は、その資源の入手可能性です。もし必要な資源が特定の組織からしか得られないものである場合、その資源を持つ組織に対しての依存度は高くなってしまいます。なぜなら、その組織からしか資源が得られないからです。

　たとえば、パンに使われる小麦粉にはさまざまな種類がありますが、もし自分たちのパンの味を出すために特定の小麦粉を使用し、その小麦粉が特定の業者からしか入手することができないとすると、パン屋さんはその特定の業者に対しての依存度が高くなり、影響力を持たれてしまいます。もし、その業者が小麦粉の価格を上げることを申し出てきても、パン屋さんは他の業者からその小麦粉を入手することができないので、値上げを受け入れる他ありません。

　一方、もし他でその特定の小麦粉を売っている業者との取引が可能になれば、依存度は下がり、場合によっては値上げを受け入れずに済むかもしれませんし、小麦粉の業者も、これを機会に取引相手を変えられては困りますから、価格を上げたくても簡単には上げることができなくなります。ですから、独占的にある資源を持っているという組織は、その資源を使用したい組織からすると、大きな影響力を持つことになるのです。

　資源の依存度を決める3つ目の要因は、他の組織が持っている資源の配分や使用法の決定に対する裁量権の大きさです。別の言い方をすれ

ば、資源の統制力です。自分たちにとって必要な資源を持つ組織に対して、もしその資源の配分や使用法に関して裁量権を多少でも持てれば、依存度は低くなります。反対に、資源の使用について何も口を出せなければ、依存度は高くなってしまいます。

　たとえば、特定の小麦粉を扱う業者に対して、パン屋さんは依存度が高くなりますが、もしその小麦粉業者の経営に口を出せるような何らかのパワーがあれば、自分たちに小麦粉を供給することを止めるということは起きにくいですから、依存度は低くなります。

　逆にいえば、希少な資源を持っていてもその使用について自分たちで決められなければ、他の組織の自分たちの組織への依存度は低くなってしまうともいえます。たとえば、大量の顧客情報はそれを持つ組織にとっては重要な資源であり、その情報を欲しいと思う他の組織は少なくありません。しかし、もしその情報を得るときに、使用制限をきちんと定めてあれば、情報を持っている組織は、簡単にその資源をもとに他の組織に影響力を及ぼすことはできません。

　これを別の視点から見れば、このような規制や法律を定めることができる行政や機関は、定められる組織に対して依存度が高くなるといえます。自分たちが持っている資源の使い方について、ルールを決めることができるのであれば、ルールを決められる組織は、資源を持っている組織に対して依存度が高くなるわけです。銀行が監督官庁に対してその指示を受け入れるのは、監督官庁が銀行のさまざまな資源の使用に関して制限を加えることができるからなのです。

　これら、資源の重要性、資源の入手可能性、資源の統制力の３つによって相互依存関係が定まることになります。ある組織にとって重要で、他の組織が入手できない資源を持ち、その資源を自分たちの裁量で使うことができれば、その組織に対して強い影響力を持つことができます。なぜならその組織は、その資源がなければ組織活動ができなくなってしまい、それを決められるのは資源を持っている組織だけだからです。

　こうなると、組織は自分たちの活動したいように活動できなくなって

しまいます。つまり、自由な組織活動に制限がかかってしまうのです。たとえば、ケチャップを作っている会社が、大幅に生産量を増やしたくても、トマトを供給する業者がそれに対応できなければ、生産量を増やすことができません。

1-2 適応戦略──資源の相互依存度を下げる

ですから、企業組織はこのような活動の制約を避けるために、さまざまな戦略を立てることになります。つまり、自分たちの判断で組織の活動を行いたいと考えるのであれば、他の組織に対する依存度を組織は減少させることが必要になります。組織間の依存関係は、通常、実際は相互依存関係になります。

パン屋さんにとっては小麦粉を供給している業者は、パン屋さんに自分の商品を購入してもらっているということになります。もし、自分たちの小麦粉をこのパン屋さんだけしか買ってくれなければ、小麦粉を供給している業者にとってパン屋さんの依存度も高いものになります。このように相互の依存度が相殺されれば、依存度による影響力は起こらなくなります。つまり、もし特定の資源を持つ組織に依存をしているのであれば、それを相殺すれば自分たちの活動への制約が減ることになるわけです。

資源依存による他者からの影響を減少させる戦略は、大きく2つに分けられます。1つは、資源依存関係を回避する戦略、もう1つは資源依存関係を保ちつつも影響力を回避する戦略です。

資源依存を回避する戦略は、さらに2つに分けられます。

1つは、資源の入手先を増やすことです。入手可能性が特定の組織に限られる場合、資源の依存度は高まってしまいます。そのために、別の組織からの資源を得られるようにすることで、資源の依存度を下げることができます。たとえば、特定の小麦粉を取り扱っている別の業者を探すことで、これまで取引をしていた業者は簡単に価格を上げるといった行為がとりにくくなります。

もう1つの戦略は、特定の資源への依存度を下げることです。たと

えば、パン屋さんであれば、パンしか作っていない限り、小麦粉への依存度は高いものになり、小麦粉を供給する業者に対する依存度も高くなりがちです。もし、特定の小麦粉を使用しない商品（たとえば惣菜）や別の小麦粉を使った商品を作るようにすれば、特定の小麦粉への依存度は小さくなり、それを取り扱う業者への依存度も下がっていくことになります。

どうしても資源の依存関係を維持せざるをえない場合にも、いくつかの戦略があります。たとえば、工場における電力は必要な資源ですが、これを使用しないで工場を運営していくことや、電力以外の方法で工場の装置を動かしていくのはなかなか難しいことです。

そのため、他の組織からの影響を少なくし、組織が自由に活動するには、資源の依存関係は維持したままで影響力を回避する戦略をとることになります。この戦略にはいくつかあります。

1つは、交渉ならびに契約することで、一定以上の影響力を及ぼさないようにすることです。たとえば、電力であれば、10年間は価格を据え置きにするといった条件で、資源の取引をする際に、交渉ならびに契約すれば影響力を回避することができます。食品会社が、農家と契約するケースがありますが、これも安定した価格と品質の農作物を安定的に確保したい食品会社側の思惑と、豊作であろうが凶作であろうが、農作物を安定的に購入してもらえる農家側の思惑が一致、つまり相互の依存度が相殺された状態であるといえます。

2つ目は、合併や買収を行い、資源を供給している組織を自分たちの組織に引き入れてしまう戦略です。自分たちにとって重要な資源を持っている組織に関しては、合併あるいは買収という手段で、自分たちの組織に取り込んでしまえば、その資源に対する依存度は変わりませんが、組織間の関係における依存性は回避することができます。

あるいは、敵対する可能性がある利害者集団を自分の組織に取り込むことで、影響力を緩和する方法もあります。これは包摂と呼ばれます。たとえば、銀行から融資を受ける企業が銀行からの代表者を役員の1人として任命したり、大学が監督官庁である文部科学省の役人を大学の

一員として受け入れたりといったように、必要な資源をコントロールしようとする組織のメンバーを受け入れることで、それらの資源の確保にかかわる不確実性を回避しようとするわけです。

また、やや間接的な方法ですが、結託という戦略もあります。結託とは、2つ以上の組織が共通目的のために連合することを指します。たとえば、業界団体は自分たちの共通の利害のために、協働して政治に働きかけていきます。1つの組織では難しいことも、複数の組織が結託することで、依存度が高い組織に対しての影響力を回避することができるわけです。

資源依存パースペクティブに基づけば、他組織に資源を依存する組織は、その依存度によっては自分たちのさまざまな意思決定において、依存度が高い組織からの影響力を受け入れなければならない状況に陥ることがあります。組織は活動における自由度を得るためには、そのような依存度を低減させるための戦略を考えていかなければなりません。

また、逆に考えれば、他組織から自分の組織への依存度が高ければ、その組織への影響力を持つことができます。そのことは、自分たちの組織にとってもメリットになります。組織は他組織を含む環境の力を使い、より大きな組織の力を実現することができますが、その関係において依存度が高くなると、自分たちの組織の自由な活動に支障が出る可能性があると考えることができます。

2 ネットワーク論

組織は別の組織と個別にそれぞれ関係を持っていますが、1つの組織としか関係を結ばないわけではありません。普通、組織は多くの組織と関係を結んでいます。ですから、自分たちと関係を持つ他の組織も同様に多くの組織と関係を持っていることになります。

それぞれの関係は、前節で取り上げてきた資源の交換、あるいは情報の伝達、影響を与える／受けるといった権力関係、情緒的な関係など、さまざまな関係で結ばれています。このことを踏まえれば、組織は他の

組織との直接的あるいは間接的な関係の網の目の上にあると見ることができます。このような関係の網の目を理解する見方として、ネットワークによるアプローチがあります。

　海外へ行くときには必ずしも1つの航空会社の飛行機に乗って行けないことがあります。ある航空会社がどの都市にでも行けるようにしようとすれば、莫大な投資がかかることになります。そのために航空会社は他の航空会社と連携して、乗り継ぎをすることで世界中の都市間を結び、円滑な移動を可能にしています。また、航空会社の多くはマイレージサービスと呼ばれる旅行距離に応じたポイントサービスを行い、獲得したポイント（マイル）に応じて航空券をもらえることになっています。

　しかし、ポイントサービスを提供している航空会社を利用して行ける都市が少なければ、サービスの価値は半減してしまいます。そこで航空会社間でネットワークを結び、ネットワークで結ばれた航空会社のポイントであれば、相互利用できるようなサービスを行っています。しかし、このネットワークに入ることは、他のネットワークに入っている航空会社との関係が結べないことにもつながります。つまり、ネットワークに入ることで、自分たちの組織の行動が制約されることにもなるのです。

　このように、ネットワークの網に入ることで、組織は自分たちでは作りえない力を得ることになる一方で、ネットワークによって自分たちの行動が影響を受けてしまうこともあります。また、このようなことは、組織間の関係だけでなく、個人間でも同じです。

　このようなネットワークのありようによる影響に関して論じてきたのがネットワーク論です。ネットワーク論では、組織間の関係だけでなく個人間や集団間の関係においても、そのネットワークの構造として同じように捉えることができます。どのようにネットワークを構築・利用していけばよいか、ネットワーク論から考えていきます。

2-1　埋め込まれた紐帯

　まず、1対1の関係から考えていくことにします。すでに1対1の関係は、資源依存パースペクティブで見てきたように、重要な資源を持つなど、相手の組織にとって自分の組織への依存度が高いほど、自分たちはその組織に対して影響力を持つことができます。このとき、2つの組織は市場における取引関係が前提となっています。このような関係においては、個々の組織はそれぞれの利潤の最大化をめざして行動することになります。ですから、短期の取引関係、そして利益とコストが関係を形成する主要な要素になります。

　しかし、組織間の関係はそれだけではありません。組織と組織の関係は、ビジネスライクな関係だけでなく、長期的で密接で個人的な関係に至るときもあります。このような関係を「埋め込まれた紐帯」と呼びます。埋め込まれた紐帯は、信頼や情報、協働の問題解決において力を発揮します。なぜなら、埋め込まれた紐帯による結びつきは、自分も相手も利己的に行動せず、相互に利益をもたらすように行動するといった信頼感を持ち、それゆえに相手からも市場における取引関係だけの関係では得られないような豊富で詳細な情報を交換し、問題が生じたときには、その解決に向けて双方が協力し、調整できるからです。

2-2　弱い紐帯と強い紐帯

　では、このような埋め込まれた紐帯の関係は、強いほうがよいでしょうか、弱いほうがよいでしょうか。当たり前に考えれば、強い関係であればあるほど、相互に信頼感は生まれますし、より詳細で秘密の情報も交換することができるでしょう。人間関係においても、家族のように長く強い関係であれば、困ったことも相談できますし、それについてサポートもしてくれるでしょう。将来の進路に悩んだときに相談するのは、ただ挨拶をする程度の仲の人ではなく、お互いよく知った信頼のおける人であるのはごく普通のことです。

　しかし、弱い関係のメリットも、実はあるのです。強い紐帯の関係では、確かに、秘密に近い情報を得ることができます。これは強い関係の

メリットでもあります。しかし、強い紐帯の関係にある相手は、日頃から頻繁に情報を交換する相手でもあります。だからこそ、強い関係を維持することができるのです。

　また、ネットワークで考えれば、強い紐帯の関係にある相手は、自分の他の強い紐帯の関係にある相手とも関係が強い可能性があります。つまり、同じネットワークの輪に入っている可能性が高いのです。そのため、得られる情報は、秘密の情報であることもありますが、自分にとって新しい情報は持っているネットワークが双方とも似ている可能性があるため、それほど入ってきません。

　一方で、弱い紐帯関係では、秘密の情報や詳細な情報は入ってくることは少ないものの、自分が知らない新しい情報が入ってくる可能性が強い紐帯関係よりも高くなります。弱い関係だからこそ、自分の持つネットワークの外側の情報、つまり異なる世界の情報が入ってくる可能性が高くなるのです。これを弱い紐帯の強さと呼びます。

　では、弱い関係も強い関係もそれぞれにメリットがあるとすると、ネットワークをどのように構築することが自分たちの組織にとって最も有利だと考えればよいのでしょうか。自分たちが困ったときに助けてもらう、協力して何かのコトに当たる、ということを考えれば、強い紐帯を中心にしたネットワークが有効になると考えられます。つまり、長い濃密な関係を通して出来上がるネットワークを構築することが得策となります。

　一方で、イノベーションや新しいアイディアといったことであれば、弱い紐帯の強さが活かされます。なぜなら、弱い紐帯からは自分たちが知らなかった知識や情報、観点がもたらされる可能性が高いからです。

　ここでは、まずネットワークの密度の観点から考えていきます。ネットワークの密度とは、ネットワーク内で可能なつながりの数と実際のつながりの数によって決められます。たとえば、5つの組織が参加するネットワークがあったとすると、可能なつながりの数は、図11-1のように、その方向性を無視すれば24本となります。もし、実際にそのすべてが取引関係や情報交換など、何かしらのつながりを持っているとす

図11-1　高密度と低密度のネットワーク

　　　　　　高密度のネットワーク　　　低密度のネットワーク

出所：安田(2004)p.71。

れば、密度はきわめて濃いものになります。一方で、実際のつながりが数個しかなければ、そのネットワークの密度は薄いものになります。以下では、高密度のネットワークと低密度のネットワークの違いについて考えます。

　高密度のネットワークは、みんながそれぞれつながっているネットワークです。そのため、何かあったときには一丸となってお互いをサポートし合うような団結力を持っています。しかし、一方で高密度のネットワークは閉鎖的なネットワークにもつながり、情報の収集力と他者の行動の制約力という点で、ネットワークに参加している人にとって必ずしも良いことばかりをもたらすわけではありません。

　まず高密度のネットワークでは、ネットワークへの参加者は相互に強いつながりを持っています。ゆえに、新しい情報を収集する能力が低く、ネットワーク内で流れる情報も同質的な情報が多くなる傾向にあります。つまり、どこかで聞いた情報がいろいろなところから入ってくるという状態というわけです。一方、低密度のネットワークでは、それぞれが異なる相手と接触する機会や情報を交換する機会を持っている状態です。そのため、多様な情報がネットワークの中を流れるようになるのです。

　また、高密度のネットワークでは、ネットワーク内部でのやりとりが多くなるために、自然とそのネットワーク内での規範や意識が同質的になります。このような同質的な規範は逸脱的な行動をとるネットワークの参加者に対して、ネットワーク内の規範や意識に従うことを強制した

り、そうでなければ、排除しようとしたりします。閉鎖的なネットワークですから、他のネットワーク参加者もこれに同調することになります。

つまり、高密度のネットワークでは、規範や意識が同質化しやすく、それに逸脱した参加者に対して強い制裁を行いやすくなっているのです。これでは、ネットワークから得るものがあったとしても、参加者の行動の自由が制限されてしまいます。一方で、低密度のネットワークは、開放的なネットワークになっていますから、このようなことは起こりにくいのです。

>
> Column　信頼によるつながり
>
> ビジネスの中であっても、利害関係によってのみつながりが生まれるわけではありません。トヨタ自動車は戦後、一度経営危機に陥ったことがありますが、このときの取引企業の１つであった川崎製鉄は、支払いの遅延を認めなかったといわれています。経営危機から立ち直り、世界企業となったトヨタでしたが、これ以後数十年にわたって川崎製鉄とは取引をしませんでした。これは利害関係だけでなく、信頼によるつながりに影響を与えた例といえるかもしれません。
>
> このように実際のビジネスでは、利害関係に基づくだけでなく、信頼や仲間意識といった社会的関係に基づくつながりも存在します。前者を市場取引としての紐帯と呼ぶのに対し、後者を埋め込まれた紐帯と呼びます。
>
> このつながりの特性の違いは、つながりから得られる利点も異なります。埋め込まれた紐帯の利点の１つは、信頼に基づいた関係であるために、相手を出し抜くことはなく、相互の利益を考える関係が形成される点です。
>
> また、市場取引に基づく紐帯が製品のスペックや価格、量といった情報が中心になるのに対し、埋め込まれた紐帯では、より詳細に、きめ細かい情報、言葉や数字などでは表しにくい情報のやりとりもなさ

れます。これらの情報は相互の組織にとって有益であることは間違いありません。また、市場取引によるつながりの場合、取引に不満があれば取引を解消することになりますが、その場合、問題点は解消されません。一方で、信頼によるつながりでは、双方が解決しようと協力を生むことになり、そこで学習が起こることになります。

　一方、埋め込まれたつながりの悪い面もあります。1つはネットワークの中心となる企業が何らかの理由で方針を転換したり、ネットワークから退出したりする際に、関係性が強い分、大きな影響を受けることが考えられます。また、過剰に関係に埋め込まれてしまえば、新しい情報に接することができないといった問題や、経済的には不利な関係を解消できないといった問題を抱えるようになってしまいます。

2-3　構造的空隙を作る

　このように、低密度のネットワークを作ろうとするとき、それぞれの組織は、ネットワークという関係の構造の中で、ある特殊な位置を占めることが重要になります。ネットワーク論に基づいていえば、構造的空隙を作るということになります。では、構造的空隙とは何でしょうか。

　構造的な空隙は、①自分の組織が他の組織とどの程度構造同値であるか、②自分がかかわりを持つ他の組織が、どの程度相互に結びついているか、という2つの要素によって決まります。

　このように定まる構造的な空隙を多く含んだネットワークを持つ組織は、ネットワークの中で優位な立場に立ち、行動や交渉を行ううえで自由度が高くなるのです。まず、構造同値から説明しましょう。構造同値とは、ネットワークにおいて、他の参加者と同じ位置を占めていることを指します。

　図11-2は、Aという組織が、B、C、Dという組織とつながっているネットワークの図です。たとえば、AがB、C、Dからそれぞれ部品を調達している場合、このようなネットワークになりますし、取引関係でなくても、Aが、B、C、Dという組織とそれぞれ担当者同士で非公式（インフォーマル）なやりとりがあり、B、C、Dそれぞれは、特に知り

図11-2 構造同値の図

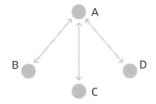

合いではないような関係でもこのようなネットワークで示すことができます。このようなネットワークの構造になっているとき、BとCとDは構造同値の関係にあると呼びます。つまり、3つの組織ともAとしか関係がないという点で同じネットワークの構造をしているからです。

このような構造同値の関係にある組織同士は、競合関係になりやすいといわれます。なぜなら、資源依存パースペクティブの観点から考えれば、Aの持つ資源をB、C、Dの間で取り合うことが起こりやすいからです。

当然ですが、競合関係になれば、組織は自分の思ったとおりに行動がしにくくなります。たとえば、高く売りたくても競合組織との関係上、安く売らなくてはならないことがあります。しかし、BとCとDが結託したらどうなるでしょうか。たとえば、しばしば公共事業の入札では、建設会社間での談合が問題になります。もし、談合ができなければ、入札に参加する組織間で競合関係が起こり、入札を実施する自治体などはより安い金額で公共事業を行うことが可能になりますが、入札をする建設会社間で連絡を取り合い、調整してしまえば、そうはなりません。Aに位置する公共団体は、結託していないときよりも明らかに不利になります。ですから、Aとすると、できればBとCとDの間に関係ができないほうがAにとって有利な関係となります。

これを別の見方で考えると、自分がネットワークを抜けても、あまりネットワークの構造が変わらないかどうか、自分が抜けた場合に、誰とも関係がなくなってしまう参加者がいないかどうか、と見ることもでき

図11-3　ネットワークと空隙

出所：安田（2004）p.196。

ます。この違いをネットワークの図で示すと、図11-3のようになります。

　ネットワーク図のAでは、空隙が少なく重複性の多いネットワークになります。つまり、自分と同様の相手と関係を持つ参加者があり、自分以外の組織もそれぞれつながっている状態です。このようなネットワークでは重複が多くなります。先の節で触れた高密度のネットワークはこのような構造になりがちです。

　一方で、Bのネットワーク図は、空隙が多く重複性が少ないネットワークです。Aとは反対に、自分が中心になってネットワークが構成されているのがわかります。また、自分と関係を持つ組織の間の関係も少なく、自分が他の組織との間を取り持つ位置にいることがわかります。もし、自分がこのネットワークから抜けると、このネットワークの中のいくつかの関係は成立しなくなることがわかります。これが空隙が多いネットワークの特徴です。

　19世紀に欧米列強が中国へ進出した際に、買弁と呼ばれる中国人商人がいました。彼らは外国語ができることと自身のネットワークを利用し、欧米の商社と清国政府とのつなぎ役、あるいは中国の各地域への進出の手助けをし、その手数料で莫大な富を築いたのです。現在の中国でもそうですが、当時の清国においても地縁や血縁はとても重要なものでしたし、現地の詳細な情報は欧米の商社でもなかなか手に入れることが

できませんでした。

　つまり、欧米の商社はそうしたくとも買弁の存在なしでは、中国本土のさまざまな人々とのネットワークを持つことができなかったのです。買弁は本国の有力者とのつながりや現地人ならではの情報収集のネットワークを利用したのです。また、欧米の商社同士は中国進出を競い合っていたために、あまり協力することもありませんでした。このことが、買弁のネットワークのパワーをより強くしたのです。彼らはそのネットワークの力で富を築いたといえます。うまくネットワーク上の地位を確保することが、周囲の力をうまく使うことにつながるわけです。

3　ネットワーク型組織

　第4章ですでに述べたように、現代の企業組織は、製品や技術が複雑になったことや、広範囲の市場をカバーする必要があることなどから、ほとんどの場合、他の組織とのネットワークを持ちながら組織活動を行っています。そして、その組織間のネットワークのタイプはさまざまです。その中には市場取引によって取引ごとにつながりを作っていくような関係もありますし、特定の強い組織を中心に強固な階層（ハイアラーキー）でピラミッド型に構成された関係も、ネットワークによって構成された組織形態といえます。

　しかし、戦略的提携などで結びついた組織など、組織を束ねる原理としてこれらとは異なる原理を持った組織形態もあります。このような組織形態をネットワーク型組織と呼びます。

3-1　ハイアラーキー型組織とネットワーク型組織

　市場や階層と区別されるネットワーク型の組織は、相互に繰り返され、継続される交換関係を持つ一方で、交換に応じて生じる揉め事を解決するための正統的な権威を持たない集まりという特徴を持っていると考えられます。

　つまり、階層では正統的な権威を持つネットワークの参加者が揉め事

表11-1 統治メカニズムとしての市場、階層、ネットワークの比較

主要な特性	形態		
	市場	階層	ネットワーク
規範的基礎	契約―所有権	雇用関係	相補的強さ
コミュニケーション手段	価格	ルーティン	関係的
紛争解決法	値段交渉 法廷闘争	経営上の 命令―監督	主酬性の規範 評判への配慮
柔軟性の程度	高	低	中
当事者間のコミットメント量	低	中～高	中～高
基調または雰囲気	精密・疑念	公式的・官僚制的	オープンエンド
行為者の選好・選択	独立	依存	相互利益 相互依存

出所：渡辺(2007)p.169。

を解決し、市場では取引は関係の継続性が必ずしもあるわけではない、という点で異なるわけです。このネットワーク型組織の特徴は、市場や階層と比較して、表11-1のようになります。

　より詳細に、これらの違いからネットワーク型組織の特徴を見ていくとネットワーク型組織では、組織間ではお互いさまの関係や評判が組織を束ねるメカニズムを担っていることがわかります。また、ネットワーク型組織では、友好的で開放的な相互依存関係に基づく、情報交換や学習の促進、そして協働や信頼の創造です。

3-2　ネットワーク型組織の3つのタイプ

　このようなネットワーク型の組織にはどのようなタイプがあるでしょうか。次節からは、代表的な3つのネットワーク型組織のタイプについて紹介していきます。

大企業―小企業サプライヤーネットワーク

　大企業―小企業サプライヤーネットワークは、1つの最終製品を作る大企業と部品を納入するサプライヤーで構成されるネットワーク型組織です。たとえば、日本の自動車産業では、各メーカーが持つ系列の

ネットワークは、この大企業―小企業ネットワークの代表的な例といえます。自動車業界に限らず、家電や機械、映画、コンピューター機器など、さまざまな業界でこのようなネットワークは構築されています。

　このようなネットワークでは、一般には大企業のほうが中小企業のサプライヤーより強い立場にいることになります。なぜなら、このようなネットワークの場合、サプライヤーの部品は1つの大企業に納入されることがほとんどだからです。ですから、サプライヤー企業は大企業の価格低下や品質向上の圧力になかなか対抗することができません。その代わりに安定した購入先となってくれるのです。

　また、逆にいえば、大企業にとってこのようなネットワークは、自社製品を構成する特殊な部品を発注しやすくしますし、継続的な取引によって技術面などの信頼感も増すことになります。一方で、サプライヤー側は、他に自身の製品を納入する先があれば、大企業からの影響力を避けることができますが、大企業との長期的な関係の中で自身の製品も大企業向け製品に特化しがちになることから、なかなか他の納入先を作ることができません。その結果、小企業は活動の自由が制限されてしまいがちになります。

小企業ネットワーク
　小企業同士が連携し、大企業に対抗する力を持つこともあります。それが小企業によるネットワークです。家具や陶器など地域の伝統産業では、それぞれの職人は独立していますが、連携して製品を作成するネットワークを形成していることがあります。これも1つの小企業ネットワークの姿といえます。

　このような小企業のネットワークの利点は、次の3つになります。
　1つは、相互に信頼が生まれることです。ただし、ネットワーク型組織に信頼が生まれるにはいくつかの条件が必要になります。①市場や技術、賃金率、収益に関する情報が共有されること、②一方的ではなく相互に助け合う経験があること、③関係が長期的であること、④それぞれの組織が規模や力関係、戦略的な位置についていること、⑤収益の増加

や成功を集合的に経験していること、⑥業界団体や組合などによって生み出される運命共同体としての意識が存在することです。信頼があることで、お互い助け合ったり、共通の目的を持って協働することが可能になり、1つ1つの組織は小さくとも大きな組織と同等の力を生み出すことができるようになります。

　2つ目の小企業ネットワークの利点は、個々の組織が小さく、ピラミッド型の階層にならないため、力が分散し、情報の共有が容易になることです。このことによって、企業ネットワークは、環境などの変化に対して柔軟に対応できるようになります。

　3つ目の利点は、小企業ネットワークが持つ福祉機能です。福祉機能とは、特定の産業において少数の大企業によって支配される場合よりも、小企業ネットワークで構成される場合のほうが富が均等に分配されることをいいます。また、複数の事業部を持つ巨大企業が中心にいる場合、その富が地域に分配されずに他の地域へと移転されてしまうこともあります。

　一方、小さい企業のネットワークが存在する地域では、そのネットワークによって生まれた富のほとんどは、その地域に還元されると考えられます。また、小企業によるネットワークでは、企業間での融資や機材の貸借、あるいは相互に教育することなど、ネットワーク内におけるさまざまな福祉機能がもたらされます。

　また、小企業ネットワークのうち、地理的に集積したネットワーク型があります。これらを地域ネットワークと呼びます。たとえば、「第3のイタリア」と呼ばれた中部イタリア地域では、繊維や皮革、宝飾、家具といった職人間で細かな分業のネットワークが形成されています。これらの地域では、小企業のネットワークの利点を活かし、市場の動向に対し敏感に反応しながら、伝統工業を発展させています。

　また日本においても、陶磁器や家具など、産地と呼ばれる特定の産業が発展し、その中で分業のネットワークが形成されている地域がいくつかあります。あるいは東大阪市や東京・大田区のように、町工場が分業のネットワークを形成している地域もあります。このような特定の地域

に特定の産業が集積することを、産業の地域的な埋込みと呼びます。

　このような産業の地域的な埋込みが起こっている地域においては、組織間の密接なネットワークだけでなく、社会関係のネットワークも産地の成功には重要になるといわれます。産地が成功するには、単純に取引関係などのネットワークがあるだけではなく、それが閉鎖的でなく開放的なネットワークである必要があります。

　つまり、地域内にある特定の組織間での固定したネットワークだけではなく、人材や情報、アイディア、資本が存在し、それが人の移動などを通じてさまざまに結びつくことで、新しい革新が生まれてくることになります。そのためには、産地が1つのコミュニティとなるような地域の社会的関係のネットワークも必要となるのです。

プロジェクト・ネットワーク

　プロジェクト・ネットワークは、相互に補い合うことができる相補的なスキルや技術を持つ参加者が特定の目的のために集まったネットワークを指します。プロジェクトとは、特定の課題を達成するために形成され、時間的に限定されたものです。

　たとえば、映画の製作などがプロジェクトにあたります。ただし、映画のプロジェクトは1回限りではありますが、中心になるメンバーや過去にうまくいった場合など、人員が次のプロジェクトでも一緒になることは少なくありません。日本では、黒澤組、小津組などと呼ばれるように、監督を中心に脚本家やカメラマン、役者などプロジェクトをまたいで同じメンバーで映画を撮影するケースは、このプロジェクト・ネットワークの典型的なものといえます。この場合、過去のプロジェクトでの相互の評判や人脈が、次や将来のネットワークの形成において重要なものとなります。

考えてみよう

小企業ネットワークなど、ネットワーク型組織が長くその組織を維持するには、企業間でどのようなことが大事になると考えられるでしょうか。また、ネットワーク型組織が長期的・継続的に形成されることのデメリットは、どのようなものでしょうか。

調べてみよう

同じ業界の取引関係や共通ポイントカードの協力関係など、企業間のネットワークを調べて書いてみましょう。それぞれのネットワークに参加している企業は、そのネットワークに参加することでどのようなメリットがあると考えられるでしょうか。

CHAPTER 12

組織を変える

　最後の章では、組織が変わることについて考えていきます。ここまで、組織の力を大きくするための組織論について考えてきました。しかし、組織が作られて時間が経過する中で、これまでの組織のあり方が組織の力にならないこともあります。

　たとえば効率的な運営をするために作られた組織が、安定した企業環境では効果的であっても、不確実な環境に変化すれば、それに対して柔軟に対応するような組織形態に変更することが求められるかもしれません。あるいは、知らぬ間に自分たちの組織が変わっていってしまうこともあります。組織の規模が変わっていけば、たとえ組織の形態やさまざまな仕組みを変えていなくとも、組織のありようは変わっていってしまいます。

　10人の組織であれば情報伝達の流れなどはわざわざ作らなくとも、みんなで共有することができるでしょうが、規模が100人になると情報伝達のルートをきちんと定めておかなければ、一部の人に情報が偏ったり、重要な情報が意思決定をする人に伝わらなかったり、といった問題が起こることになるでしょう。そうなれば、組織のありようを変更しなくては効率的な組織運営ができなくなりますし、一方で放っておけば、偏りのある情報伝達のルートが自然と生まれてしまいます。この章では、このような組織の変化について考えていくことにします。

　組織が変わるということについては、大きく3つの考え方があります。

1 組織の変化に関する3つの考え方

1つは、組織は意図しなくとも自然に変わっていくという考え方です。組織は日々さまざまな経験をしています（正しくは、組織の中の人々が経験しているのですが）。そして、そこでさまざまなことを学習していきます。それらの学習は大きなものばかりではなく、ちょっとしたことも多いですが、それらを学習していくことによって、組織は少しずつ変わっていくことがあります。あるいは、他の組織と合併や提携するといったことを通じて、他の組織のやり方や価値観が組織の中に入ってくることもあるでしょう。もちろん、組織に参加している人は常に同じとは限りませんから、人が入れ替わることによっても、緩やかに組織は変わっていくことがあります。

このように、組織は時の経過とともに自然と変化していくことになります。私たち人間も、「自分を変えるぞ」と意識していなくても、子どもの頃の自分とは考え方や体つきが変わっていきます。組織も同様に、日々の活動を行っているうちに変わっていくと考えることができるのです。

2つ目は、組織が意図して組織を変えていくという考え方です。この考え方は、もう少し踏み込んでいえば、どうやって組織を変えることができるかという考え方でもあります。

つまり、意図して組織を変革することができるのであれば、どうやって変革したらよいのかということに行き着くことになるのです。組織を道具として考えるとすると、組織が意図的に変わることができるのであれば、どのように変えるのかという考え方が重要になることは、いうまでもないでしょう。

3つ目は、環境の変化によって変わっていくという考え方です。別の言い方をすれば、進化論的なアプローチといえるでしょう。第9章で触れたように、組織は真空状態の中で活動しているわけではありません。自分たちと同じような活動をする組織を含め、個体群として環境の中で活動を行っています。すでに述べたように、この個体群は、環境の

変化の中で、「変異→淘汰→保持」という段階を経て変化をしていきます。

　また、個体群の中の組織には、組織慣性という力が働きます。組織慣性とは、組織の持つ今までの組織形態を維持しようとする力のことを指します。この組織慣性があるために、組織は環境よりも遅いスピードで変化することになります。進化論に基づいて考えれば、組織は環境の変化の中で、その新しい環境に適合する組織形態が選択され、適合しない組織形態が淘汰されます。そして、選択された組織形態が保持され、新しい環境の中で残った個体群が新しい環境の中で活動をしていくことになります。

　この点から考えると、組織は環境の変化で受動的に変わっていくともいえますが、組織は環境の変化に応じて変化を能動的に起こしている側面もあると考えられるかもしれません。その点では１つ目と２つ目の考え方を統合したような考え方といえるでしょう。

　実際のビジネスの世界では、この３番目の考え方が最も自然かもしれません。つまり、組織は環境などの影響によって自然と変わっていってしまう部分と、意図的に変わっていく部分の双方が折り合いながら変化していくものと考えるのが、現実の姿だといえます。しかしながら、本書では道具としての組織という観点から、組織を意図的に変えていく考え方を中心に見ていくことにしましょう。

2 組織のライフサイクル

　まず、意図しない組織の変化について考えます。すでに述べたように、組織は活動を行うにつれ規模が大きくなっていくことがあります。もちろん、勝手に規模が大きくなるわけではありませんから、規模の拡大そのものは意図したものということができます。

　この「意図しない」とは、「変化そのものを意図しない」ということを意味します。経営組織が事業で成功していけば、より大きな付加価値を生み出そうとして徐々にその規模を大きくしていきます。典型的に

は、多くの従業員を雇い、規模が大きくなっていくことが挙げられます。このような規模の変化は、組織にも変化を及ぼします。このような変化は、組織のライフサイクルとして捉えることができます。つまり、組織が生まれ、成長し、衰退するまでのプロセスというわけです。

組織のライフサイクルは、図12-1のように、主に4つの段階で示されます。それらは、起業者段階、共同体段階、公式化段階、そして精巧化段階です。組織は規模の拡大とともに、この4つの段階を経ていくとされています。そして、それぞれの段階にはそれぞれ課題があり、これらの課題にうまく対処しなければ、組織は次の段階への移行が難しくなります。つまり、発展が止まってしまうことになります。では、それぞれの段階について見ていきましょう。

起業者段階は、組織が誕生した直後の状態です。ですから、新しい製品やサービスなど開発とともに市場での生き残りが最も重要な課題となります。この段階では創業者でもある起業家は、生産やマーケティング活動など実務的な活動にエネルギーを注ぎます。組織は、できたばかりなのできちんとした役割や手順などもなく、非公式的で非官僚主義的な組織です。組織は規模が小さいですから、コントロールは経営者個人の指揮でのみ行われることになります。

この段階での危機は、リーダーシップの必要性によるものです。組織が順調に成長すると、従業員が増加することになります。しかしながらこの時期、起業家の多くは製品開発やマーケティングなど市場に目が行きがちになります。そのため、企業規模に応じた組織構造をきちんと定めることが手薄になりがちです。つまり、組織をマネジメントするリーダーシップが失われがちになるのです。

ホンダを起こした本田宗一郎は根っからの技術者でしたが、その横にはお金や組織の差配を行った藤沢武夫がいました。彼がいたからこそ、ホンダは大企業へと成長できたといえます。藤沢がホンダに入ったのは、ホンダが1946年に起業してから3年ほど経った時期です。ちょうどホンダは、ここでいう起業者段階にありました。藤沢が入って組織体制をきちんと固めたからこそ、技術者の本田宗一郎は新製品の開発にエ

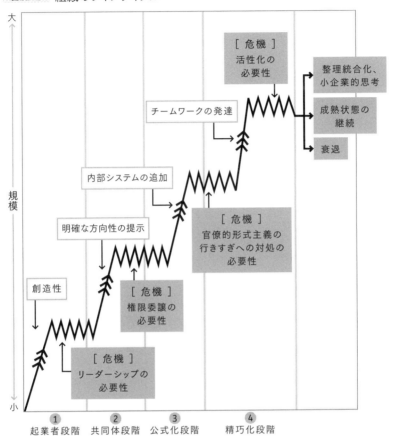

図12-1 組織のライフサイクル

出所：ダフト（2002）p.167。

ネルギーを注ぐことができ、企業組織としてホンダは次の段階に進めたといえます。

　反対にこの時期、リーダーが技術や製品開発、マーケティングなどにエネルギーを費やし、組織内部へのリーダーシップが発揮できないと、組織はなかなか大きくなっていくことができずに、停滞してしまうのです。

組織マネジメントへのリーダーシップの危機が解消されると、リーダーは明確な目標と方向性を示し、組織は次の段階、共同体段階に入ります。この段階では、権限の階層構造や職務の割当てや分業のあり方が確立していきます。この時期は従業員も組織のミッションや目標を共有し、共同体の一員として熱心に働きます。情報の伝達経路などは、起業者段階よりはある程度公式的なものとなり、特定の経路が確立します。

　この時期の危機は、権限委譲の必要性です。組織の規模が大きくなることで、階層が出来上がってきます。つまり、「トップ層─ロワー層」という階層ではなく、「トップ層─ミドル層─ロワー層」という階層になります。このような階層になると、トップが今までのようにすべての人に直接的に指示を出すことや判断をすべて行うことが難しくなります。ですから、だんだんとトップ層は自分の持っていた責任や権限を下位のミドル層に委譲する必要が出てきます。あるいは、各事業部門をコントロールや調整するための組織を整備する必要があります。

　本田宗一郎は優れた技術者でした。組織が小さいときには自らが技術部門の先頭に立って引っ張ってきましたが、大きくなるにつれ、技術者も成長し、本田との間に確執が生まれます。技術者たちにこのことを相談された藤沢はこのとき、本田に「あなたは社長なのか、それとも技術者なのか」と迫ったそうです。その後、本田は技術部門に口を挟むことはなかったそうです。後日、2代目社長となる河島喜好は、「（宗一郎が）あと3年口を挟んでいたら、ホンダは潰れていた」と述べています。

　共同体段階での危機を超え、組織の規模がさらに大きくなると公式化段階になります。公式化段階では、組織はルールや手順、コントロールの仕組みなどを導入し、マネジメントを行います。そのため、インフォーマルなコミュニケーションは減少し、公式的な情報伝達を中心として組織は動いていきます。

　また、技術者や人事スタッフ、経理の専門家などの専門能力を持ったスタッフが組織に入る場合もあります。この段階では、トップ層は、事業戦略などの長期的な課題に携わるようになり、実際の業務運営はミド

ル層以下によってなされることになります。まさに組織が組織らしくなっていく段階です。

　この時期の危機は、このような組織らしくなることの問題、つまり、官僚的形式主義の行きすぎです。さまざまなルールや意思決定をはじめとする仕組みが定まることで、組織は安定的で継続的な活動が可能になりますが、一方でそれが組織メンバーにとっては息苦しくなることもあります。現場とスタッフ部門やトップ層の役割が明確になることで、現場はスタッフ部門やトップ層からの指示や命令に悩まされることもあります。

　某テレビドラマで「事件は会議室で起きているんじゃない、現場で起きてるんだ！」というセリフがありましたが、組織が組織的になることで、現場での柔軟な活動が起こりにくくなることがあります。

　このような危機を乗り越えるためには、改めて協力やチームワークを行う能力を組織がつける必要があります。また公式的なシステムやルールなどは単純化することで、マネジャーは官僚主義的な中でも、ある程度自由に活動することを許容します。さらには部門間の協力を促すために、タスクフォースや部門横断的なチームが形成されることもあります。あるいは、大企業の持つ安定性と小企業の持つ柔軟さを両立するために、分社化などの組織の分割が行われることもあります。

　こうして、組織は最後の段階である精巧化段階に入っていきます。この段階になると規模もこれ以上大きくなりようのないものになり、まさしく大企業になります。この時期の危機は活性化の必要性です。これ以上の規模的な成長がなかなか望めない状況において、組織はまさしく成熟期に入り、大きすぎるがゆえに、そして安定しているがゆえに、環境の変化などへの対応が素早くできなくなっていきます。そのため、トップの交代をはじめとして、組織の活性化を促していくことが求められてきます。

　組織は、放っておいても大きくなるわけではありません。製品やサービスが市場で受け入れられれば、事業の規模は拡大していくことになりますが、それに伴い、それぞれの段階での危機にうまく対処しなけれ

ば、特定の段階で停滞することになります。

　また、もし危機への対処を間違えれば組織は活力を失い、衰退していくかもしれません。組織の規模が拡大することで、組織は新しい段階へと進む、つまり組織は変化していくことになりますが、そのためには、それぞれの段階の危機にうまく対処する必要があるのです。

3 組織変革のマネジメント

　組織の発達に伴って組織が変わっていってしまうにせよ、自ら組織を変えていくにせよ、組織変革とはいったい何が変わることを指すのでしょうか。精巧化段階に入り、成熟した組織では声高に「組織変革をしなくてはならない」といわれることがありますが、いったい何を変えることが組織変革になるのでしょうか。

3-1　組織における3つの変革

　企業がこれまで取り扱ってきた製品やサービス、培ってきた技術を変えていくということも変革の1つですが、組織ということに限っていえば、構造の変革、仕事プロセスの変革、人材の変革の3つが変革の対象となります。

　構造の変革は、権力関係や協力体制、職務内容など組織の構造にかかわることを変えることを指します。第4章で触れたように、組織の構造の変更は、それぞれの職務の内容や権限関係を変えることにつながります。

　たとえば、それまでアジア部門の下にあった日本支店を、日本市場を重要視することからアジア部門から外して独立の日本部門を作ることになれば、日本支店の権限は大きく増すことになります。また、それに伴って人事権などの権限も増えることもあるかもしれません。あるいは、部署を横断するようなチームを作ることによって、それまで縦割りでしか議論ができなかったことが、協力して議論して問題解決にあたれるようになります。

仕事プロセスの変革は、職務の手順や手法、手段の変更を指します。これは組織全体というよりは、職場レベルの変革にあたります。たとえば、生産ラインを、1人の人が1つの工程を担当するようなライン方式から、1人の人が製品の組立てをすべて行うような屋台方式にすることは、仕事プロセスの変革といえます。あるいは、現場で絶えず改善を続けていくことも、この仕事プロセスの変革といえます。

　しかし、このような変革を起こすためには、そこで働く人の意識や考え方、態度、行動を変えていくことも必要になります。これが人材の変革になります。日々改善するためには、そこで働く人が常に新しいやり方を試みたり、より良いやり方や手順を模索するような意識や具体的な行動が必要になります。

　もし、ルールを守ることが大事である、これまでのやり方を守るということが大事だと考えていれば、このような改善は起こりません。積極的に改善を行うためには、意識や考え方のレベルから変えていく必要があります。このような人材の変革には、業績評価のあり方や報酬制度の変更、あるいは研修や教育といったことによってなされることが多くあります。

3-2　古典的組織変革のプロセス

　では、実際にどのようにして組織変革は起こるのでしょうか。変革のプロセスには2つの異なる見方があります。この見方の違いによって、組織変革への対応は異なることになります。

　1つの見方は、組織の日常は穏やかで進むべき道もはっきりし、安定しているが、変革を起こすことで組織が乱れ、あたかも嵐の中で航海するようになるという見方です。そして、やがて変革が落ち着けば、新しい道をめざして再び穏やかに進むことになります。

　もう1つの見方は、組織は常に不安定で進むべき道もよくわからないままに進んでおり、常に何らかの変化が起こっているという見方です。つまり、変革が日常であるような状態です。古典的には、組織変革のプロセスは前者の見方で考えられてきました。

図12-2 変革プロセスの3段階モデル

出所：ロビンス(2014)p.258。

　ですから、次に述べるように、不安定な状況を生み出し、新しい方向を決めていくことが組織変革のマネジメントということになります。一方、近年考えられてきた後者の見方では、組織変革が日常的に起こっていると考えますから、むしろその日々の変革にいかに対応していくかが、組織変革のマネジメントということになります。現代の企業環境の変化のスピードを考えれば、後者の見方のほうが現在では現実的かもしれません。では、それぞれについて、具体的に見ていきましょう。

　解凍

　穏やかな日常の見方における組織変革のプロセスは、図12-2にあるように、3つの段階のモデルで示されます。それは、「解凍→変革→再凍結」です。

　現状が安定的ですから、まずはその状態を動かし、変革を受け入れる素地を作ることが、最初のステップになります。このようなアクションを戦略的な揺さぶりと呼びます。たとえば、トップマネジメントが現状のままで進むことの危機を伝えることで、変革が必要であるという認識が組織メンバーに共有され、組織変革を受け入れる素地ができます。

　変革をより大きくするためには、変革の必要性を強く訴えることが必要になりますから、解凍への衝撃が強いほど解凍はより進みます。たとえば、言葉だけでなく、これまで中心的事業であったが採算がとれていない部門を廃止することなどは、従業員に強く変革の必要性や危機感を伝えることになるでしょう。

　一方で、解凍の時期には現状に留まろうという動きも多く出てきま

す。揺さぶりを通して現状から離れる力を強めるとともに、留まろうとする力を弱めることも必要になります。

変革

　変革の段階では、具体的な変革が行われます。このときにその変革は、2つの主体によって行われることが考えられます。

　1つは、トップによるものです。トップが進むべき道を示したり、具体的な変革の道筋を作ることで変革が行われます。いわゆるトップダウンによる組織変革です。トップが新しいビジョンを示すことなどはその一例です。

　一方で、トップダウンによる変革は組織の末端まで浸透しない可能性があります。笛吹けど踊らず、面従腹背、さまざまな言葉がありますが、トップが変革に熱心でも現場レベルでは何も変わっていないということは、少なからず起こることです。

　これは、現場が日々の仕事に追われていることに原因があります。組織変革は部屋の間取りの変更のように、数日で完成するものではありません。変革が実行されている間も、日々の組織活動は行われていきます。そのため、変革に準じた業務の変更は部分的なものになり、なかなか抜本的な変革は明確な成果の改善につながらない限り、難しくなります。結果的にトップが変革の号令をかけても、現場レベルまでにその変革が浸透しないことや、見かけだけ変革しているということが起こってしまうのです。

　そのため、2つ目に変革の主体をミドルに置くことも考えられます。つまり、実行レベルで変革を起こすのです。これを戦略的突出と呼びます。戦略的突出を生むためには変革型のミドルマネジャーが存在することが必要ですし、そのミドルレベルでの変革をサポートすることが必要になります。

　具体的には、新しい試みを支援する資源の提供や変革への抵抗から守ることが挙げられます。たとえば、新しい試みを推進するチームを新しく作り、有望な人材をチームに集めて新しい試みを起こさせることも

トップによるミドルからの変革といえます。

　このミドルによる戦略的な突出が変革につながるための重要な点は、その戦略的な突出を成功に導くことです。もし新しい試みが失敗すれば、戦略的な突出は説得力を失い、変革はそこで終わってしまいます。そのためにも最初の突出をトップは何としても、成功へと導くことが必要になるのです。

　大阪近鉄バファローズとオリックス・ブルーウェーブ（両チーム名とも当時）で監督を務め、両チームを下位の球団から優勝へと導いた仰木彬氏は、3年契約の監督ならば最初の年が最も大事だと言いました。普通であれば、最初の年は上位に、2年目に優勝争いをして、3年目に優勝というような青写真を描き、最初の年は成績にこだわらず若手にチャンスを与えたり、新戦力を試したりするところを、最初の年こそ何が何でも成果を出さなければならないと言ったのです。

　なぜなら、最初の年に優勝しなくても、優勝の手応えがなければ、選手が監督についてこないからだといいます。ほんの少しの成績の向上では、いずれこの監督も代わってしまうと考え、選手はなかなか監督の考えについていかず、チーム本位ではなく自分本位のプレーをしてしまう。そのため1つでも多く勝ち、新しい監督は違うな、結果をもたらす監督だなと認識させることが必要だといいます。ですから、将来性のある若手を主体にするのではなく、外国人選手や他球団から有力選手を引っ張ってでも、最初の年こそ成果を出すことが大事なのです。

　組織変革も、最初の突出が成功するかどうかによって、その後の変革が進むかどうかが大きく変わるため、トップをはじめとする変革の推進者は、組織変革を成功に導くためにも、戦略的な突出を成功に導くことが同様に大事になるのです。

　しかしながら、ミドルによる戦略的突出が成功であっても、変革の波及が組織全体に及ばないことがあります。ミドルによる変革をより大きくするためには、その変革が組織の中で突出する必要があります。これまでの組織の活動の延長線上にあるような変革では、変革とはいえないからです。

このような、より大きな戦略的な突出をサポートすることがトップに求められることですが、一方で戦略的な突出が大きければ大きいほど、これまでの活動との乖離が大きく、変革の波及が難しくなります。つまり、「彼らは特別だ」とか「彼らはサポートがあったからできたのだ」というような認識があるために、戦略的な突出が波及していかないのです。結果として、一時的な変革が起こったが、また元に戻ってしまったということになってしまうのです。

再凍結

変革を成し遂げるためには、一時的な変化ではなく新しい変革の動きを組織全体に浸透させる必要があります。この段階が再凍結の段階です。変革によって生まれた新しい動きを日常状態にするわけです。組織には組織慣性があります（第8章参照）。そのため、一時的に行動や考え方、あるいは仕事の手順が変わってもしばらくするとまた戻ってしまうことがあります。

私たちも、自分に身についた習慣というのはなかなか直せません。また、健康に害を及ぼす生活習慣や喫煙などを改めようと、一時的に運動をしたり禁煙をしたりすることはできても、時間が経つと、元の習慣に戻ってしまうことはよくあることです。

変革を変革時のものだけでなく、日常時のものにするためには、変革が連鎖的に起こること、そして変革が戦略やビジョンのような新しい組織の方向性として確立することが挙げられます。つまり、変革時に起こったいくつかの変革を一時的なものとせずに、次から次へと起こすように組織的なサポートを行うこと、あるいは変革を促す取組みを継続的に行うこと、そして、いくつかの変革がなされた後に、それを束ねるビジョンや戦略をトップが立て、それによってミドルの突出が組織における公式的なものとして裏打ちすることが重要になります。

ダイエットや禁煙がそうであるように、組織は一時的な活動で大きく変わることはありません。最初の瞬発的なエネルギーは必要だとしても、それだけではなく継続的な変革の動きが行われることで、組織に定

着していきます。

　多くの組織変革の失敗は、瞬発的な組織変革は行われても、継続的に変革を持続していく取組みが少ないことによります。そのためにはトップの継続的、中長期的な変革へのコミットメントが必要になります。また、ビジョンや戦略として新しい変革の動きを束ねていくことで、試験的だった戦略的な突出が組織としての公式的な活動として裏打ちすることも、変革の状態が新しい組織の均衡状態になることを示す重要なアクションです。

　織田信長は、戦いの強さだけでなく、物資や資金の調達、情報や調略の重要性をいち早く認識していました。そのため豊臣秀吉や明智光秀など、戦いが強いだけでない部下にも論功行賞を行いました。桶狭間の戦いで一番の殊勲を、今川義元の首をとった武将ではなく、奇襲を行うための重要な情報を提供した地侍の簗田政綱に与えたのは、部下に驚きを与えたとともに、有名な話です。

　もし、信長が彼らに資金の調達や調略を積極的に行わせていたにもかかわらず、旧来のように戦いであげた首級だけで評価をして、秀吉や光秀を重用しなければ、その重要性は織田軍には行き渡らなかったでしょう。また、信長は楽市楽座や鉄砲の使用など、それ以外にもそれまでの戦国大名とは異なる取組みを行いましたが、これらに次から次へと取り組んだことで、旧来の武士の考え方を持った部下たちを変え、新しい戦国大名としての組織を作り上げたのだといえます。

　ここまででわかるように、大きな組織の変革を能動的に起こすには、現場を司るミドルの自発的な変革活動、突出が必要ですが、トップがそれをサポートするとともに、継続的にこれらの変革が起こるようにすることも重要になります。つまり、トップとミドルがそれぞれ役割を果たすことで初めて組織変革が進んでいくといえるのです。

　このように組織変革における役割の異なる担い手がいることが、一方で問題となるケースもあります。たとえば、ミドルはトップのサポートがないために突出しても、組織の中で孤立してしまうと思っているのに、トップはミドルがなかなか突出してくれないと思い、両者の間でお

見合い状態が続いてしまうことがあります。

　そう考えると、役割を果たすだけでなく、トップとミドルの間でより良い連携をとることが組織変革を進めるうえでは、重要な点になることがわかります。

3-3　変化に対応する

　変革には、もう1つの見方があることを述べました。これまで説明してきた穏やかな日常の見方では、安定運転をしている凍結の状態から「解凍→変革→再凍結」と再び安定運転をする状態に戻すのに対して、もう1つは、実は日々変革の波が起こっている状態だとする見方です。

　改めて述べれば、この状態では、安定した予測可能な状況は存在しません。これまでの考え方が通用しなくなることなど、旧来の常識が崩れることは、例外的な出来事ではなく、静かな凪の状態に戻ることも期待できません。いわば、常に急流に身を置いて船を漕いでいる状態です。このような状態では、常に周りの状況の変化に注意を払い、それに対して適切に行動をとること、変わっていくことが求められます。つまり、変革の圧力が定常的に起こっている状態です。こうしたことを踏まえると、組織のマネジャーは変革をどのように考えればよいでしょうか。

　もちろん、すべてのマネジャーがこのような状態にあるわけではないでしょう。同じ組織であっても、穏やかな日常の状況で仕事をするマネジャーもいれば、このような変化を常に求められるマネジャーもいます。では、このような急流にいる状況のマネジャーは、どのようにして変革をマネジメントしていけばよいのでしょうか。

　このような場合、組織変革は常に引き起こされている状況にあります。そのため、組織変革を起こすということは必要ではありません。むしろ必要なのは、周りの変化に対してどのように対応していくかになります。それが組織をうまく変えていくことにつながるからです。このとき、必要なことは次の4つになります。

　1つ目は、均衡状況を作ろうとしないことです。つまり、先のように安定した状況を生み出そうと考えないことが必要です。なぜなら、組織

に安定した状況を作り出しても、それはまた環境の変化によって安定的ではなくなってしまうからです。

　むしろ、絶えず変化をすることを促すことのほうが、結果として組織の中の混乱を少なくすることにつながります。自転車は漕ぐことで安定していき、スピードを落とすほど安定感が失われていきます。これと同様で、元来不安定な環境にいる場合には、止まった安定的な状況をめざすよりは、動いていたほうが転びにくいことは、組織でも同様です。

　2つ目は、そのうえでの自己組織化が重要になります。自己組織化とはマネジャーなど組織の上位者が、指示を出して組織をコントロールするのではなく、組織メンバー自らが自分たちを律し、管理し、協働しようとすることです。サッカーでは、作戦などはあるとしても、プレー中は基本的には選手たちが敵の様子に対応しつつ、味方同士連携をして勝利をめざします。事前の作戦は監督など選手以外のメンバーも含めて対策を立てますが、そのとおりにいかない場合には、選手たちが試合中に自発的に修正しながら試合を進めていく必要があります。

　上司やマネジャーからの指示命令によってだけ動くのではなく、組織メンバーの判断によって連携を変えたり、意思決定を行ったりする自己組織化が急流の状況には必要になります。ですから、マネジャーのようなマネジメントを行う立場の人間は、コントロールしようとするよりも、組織メンバーの自己組織化を支援することが必要になります。

　3つ目は、失敗を恐れず失敗から学ぶことです。急流の状況では意思決定において、事前に正解を見つけることは難しくなります。たとえ見出すことができたとしても、その正解も環境の変化によって、次の瞬間には正解かどうかわからなくなってしまいます。私たちは暗闇の洞窟で歩くときにはどうするでしょうか。ちょっとずつ歩を進めて、周りを探りながら歩くのではないでしょうか。少し足で探ってみて前に穴がありそうだったら、別の方向に歩を進めるでしょうし、分かれ道であればとりあえず片側を選んで、おかしいと思ったら引き返して別の道を進むでしょう。常に確信を持つ結論に至ってから進むのではなく、失敗を恐れずに進み、失敗を含めたその経験を後から活かしていくような姿勢が、

長期的な成功のためには重要になります。

　4つ目は、小さな変化でも大きな変革につながることです。どんどん進む急流では、舵の角度を少し変えただけでも、流れに乗っていく間に全く異なるルートを進んでいってしまいます。同様に、常に環境が変わっていくような状況にある組織では、少しの変化が後の大きな変化につながることが多くあります。

　たとえば、人材募集の際の条件を変えることで、これまでと全く異なるタイプの人材が集まり、彼らが即戦力として活動していく中で組織のありようが以前とは変わるといったことです。安定的な状況であれば、異なるタイプの人材も社会化を通じて、同じような価値観へと変わっていくのでしょうが、変革が常である状況では、彼らもすぐに組織の一員として活動することが求められますし、これまでの価値観や考え方を徹底するような余裕もありません。結果として、組織を変えていくことにつながります。

　また、もう少し別の言い方をすれば、常に組織を急流状態に置くことで、組織が変わり続けていくことを促すこともできるかもしれません。組織の中を秩序立てようと考えるのではなく、組織の中に意図的に混沌を生み出していくことも、組織変革の1つのアプローチということができるかもしれません。

　ホンダはもともとは二輪車の製造から始まりましたが、自動車の生産を始めてすぐに世界的な自動車レースであるF1に挑戦しました。当時のホンダから考えればとても大きな挑戦でした。しかしこの挑戦を通じて、ホンダの技術者は現状に甘んじることなく、さらなる技術向上に奮闘することになります。

　これまでのやり方を大きく変えるような組織変革ではありませんが、新しい課題に対応するために、現状に安住することなく、さまざまな技術開発を行う圧力が技術者にかかったことを考えれば、F1への挑戦という、組織にとって厳しい環境に置かれることで、1つの組織変革がなされたと考えることもできます。

3-4　4つの変化の操縦モデル

　このように見てくると、組織変革のあり方も見方によって異なることがわかります。安定的な状況を打破するような組織変革では、組織変革は大きく急進的なものになります。そのためにトップとミドルが協力して大きな力で組織を変えていくことが求められます。一方で、常に変化している状況での組織変革は、小さな変化の繰り返しによってなされます。それは環境からの要請でもあり、組織として環境に対応する結果でもあります。どちらにせよ、常に小さな変化を繰り返していくことで、大きな組織変革につながることになります。

　これらの違いを能動的に組織変革を起こすのか、環境の変化などの要請によって受動的に起こすのかといった変革への能動性の軸と併せてみると、図12-3のように、4つの変化のモデルとその変革の行動が示されます。

　能動的で小さなレベルの変革には、これまでの仕事の手順や、やり方などの刷新や改善、あるいは技術のアップデートなどがあります。生産現場でのカイゼン活動は、このようなタイプの変革になります。

　受動的で小さなレベルの変革には、状況の変化に巻き込まれるような形での変化や適応があります。たとえば、国の制度によって食の安全基準が変われば、それに対応して企業組織も安全基準の見直しをしなくてはなりません。一方、受動的で大きなレベルの変革には、企業の存亡につながるような市場や環境の変化への対応があります。

　たとえば、東日本大震災はさまざまな企業組織に甚大な影響を与えましたが、その中でも原子力発電所の事故は、日本の国民や政府の電力に対する考え方を大きく変え、日本の電力会社に組織の存亡にかかわるような変化を求めることになりました。

　そして、能動的で大きな変革は、いわゆる人員整理や革命的な組織変革などが挙げられます。カルロス・ゴーンによる2000年代の日産自動車のV字回復や1980年代にジャック・ウェルチが行ったGEの組織変革など、よく組織変革で挙げられる事例は、だいたいがこの能動的で大きな変革に含まれるでしょう。私たちは、組織とは合理的で安定的な存

図12-3　変化の操縦モデル

	小規模な変化	
受動的変化	状況の変化に巻き込まれる形での変化や適応	仕事の手順ややり方の刷新や改善技術のアップデート	能動的変化
	企業の存亡につながる市場や環境の変化への対応	人員整理や革命的な組織変革	
	大規模な変化	

出所：Clegg(2012)p.373より作成。

在であると考えがちです。

　そのため、組織を変えるということは、能動的にそして大きく変えなければならないと考えがちです。もちろん、それも組織変革のあり方ですが、能動的ではなく、受動的に組織が変革していくこともありますし、能動的であっても小さな変革もありえます。変革は変革それ自体が目的ではありません。それらを長期的な成功をもたらす組織変革につなげることが、組織変革のマネジメントだと考えることが大事なのです。

4　組織変革を妨げるもの

　組織変革は、その規模が大きくなればなるほど、能動的に進めていくことが難しくなります。過去に成功したことがある企業や強固な組織文化を持つ企業は、特に難しくなります。その理由は、第6章でも触れたように大きく2つあります。

　1つは、環境の変化によって、自分たちのこれまでの組織文化や価値観が成功につながらなくなったことに気づきにくいからです。過去に成功例がない大きな企業はありません。何らかの事業の成功があったからこそ、企業は大きくなっているはずです。つまり、大きな企業は、それなりの成功のストーリーや、成功に結びついた価値観を持っているわけです。

このような成功のストーリーや価値観があることは、環境が変わり、自分たちのこれまでの成功のストーリーや価値観が環境と合わなくなっていたことを気づきにくくさせます。なぜなら、自分たちのやり方や価値観が正しいと感じていれば感じているほど、業績の悪化や成果の減少があっても正しいと感じているがゆえに、そのことが成果に悪い影響を与えているとは考えず、別の要因が成果に悪い影響を与えていると考えてしまうからです。

　もう1つは、そもそも強固な組織文化や価値観を持っている組織では、これまでと異なる新しい考えが生まれにくいことです。組織文化の強さの利点は、組織メンバーの多くが同じような価値観を持つことで、モティベーションが高まること、細かな指示伝達がなくとも柔軟に組織の価値観に沿って行動をしてくれること、コミュニケーションがしやすいことなどがあります。

　しかし反対に、みんなが同じような考え方をしていることで、これまで示されていないようなアイディアや考えが生まれにくくなります。これは、アイディアや考えそのものが生まれにくいことに加えて、たとえこれまでと異なるアイディアや考えが出たとしても、支持されにくくなってしまうこともあります。

　大きな組織変革が難しい理由は、そもそも変わることに対する心理的な抵抗感にもかかわります。変わることへの心理的な抵抗感は、3つのことから生まれます。

　1つは、未知のものへの恐れです。組織の変革は、それまでの知識を不安へと変えてしまいます。たとえば、海外などこれまでと違う土地での生活が不安を感じさせるのは、それまでの生活で培った知識が通用しないと感じられるからです。組織においても、組織変革が行われることで、今までできていたことができなくなってしまう、今までわかっていたことがわからなくなってしまうという不安が生まれます。この不安のために、人は変革に心理的な抵抗感を覚えるのです。

　2つ目は、先にも述べましたが、習慣の問題です。組織における活動の多くは習慣的に行うものです。伝票の整理でも営業回りでも、さま

ざまな会議における意思決定でも組織生活をある程度過ごした人にとって、仕事の多くは基本的には習慣的な活動です。同じようなやり方や考え方で仕事は処理されていきます。全く新しい仕事でない限り、私たちは過去の仕事のやり方を踏襲しながらそれらの仕事をこなしていきます。

そのため、変革が起こっても、これまでの習慣に則って活動を行おうとします。このような組織変革が起こり、これまでと異なるやり方や考え方が望まれるにもかかわらず、過去の習慣に則って活動してしまうことが、結果として変革への抵抗となってしまうのです。

3つ目は失うことの恐怖心です。組織にある程度長くいる人であれば、地位やパワー、人脈、評判など、さまざまな無形のものを組織の中で持つことになります。それが現在の組織体制で得られたものであるとすれば、組織が変わることで失ってしまうものもあるかもしれません。

たとえば、戦国時代や幕末など戦乱時には武力があることは、その人の大きな利点となりました。しかし、平時になってしまえば、そのような武力はほとんど評価されなくなります。このような傾向は、若年層よりも高齢層に多く見られる心理的抵抗です。それはいうまでもなく、今までのやり方でやってきた時間が長く、組織変革で失うと感じるものが多いということにほかならないからです。

Column　パワー構造の変革の難しさ

組織が変わることは非常に難しいことです。それは何もないところから組織を作るわけではなく、すでにある組織を変えていくことに大きな理由があります。なぜなら、組織が変わることでこれまで得られたものが得られなくなる人々が、変わることに抵抗するからです。

その1つが、パワー構造と呼ばれるものです。たとえば、今までそれほどパワーを持たない事業分野において大きなビジネスチャンスができたとき、本来であればその変化に対処するための大きなパワーを付与して、組織全体でそのビジネスチャンスをものにすることが求め

第12章　組織を変える

られますが、実際には、なかなかその組織内のパワー構造を変えることは簡単ではありません。日本の歴史を見ても、明治維新であっても結局、その後の明治の世の中でパワーを持っていたのは下級とはいえ、武士階級にあった人々でした。

　パワー構造が変わりにくい理由は、パワー構造が固定化する傾向があるからです。それをもたらすものとしてはコミットメント、パワーの自己強化、パワーの制度化の3つの要因があります。

　コミットメントは、過去の意思決定に縛られること、特に成功した意思決定に縛られることを指します。たとえば、これまで多くの投資をしてきたがなかなか目が出ない事業があるとき、過去の投資分があるために、「もう少し投資したら何とかなる」といったように継続的な投資に意思決定が向かいがちになります。そして、これらのコミットメント行動は既存の行動を継続することになりますから、これまでのパワーを持っている人が、そのままパワーを持ち続けることにつながりがちになります。

　2つ目は、パワーの自己強化です。パワーを持つ部門や人は、自分たちの部門により多くの人材を集めることができますし、それらの人々にとって魅力的な報酬をパワーがない部門よりも多く用意することができます。結果として、優秀な人がそこに集まり、パワーは拡大していきます。

　最後は、パワーの制度化です。これは、パワーの構造が固定化すると、そこにパワーがあることが当たり前になり、組織で起こるさまざまなことが、パワーのある部門や人々にとって有利な価値観や行動規範が支配的になっていきます。たとえば、江戸時代の初期では、まだ徳川家が諸国の大名に号令をかけることに不服であった大名も少なからずいたでしょうが、江戸時代も中期以降になれば、そのような思いを持つ人はほとんどいなかったはずです。つまり、パワーが固定化することで、徳川家が力を持つことを疑うことすらしなくなってしまうのです。

　組織変革は元来難しいものですが、このパワー構造の変革は特に難

しいものです。皆さんの組織においても、組織変革をしたように見えて、実際はこのパワー構造が何も変わっていないことは、少なくないのではないでしょうか。

> **考えてみよう**
>
> 組織を変えた結果、当初の方向性とは異なり、組織がおかしな方向に進むことがあります。なぜそのようなことが起こるのでしょうか。
>
> **調べてみよう**
>
> 組織変革を成し遂げたと思われる企業や組織を取り上げ、そのプロセスを調べてみましょう。そのうえで、組織変革をうまく成し遂げるために、どのような要素が大事かを考えてみましょう。

参考文献

- 稲葉祐之・井上達彦・鈴木竜太・山下勝（2010）『キャリアで語る経営組織——個人の論理と組織の論理』有斐閣．
- 金井壽宏（1999）『経営組織』日経文庫．
- 桑田耕太郎・田尾雅夫（2010）『組織論 補訂版』有斐閣．
- 榊原清則（1979）「アストン研究の批判的検討」『商学研究』Vol. 21, pp. 51-84．
- 沼上幹（2004）『組織デザイン』日経文庫．
- 野中郁次郎（1983）『経営管理』日経文庫．
- 安田雪（2004）『人脈づくりの科学——「人と人との関係」に隠された力を探る』日本経済新聞社．
- 渡辺深（2007）『組織社会学』ミネルヴァ書房．
- 渡辺三枝子／エドウィン・L・ハー（2001）『キャリアカウンセリング入門——人と仕事の橋渡し』ナカニシヤ出版．

- Barnard, C. I. (1938) *The Functions of the Exective*, Harvard University Press（山本安次郎・田杉競・飯野春樹訳『新訳 経営者の役割』ダイヤモンド社，1968年）．
- Clegg, S. R., M. Kornberger, and T. Pitsis (2012) *Managing and Organizations: An Introduction to Theory and Practice*, 3rd. ed., Sage Publications.
- Daft, R. D. (2001) *Essentials of Organization Theory and Design*, 2nd. ed., South-Western College Publishing（髙木晴夫監訳『組織の経営学——戦略と意思決定を支える』ダイヤモンド社，2002年）．
- Etzioni, A. (1961) *A Comparative Analysis of Complex Organizations*, The Free Press（綿貫譲治監訳『組織の社会学的分析』培風館，1966年）．
- Fayol, H. (1917) *Administration Industrielle et Générale: Prévoyance, Organisation, Commandement, Coordination, Contrôle*, Dunod et Pinat（山本安次郎訳『産業ならびに一般の管理』ダイヤモンド社，1985年）．
- Kolb, D. A. (1983) *Experiential Learning: Experience as the Source of*

Learning and Development, Printice-Hall.
- March, J. G. and H. A. Simon (1958) *Organizations*, John Wiley and Sons（土屋守章訳『オーガニゼーションズ』ダイヤモンド社，1977年）．
- ―――, and J. P. Olsen (1976) *Anbiguity and Choice in Organizations*, Universitetsforlaget（遠田雄志／アリソン・ユング訳『組織におけるあいまいさと決定』有斐閣，1986年）．
- Nonaka, I., and H. Takeuchi (1995) *The Knowledge-Creating Company: How Japanese Companies Create the Dynamics of Innovation*, Oxford University Press（梅本勝博訳『知識創造企業』東洋経済新報社，1996年）．
- Peters, T. J., and Robert H. Waterman, Jr. (1982) *In Search of Excellence: Lessons from America's Best-Run Companies*, Harper & Row（大前研一訳『エクセレント・カンパニー』英治出版，2003年）．
- Porter, L. W., and E. E. Lawler (1968) *Managial Attribute and Performance*, Homewood Irwin.
- Robbins, S. P., et al. (2013) *Fundamentals of Management: Essential Concepts and Applications*, 8th. ed., Pearson Education（髙木晴夫監訳『マネジメント入門――グローバル経営のための理論と実践』ダイヤモンド社，2014年）．
- Schein, E. H. (1978) *Career Dynamics: Matching Individual and Organizational Needs*, Addison-Wesley（二村敏子・三善勝代訳『キャリア・ダイナミクス』白桃書房，1991年）．
- ――― (1999) *The Corporate Culture Survival Guide*, Jossey-Bass（金井壽宏監訳『企業文化――生き残りの指針』白桃書房，2004年）．
- Taylor, F. W. (1911) *The Principle of Scientific Management*, Cosimo Classics（有賀裕子訳『新訳 科学的管理法――マネジメントの原点』ダイヤモンド社，2009年）．
- Weber, M. (1956) *Wirtschaft und Gesellschaft: Grundriss der verstehenden Soziologie*, 4 Aufl., J. C. B. Mohr（世良晃志郎訳『支配の社会学 1――経済と社会』創文社，1960年）．

さらに学びたい人へのブックガイド

沼上幹『組織デザイン』日経文庫
組織の構造に焦点を当てた本です。組織の骨組み、組織をデザインすることをより深く学ぶ人は、この本を手にとってみてください。

スティーブン・P・ロビンス『新版　組織行動のマネジメント──入門から実践へ』ダイヤモンド社
組織の中の人間行動は組織行動論と呼ばれます。この本は組織行動論の諸理論を紹介している教科書です。組織行動論により関心を持つ人は、この本へ進むとよいでしょう。

リチャード・L・ダフト『組織の経営学──戦略と意思決定を支える』ダイヤモンド社
本書と同じようなスタンスで書かれた教科書です。アメリカのビジネススクールなどでも教科書として使われている本です。本書と合わせて読むと、理解が進むと思います。

メアリー・J・ハッチ『Hatch組織論──3つのパースペクティブ』同文舘出版
ユニークな視点から描かれる組織論のテキストです。本書はミクロ組織論も含めた概論的な教科書ですが、組織論の違った側面をさらに探究したい人には良いスタートとなる本です。

渡辺深『組織社会学』ミネルヴァ書房
マクロ組織論と呼ばれる組織論の中でも社会学を基盤とした理論を紹介しています。トピック形式でわかりやすく書かれていますし、本書で取り上げなかった理論についても触れています。

索　引

A～Z

Hi-Hiパラダイム　118
MUJIGRAM　61
OJT・Off-JT　221
SECIモデル　235
SL理論　121
X理論・Y理論　104

ア　行

アイデンティティ　211, 218
曖昧さの下での学習　241
アストン研究　81
アダプタビリティ　218
安全欲求　68, 103
暗黙知　234
アンラーニング（学びほぐし）　241
意思決定　79, 83, 147, 180, 288
　　──のゴミ箱モデル　159, 161
一部事業部制組織　88
意味のシステム　126, 131
インフォーマル集団　65
ウェーバー、マックス　49
ウェルチ、ジャック　284
ウォーターマン、ロバート　140
埋め込まれた紐帯　254, 257
運動再生過程　224
衛生要因　104, 115
営利組織　15
エクセレント・カンパニー　140
エツィオーニ、アミタイ　12
越境学習　242
オープンシステムの組織　172

カ　行

階層　8, 41, 201, 261, 272
外的キャリア　200, 208
外的報酬　101
下位文化　141

科学的管理法　58, 62, 143
課業(タスク)　59
学習　35, 108, 221
学習性無力感　108
加算的集計　29
価値　14, 24, 110, 129, 137, 156, 285
価値観　126, 132, 137, 142, 286
寡頭制　15
カリスマ型リーダー　135
カリスマ的支配　50
環境　17, 132, 144, 172, 240, 245, 268, 284
　　──の安定性　180
　　──の不確実性　180
　　──の複雑性　180
感情の論理　71
完全結線　41
カンパニー制　91
管理の幅　42, 82
官僚制組織　49, 182
　　──の逆機能　55
機会主義　177
機械的組織　183
規則　51, 60, 182
　　──による行動　51
期待理論　110, 118
　　──のモデル　112
機能別組織　84
機能的統合　29
機能別分業　28, 33
規範的権力　13
規範的組織　13
基本的前提　129
キャリア　53, 197
　　──の適合　203, 209
　　──の発達論　209
キャリアアンカー　205
キャリアコーン・モデル　201
共益結社　15

293

強化過程 224	資源依存パースペクティブ 245, 252, 259
強制的権力 12	資源コントロールの集中 246
強制的組織 13	資源の重要性 246
協働の感覚 232	自己効力感 108, 119
儀礼主義 56	自己実現欲求 68, 103
具体的経験 223	自己組織化 282
グループシフト 166	市場 24, 174, 183, 261
グループシンク 164	自尊欲求 68, 103
グループダイナミクス 162	実践共同体 231
クローズドシステムの組織 172, 182	シャイン、エドガー 129, 137, 203, 205
計画された偶発性 214	社会化プロセス 226
計画のグレシャムの法則 33	社会的学習理論 224
経験による学習 222	社会的欲求 68, 103
形式知 234	集権 83
結託 252	自由裁量 246
権限 51, 69, 76, 79, 93	集団圧力 166
権力（影響力） 12, 79	集団規範 66
権力欲求 104	集団の意思決定 162, 166
公益組織 16	受益者 15
交換型リーダー（リーダーシップ） 116, 134	熟練形成 32
貢献 17, 66	小企業ネットワーク 263
公式化 182	状況的学習 234
構造的空隙 258	精進と奨励 59
構造同値 258	情報処理 177, 180
行動規範 131, 237	職能 44, 201
公平理論 114	職能的職長制 62
合法的支配 50	職能別組織 85
高密度のネットワーク 256	進化論的アプローチ 268
功利的組織 13	シングルループ学習 238
ゴーン、カルロス 284	人工物 129
個人の意思決定 162	人的資源 31
コストの論理 71	信頼 193, 254, 257, 263
古典的モティベーション理論 117	親和欲求 104
コミットメント 288	垂直分業 27, 33
——によるエスカレーション現象 151	水平分業 27
コンティンジェンシー理論 120, 179, 190	スタッフ権限 77
	ストレートキャリア 202
サ 行	成員の無関心 15
サービス組織 16	生産性 58, 65, 156
最適化モデル 148	制度 55, 62, 71, 174, 185
サイモン、ハーバート 152	正統的周辺参加 233
差別出来高給制 62	制度的環境・規則 185
事業部制組織 84, 88	制約された合理性モデル 152, 155
ジグザグキャリア 202	生理的欲求 67, 103

責任　9, 76
センスメイキング　9
選択バイアス　154
専門化　35, 51
戦略的突出　277
相互依存（度）　43, 250
　　──の関係性　232
疎外的な関与　13
組織　1
　　──における曖昧さ　158
　　──の学習サイクル　239
　　──の境界　17
　　──のコンティンジェンシー理論　179
　　──の定義　6
　　──のライフサイクル　269
組織エコロジー論　190
組織学習　237
組織慣性　191, 239, 269
組織均衡論　67
組織形態　85, 93, 179, 191, 269
組織構造　45, 82, 84, 188
組織設計　27, 49, 84
組織内キャリア　200, 219
組織フィールド　188, 190
組織文化　125, 285
　　──の定着　137
組織変革　274, 285
組織目標　17, 55, 66, 100
組織ルーティン　237
組織論　1

タ　行

対抗文化　141
打算的な関与　13
タスク志向の行動　116, 118
達成欲求　104, 118
ダブルループ学習　238
知識創造理論　234
チーム組織　93
注意過程　224
中間組織　178
抽象的概念化　222
中心性　80, 201
中年期の危機　212

調整　19, 27, 37, 41, 73, 182
　　事後の──　41, 46, 73
　　事前の──　37, 46, 73, 182
直列型分業　30
強い紐帯　254
テイラー、フレデリック・W　58
適応　155, 229, 284
適応戦略　250
伝統的キャリア　217
伝統的支配　50
動機づけ要因　103
同型化　185
　　規範的──　188
　　強制的──　188
　　競争的──　188
　　制度的──　187
　　模倣的──　189
同調過剰　56
道徳的な関与　13
ドメイン　17
トヨタ自動車　138
取引費用　25, 174

ナ　行

内省的観察　223
内的キャリア　200
内的報酬　101
内発的動機づけ　106
人間関係志向の行動　116, 119
人間関係論　63, 156
ネットワーク型組織　96, 261
ネットワーク論　252
能動的実験　223
能率　49, 57, 143
　　──の論理　71
野中郁次郎　235

ハ　行

バイアス　149
ハーズバーグ、フレデリック　103
バウンダリレス・キャリア　215
パートナーシップ　179
パナソニック　139
バーナード、チェスター　2, 6

索引　295

パワー構造　287
ヒエラルキー　51
非個人性　51
ピーターズ、トム　140
ピュー、デレック　81
ヒューリスティックス　149
評価基準　40, 228
標準化　37, 82
　　アウトプットの──　39
　　インプットの──　38
　　スループットの──　39
ファヨール、アンリ　45
フィードバック　105, 119, 223
付加価値　5, 24
不確実性　25, 40, 177, 180
藤沢武夫　270
部門横断的組織　76
部門化　43, 73, 85
　　工程別──　74
　　顧客別──　74
　　職能別──　74
　　製品別──　74
　　地域別──　74
プロジェクト組織　93
プロジェクト・ネットワーク　265
プロティアン・キャリア　218
プロボノ　242
分業　27, 34, 73
分権　83
文書主義　53
並行分業　28
並列型分業　30
変革型リーダー(リーダーシップ)　116, 134
変革プロセスの3段階モデル　276
変化の操縦モデル　284
傍観者的学習　240
報酬　101, 110, 131
報酬的権力　12
包摂　251
保持過程　224
ホーソン工場　63
ホーソン効果　65
ポーター＝ローラーモデル　112
ホール、ダグラス・T　218

ホンダ　173, 270, 283
本田宗一郎　270

マ　行

マグレガー、ダグラス　103
マクレランド、デイビッド　104
マズロー、アブラハム　67, 103
マーチ、ジェームズ　152
松下幸之助　139
マトリクス組織　88
マニュアル　39, 47, 60, 118, 132, 237
満足化モデル　154
見過ごし・飛ばし　161
無関心の維持　56
迷信的学習　240
メイヨー、ジョージ・E　63
命令の一元化　89
メンバーシップの原理　178
目標転移　56
モティベーション　34, 103, 132
モデリング学習　224, 231
モラール　64

ヤ　行

役割　8, 82, 112, 198, 228
役割制約的な学習　240
誘因(インセンティブ)　17
　　──と貢献　66
有機的組織　183
欲求5段階説　67, 103
弱い紐帯　254

ラ　行

ライフキャリア・レインボー　198
ライン権限　77
リアリティショック　229
リーダーシップ　115
　　──の行動論　115
　　──のコンティンジェンシー理論　120
利害関係者(ステークホルダー)　174, 251
リスキーシフト　167
理念型　54
ルーティン　157, 223
レパートリーの共有　232

【著者紹介】
鈴木竜太（すずき　りゅうた）
神戸大学大学院経営学研究科教授。
1971年静岡県生まれ。94年神戸大学経営学部卒業。99年同大学大学院経営学研究科博士後期課程修了。静岡県立大学経営情報学部専任講師などを経て、2013年より現職。専門は経営組織論・組織行動論。主な著作に、『組織と個人――キャリアの発達と組織コミットメントの変化』（白桃書房、経営行動科学学会優秀研究賞受賞）、『自律する組織人――組織コミットメントとキャリア論からの展望』（生産性出版）、『関わりあう職場のマネジメント』（有斐閣、日経・経済図書文化賞受賞）、『キャリアで語る経営組織――個人の論理と組織の論理』（共著、有斐閣）などがある。

〈はじめての経営学〉
経営組織論

2018年2月1日　第1刷発行
2024年1月29日　第3刷発行

著　者――鈴木竜太
発行者――田北浩章
発行所――東洋経済新報社
　　　　　〒103-8345　東京都中央区日本橋本石町1-2-1
　　　　　電話＝東洋経済コールセンター　03(6386)1040
　　　　　https://toyokeizai.net/

装　丁………………橋爪朋世
カバーイラスト…………田渕正敏
本文デザイン・DTP……高橋明香（おかっぱ製作所）・浅井寛子
印　刷………………港北メディアサービス
製　本………………積信堂
編集担当…………佐藤　敬

©2018 Suzuki Ryuta　　Printed in Japan　　ISBN 978-4-492-50295-2

本書のコピー、スキャン、デジタル化等の無断複製は、著作権法上での例外である私的利用を除き禁じられています。本書を代行業者等の第三者に依頼してコピー、スキャンやデジタル化することは、たとえ個人や家庭内での利用であっても一切認められておりません。

落丁・乱丁本はお取替えいたします。

〈はじめての経営学〉シリーズ
刊行にあたって

　本シリーズは、経営学の各分野を平易に解説したテキストシリーズです。記述の中心は初級・中級レベルの議論にあり、トピック次第で、より高いレベルの議論にも言及しています。各巻の執筆者には、それぞれの分野における第一人者の参集を得ました。

　想定読者としては、大学で経営学にはじめて触れる商学部・経営学部の1・2年生、ビジネススクールに入学し、将来のプロフェッショナル経営人材をめざしている社会人、さらには社内外の教育・研修や自学自習のおりに、みずからのキャリア転機について考えるようになったビジネスパーソンなど、幅広くイメージしています。

　本シリーズでは、経営学のおもな概念や理論を個別断片的に紹介するより、できるだけ大きな流れのなかで、それを体系的にとらえて紹介するようにしています。またビジネスの現場で使える「生きた経営学」を身につけることができるように、実例やケーススタディを豊富に活用しているのも特色のひとつです。

　本シリーズがビジネスの現場と経営学とのよき橋渡しとなり、有為な人材の輩出に寄与することを心より願っています。

編集委員：榊原清則（代表）
青島矢一
網倉久永
長内　厚
鈴木竜太

これからのラインナップ

長谷川博和『ベンチャー経営論』
青島矢一・榊原清則『経営学入門』
網倉久永『経営戦略論』
久保克行『経営学のための統計学・データ分析』
遠山亮子『知識経営論』
薄井　彰『会計学入門』

（以下続刊）